21世纪高等职业教育精品教材·人力资源管理专业

人力资源管理基础

RENLI ZIYUAN GUANLI JICHU

郗亚坤　主　编
郭远红　副主编

东北财经大学出版社　大连
Dongbei University of Finance & Economics Press

图书在版编目（CIP）数据

人力资源管理基础 / 郗亚坤主编 . —大连：东北财经大学出版社，2023.8
（21世纪高等职业教育精品教材·人力资源管理专业）
ISBN 978-7-5654-4865-2

Ⅰ.人…　Ⅱ.郗…　Ⅲ.人力资源管理-高等职业教育-教材　Ⅳ.F243

中国国家版本馆CIP数据核字（2023）第113759号

东北财经大学出版社出版
（大连市黑石礁尖山街217号　邮政编码　116025）
网　　址：http：//www.dufep.cn
读者信箱：dufep@dufe.edu.cn

大连东泰彩印技术开发有限公司印刷　东北财经大学出版社发行

幅面尺寸：185mm×260mm	字数：380千字	印张：16.75
2023年8月第1版		2023年8月第1次印刷
责任编辑：郭海雷　周　晗		责任校对：石建华
封面设计：原　皓		版式设计：原　皓

定价：42.00元

前言

党的二十大报告明确指出："教育、科技、人才是全面建设社会主义现代化国家的基础性、战略性支撑。必须坚持科技是第一生产力、人才是第一资源、创新是第一动力，深入实施科教兴国战略、人才强国战略、创新驱动发展战略，开辟发展新领域新赛道，不断塑造发展新动能新优势。"

当前，我国进入了全面建设社会主义现代化国家、向第二个百年奋斗目标进军的新征程，我们比历史上任何时期都更加接近实现中华民族伟大复兴的宏伟目标，也比历史上任何时期都更加渴求人才。实现我们的奋斗目标，高水平科技自立自强是关键。综合国力竞争说到底是人才竞争。人才是衡量一个国家综合国力的重要指标。人才是自主创新的关键，顶尖人才具有不可替代性。国家发展靠人才，民族振兴靠人才。我们必须增强忧患意识，更加重视人才自主培养，加快建立人才资源竞争优势。新形势下，我国人口总量虽然保持低速增长态势，但是劳动年龄人口持续减少，如何有效应对人力资源发展新变化，最大限度地发挥人力资源的潜力，合理配置人力资源，提高人力资源的投入产出水平，服务国家总体人才战略，是企业管理者和人力资源管理专业人员面临的新挑战。

"人力资源管理基础"是高等职业教育工商企业管理专业和人力资源管理专业的专业核心课程，学生通过本书学习可以系统地了解和掌握人力资源管理的基础理论以及专业技能，适应未来工作岗位的需要。

编者团队有多年高等职业院校人力资源管理课程的教学经验，积累了大量的教学和案例资料，教材结构和教学内容更符合高等职业院校学生的学习特点，也能满足教师的教学需要。总体上说，本书有如下特点：

1. 融入思政内容

以"立德树人"为出发点，根据教育部"全面贯彻党的教育方针，切实落实立德树人根本任务"的统一要求，将思政内容有机地融入教材，在各章设计了"思政园地"等栏目，并尽可能在相关章节内容中插入思政内容，希望学生通过学习将党的大政方针和社会主义核心价值观等内容内化于心、外化于行。

2. 结构设计合理

在人力资源管理系统理论框架的基础上，从企业实际出发，根据人力资源管理工作流程设计章节内容，具有理论系统、逻辑性强、案例生动、实践性强等特点。各章由知识学习、知识掌握、综合应用、课外拓展等几个部分构成。在知识学习部分，在正文中穿插"引例""拓展阅读""案例分析""互动课堂"等栏目内容，便于学生理解和思考；知识掌握部分主要包括名词解释、单项选择题、多项选择题、简答题、论述题等，进一步强化理论知识点，一方面方便教师组织学生练习、测验以及考试等，另一方面可以有效地激发学生自主学习的积极性；综合应用部分主要通过案例分析训练提升学生分析问题和解决问题的能力，通过实践训练设计各种实际工作场景，培养学生实际动手操作能力；课外拓展部分则通过相关政府或行业发布的微信公众号开阔学生视野，了解更多人力资源管理的相关资讯。

3. 注重能力培养

本书注重理论与实践结合，坚持理论知识实用够用的原则，通过实际工作场景以及案例等，使学生充分理解并掌握相关理论的同时，提高实际操作能力。另外，在保持教材框架的基础上，将国家人力资源管理师资格证书考试的内容有机地融入教材，尽量实现课、证内容的有效融合，使教学内容与产业需求保持一致，全面提升学生的专业技能。

4. 数字化资源配套

落实《教育部关于进一步推进职业教育信息化发展的指导意见》（教职成〔2017〕4号）等文件的要求，增加二维码教学资源（包括拓展阅读材料和微课等），解决纸质教材与数字资源融合的问题。

本书由郗亚坤老师（苏州工业园区职业技术学院）担任主编，郭远红老师（辽宁经济职业技术学院）担任副主编。郗亚坤老师负责全书统稿，并负责编写第1章、第2章、第4章、第7章、第8章和第9章，郭远红老师负责编写第3章、第5章和第6章。

本书在编写的过程中，参考和引用了国内外许多专家和学者的专著与论文，并引用了国家三级人力资源管理师资格认证教材中的相关内容，还有企业界朋友也给予了大力支持，提供了一些有用的资料，在此谨向他们表示深深的谢意。由于编者水平有限，书中难免有错误和疏漏之处，敬请专家、学者和读者不吝指正。

编　者

2023 年 4 月

目录

第1章　人力资源管理概述 ·· 1
　　学习目标 ·· 1
　　内容架构 ·· 1
　　1.1　人力资源的概念和特性 ····································· 2
　　1.2　人力资源管理的概念和职能 ································· 7
　　1.3　人力资源管理的产生和发展 ································ 10
　　1.4　传统人事管理与现代人力资源管理的区别 ··················· 13
　　1.5　人力资源管理相关理论及应用 ······························ 15
　　知识掌握 ·· 18
　　综合应用 ·· 19
　　课外拓展 ·· 21

第2章　工作分析 ·· 23
　　学习目标 ·· 23
　　内容架构 ·· 23
　　2.1　工作分析概述 ··· 24
　　2.2　工作分析的信息收集和整理 ·································· 30
　　2.3　工作说明书的编制 ··· 36
　　知识掌握 ·· 40
　　综合应用 ·· 41
　　课外拓展 ·· 43

第3章　人力资源规划 ·· 44
　　学习目标 ·· 44
　　内容架构 ·· 44
　　3.1　人力资源规划概述 ··· 45
　　3.2　企业内外部信息的收集与整理 ································ 49
　　3.3　人力资源供需预测与平衡 ···································· 51
　　3.4　人力资源规划的编制 ·· 59
　　3.5　人力资源规划的实施、评估与反馈 ···························· 60

知识掌握 ··· 62

综合应用 ··· 64

课外拓展 ··· 66

第4章 员工招聘与选拔 ·· 67

　　学习目标 ··· 67

　　内容架构 ··· 67

　　4.1 员工招聘与选拔概述 ·· 69

　　4.2 编制招聘计划 ··· 72

　　4.3 员工招募 ·· 75

　　4.4 员工选拔 ·· 81

　　4.5 员工录用 ·· 91

　　4.6 招聘工作评估 ··· 93

　　知识掌握 ··· 96

　　综合应用 ··· 97

　　课外拓展 ··· 100

第5章 员工培训与开发 ·· 101

　　学习目标 ··· 101

　　内容架构 ··· 101

　　5.1 员工培训与开发概述 ·· 102

　　5.2 培训需求分析 ··· 110

　　5.3 培训计划的编制 ·· 116

　　5.4 培训计划的组织和实施 ····································· 119

　　5.5 培训效果评估 ··· 126

　　知识掌握 ··· 133

　　综合应用 ··· 134

　　课外拓展 ··· 136

第6章 员工职业生涯管理 ··· 137

　　学习目标 ··· 137

　　内容架构 ··· 137

　　6.1 员工职业生涯管理概述 ····································· 138

　　6.2 员工个人职业生涯规划 ····································· 146

　　6.3 组织的员工职业生涯规划与管理 ······················ 148

　　知识掌握 ··· 157

　　综合应用 ··· 159

　　课外拓展 ··· 160

第7章 绩效管理 ································ **162**
学习目标 ································ 162
内容架构 ································ 162
7.1 绩效管理概述 ···················· 164
7.2 绩效计划的制订与实施 ·········· 167
7.3 绩效考评 ························ 169
7.4 绩效反馈与评估 ················ 180
知识掌握 ···························· 185
综合应用 ···························· 186
课外拓展 ···························· 188

第8章 薪酬管理 ································ **189**
学习目标 ···························· 189
内容架构 ···························· 189
8.1 薪酬管理概述 ···················· 191
8.2 岗位评价 ························ 201
8.3 薪酬调查 ························ 206
8.4 薪酬结构设计 ···················· 208
8.5 福利设计与选择 ················ 217
知识掌握 ···························· 223
综合应用 ···························· 224
课外拓展 ···························· 226

第9章 劳动关系管理 ························ **227**
学习目标 ···························· 227
内容架构 ···························· 227
9.1 劳动关系管理概述 ················ 228
9.2 劳动合同的签订 ················ 236
9.3 劳动合同的履行和变更 ·········· 243
9.4 劳动合同的解除和终止 ·········· 244
9.5 劳动争议的处理 ················ 248
知识掌握 ···························· 253
综合应用 ···························· 255
课外拓展 ···························· 257

主要参考资料 ································ **258**

第1章　人力资源管理概述

▰▰▰▶ 学习目标 ▰▰▰

通过本章学习，你应该达到以下目标：

知识目标

掌握人力资源的概念；理解人力资源的特性；掌握人力资源管理的内涵和职能；了解人力资源管理的发展历程；了解人力资源管理的相关理论及应用。

能力目标

充分认识人力资源和人力资源管理的重要性；树立正确的人力资源管理理念；在掌握人力资源特性和人力资源管理相关理论的基础上，充分理解运用科学的工作方法进行人力资源管理的必要性。

素养目标

强化使命担当，提高政治认同感，树立正确的职业观，努力掌握人力资源管理相关知识和技能，成为国家需要的高技能专业人才；在掌握专业技能的同时，积极主动地提升个人的沟通能力、人际关系能力以及团队合作能力等，以适应未来社会发展的需要。

▰▰▰▶ 内容架构 ▰▰▰

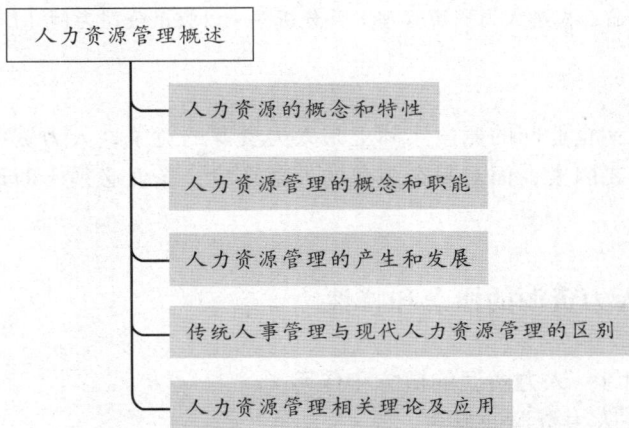

▓▓▓▓➡ 引例

腾讯独具特色的人力资源管理体系

腾讯公司从1998年创建开始，人力资源管理经历了创建、转型和发展三个阶段，目前已经形成一套符合自身发展的、独特的人力资源管理体系，具体包括以下几个方面：

1.广泛征求员工意见

腾讯一改许多公司的常规做法，无论什么福利，都是由老板统一决定再向员工发布。腾讯采用的是向广大员工采纳相关的建议，根据内部相应的渠道收集这些建议，并对此进行实施。

2.透明、完善的薪资体系

腾讯的薪酬除固定工资、年终奖、绩效和专项的奖金外，还包含股票奖励、安居计划、住房公积金、社保、员工年假旅游等完善的薪酬体系。总的来看，这些薪酬体系大致分为薪资、人身健康、员工生活几大种类，不同类型的项目又由不同的项目组负责。同时，腾讯还设有员工家属开放日，并有带薪年假、医疗保险、晚会等各种福利与待遇，包含员工生活和工作的各个方面。

3.完善的培训体系

腾讯有专门的培训学院，即腾讯大学，根据员工的类型进行不同层面的培训。以新员工为例，腾讯的每一位新员工都有相应的导师，帮助其了解腾讯的文化以及制度安排，新员工入职腾讯，可以随时和老员工进行交流。对于企业的后备干部，腾讯为他们安排了关于经营理念、如何进行管理等各种培训。培训形式也是多种多样的，有的采取面授的形式，有的是以案例分析的形式进行，还开展了线上培训活动，并进行相应的练习等。

4.强调员工自主学习

腾讯从一开始就倡导员工进行自主学习，强化自身的学习能力，使员工迅速进步，为员工量身定制符合员工自身发展的方向和规划，规划员工发展方向的讲师团队阵容庞大，并且具有很高的质量。

资料来源　晏春愉.先进人力资源管理案例分析——以腾讯公司为例［J］.环渤海经济瞭望，2022（9）：106-108.

这一引例表明：企业间的竞争实际上是人力资源的竞争，人力资源管理越来越成为影响企业发展的重要因素，面对复杂多变的外部环境，企业必须不断地进行人力资源管理创新。

微课1-1

1.1　人力资源的概念和特性

1.1.1　人力资源的概念和作用

1）人力资源的概念

"人力资源"的概念是由现代管理学之父德鲁克（Peter Drucker）在1954年出版的

《管理的实践》（The Practice of Management）中首次提出的："人力资源是所有资源中最有生产力、最多才多艺，也是最丰富的资源，它最大的优势在于具有协调、整合、判断和想象的能力。它与其他资源最大的区别在于，人能充分地利用自我，发挥自身长处，对于工作有绝对的自主权，人的发展无法靠外力来完成，往往必须从内在产生。"

关于人力资源的定义，学术界存在不同的说法，国外学者伊凡·伯格认为，人力资源是人类可用于生产产品或提供各种服务的活动、技能和学问；雷西斯·列科认为，人力资源是企业人力结构的生产力和顾客商誉的价值；内贝尔·埃利斯认为，人力资源是企业内部成员及外部的人，即总经理、雇员及顾客等可供应潜在服务及有利于企业预期经营活动的总和，也有人认为，人力资源是能推动社会和经济发展、具有脑力劳动或体力劳动的人们的总称。

本教材采用以下定义：**人力资源**（Human Resources，HR）是能够推动整个经济和社会发展，能够为社会创造物质和精神财富的体力劳动者和脑力劳动者的总称。为了更好地理解人力资源的概念，我们可以从以下几个方面理解其含义：

（1）人力资源是指具有劳动能力的人，但不是泛指一切具有一定的脑力和体力的人，而是指能独立参加社会劳动、推动整个经济和社会发展的人。

（2）人力资源所具有的能力是包含在人体内的一种生产能力，它是表现在劳动者身上的、以劳动者的数量和质量表示的资源。

（3）从宏观意义上看，人力资源是一个国家或地区有劳动能力（体力劳动或脑力劳动）的人的总和；从微观意义上看，人力资源是企业组织内外具有劳动能力的人的总和。

2）人力资源的作用

在众多的资源中，人力资源是财富形成的关键要素，在社会经济发展和企业经营中起到非常重要的作用，具体体现在以下几个方面：

（1）人力资源是经济发展的主要力量，在经济和社会中占有极其重要的地位，是社会经济迅速发展、民族振兴、国力增长的决定性因素。随着科学技术的不断发展、知识技能的不断提高，人力资源对价值创造的贡献力度越来越大，社会经济发展对人力资源的依赖程度也越来越高。

（2）人力资源是能够推动和促进各种资源实现配置的特殊资源，是决定企业经营发展成败的关键因素。

（3）人力资源是企业的首要资源，人力资源的存在和有效利用能够充分激活其他物化资源，从而实现企业的目标，提高企业竞争力。

可见，人才是企业获取竞争优势的最关键要素，谁赢得了人才，谁就具有了竞争优势。随着信息技术和互联网技术的高速发展，人力资源对于一个企业的重要性将越来越突出。

◇◇◇◇▶ **互动课堂1-1**

2021年9月27日至28日，中央人才工作会议在北京召开，习近平总书记出席会议并发表重要讲话，他在会议上指出："国家发展靠人才，民族振兴靠人才。我们必须增强忧患意识，更加重视人才自主培养，加快建立人才资源竞争优势。"

那么，我国的人力资源管理正面临着什么样的挑战呢？

提示：对于发达国家来说，其资本资源较为丰富，自然资源也得到了较为充分的利用，其对经济增长的作用在下降，同时，对这两种资源的获得越来越依赖于科学技术和知识，越来越依赖于具有先进的生产知识和技能的劳动者本身的努力，追求的难度也在不断地增大。

而对于发展中国家来说，需要通过不断增加资本资源的投入，同时也需要开发和利用耕地等自然资源，这两种资源对经济增长起到的促进作用将会远远高于发达国家，但是，人力资源对经济增长起到的促进作用较发达国家来说则较弱。

随着中国经济的高速发展，人力资源管理水平迅速提升，国家和企业也越来越重视人力资源在国民经济发展中的巨大作用，但是仍然面临很多挑战，中国拥有世界上最丰富的人力资源，但是从总体上说，人力资源质量亟待提高。

1.1.2 人力资源的规定性

人力资源和其他资源不一样，不仅具有量的规定性，而且更重要的是具有质的规定性，是数量和质量的统一体。

1）人力资源的数量

通常来说，**人力资源的数量**是指具有劳动能力的人口数量。一定数量的人力资源是社会生产的必要的先决条件。一般来说，充足的人力资源有利于生产的发展，但其数量要与物质资料的生产相适应，若超过物质资料的生产，不仅消耗了大量新增的产品，且多余的人力也无法就业，对社会经济的发展反而产生不利影响。

从国家或地区看，人力资源数量主要是指劳动适龄人口部分，但也有少量的未成年人口和老年人口。

关于劳动年龄的范围，各国规定不尽相同，多数国家只规定其下限，也有规定上下限的。我国相关法律法规规定，法定劳动年龄指年满16周岁至退休年龄，有劳动能力的中国公民。退休年龄一般指男60周岁，女干部身份55周岁，女工人50周岁。在劳动年龄上下限之间的人口称为劳动适龄人口，该年龄段内丧失劳动力的人口不属劳动适龄人口。而小于劳动年龄下限的称为未成年人口，大于劳动年龄上限的则称为老年人口。

未成年就业人口是指能划入人力资源范围的符合政策规定的少年就业人口，如少年杂技演员等。根据《中华人民共和国劳动法》（以下简称《劳动法》）第十五条的规定，禁止用人单位招用未满十六周岁的未成年人，文艺、体育和特种工艺单位招用未满十六周岁的未成年人，必须遵守国家有关规定，并保障其接受义务教育的权利。

老年就业人口是指那些虽已到了法定退休年龄但仍继续从事社会劳动的就业人口。

人力资源的数量受到诸多因素的影响，统计期人口的总量与人口的年龄结构是两个主要的要素。人力资源属于人口的一部分，因此人力资源的数量会受到人口总量的影响；人口的年龄结构也会对人力资源的数量产生重要影响，在相同的人口总量下，不同的年龄结构会使人力资源的数量有所不同。劳动适龄人口在人口总量中所占的比重越大，人力资源的数量相对较多；反之，人力资源的数量会相对较少。

人力资源的数量包括绝对量和相对量。

人力资源绝对量是指一个国家或地区拥有的具有劳动能力的人口资源，即劳动力人口的数量，可以从现实人力资源数量和潜在人力资源数量两个方面来计量。现实人力资源数量是指在当前的经济社会中能够创造一定价值的适龄劳动者，在进行人力资源计量时，未成年就业人口和老年就业人口都应考虑进去，作为划分现实人力资源与潜在人力资源的重要依据。潜在人力资源是指那些处于储备状态，正在培养成长，逐步具备劳动能力的或虽具有劳动能力，但由于各种原因不能或不愿从事社会劳动的，并在一定条件下可以动员投入社会经济生活的人口总和。

在现实中，劳动适龄人口内部存在一些丧失劳动能力的病残人口，还存在一些因为各种原因暂时不能参加社会劳动的人口，如在校就读的学生，所以，现实的人力资源总和一般会小于劳动适龄人口总和。

具体来说，人力资源的数量构成包括八个方面：

（1）处于劳动年龄之内、正在从事社会劳动的人口，它占据人力资源的大部分，可称为"适龄就业人口"。

（2）尚未达到劳动年龄、已经从事社会劳动的人口，即"未成年劳动者"或"未成年就业人口"。

（3）已经超过劳动年龄、继续从事社会劳动的人口，即"老年劳动者"或"老年就业人口"。

以上三部分人口构成现实就业人口的总体。

（4）处于劳动年龄之内、具有劳动能力并要求参加社会劳动的人口，这部分可以称作"求业人口"或"待业人口"，它与前三部分一起构成经济活动人口。

（5）处于劳动年龄之内、正在从事学习的人口，即"求学人口"。

（6）处于劳动年龄之内、正在从事家务劳动的人口。

（7）处于劳动年龄之内、正在军队服役的人口。

（8）处于劳动年龄之内的其他人口。

（4）、（5）、（6）、（7）、（8）构成了潜在就业人口的总体。

对于一个国家、地区或企业来说，不仅要关注现实就业人口总体的动态情况，而且要关注潜在就业人口总体变化的情况，这对于一个国家、地区或者企业的发展都有着重要的意义。

人力资源的相对量是指一个国家或地区总人口中人均人力资源的拥有量，可用来进行国家或地区之间人力资源拥有量的比较，人力资源相对数量越高，表明该国家或地区的经济活动具有某种优势。

2）人力资源的质量

人力资源的质量反映了人力资源在质上的规定性，它是一定范围内（国家、地区、企业）人力资源所具有的体质、智力、知识、技能和劳动意愿，它一般体现在劳动者的体质水平、文化水平、专业技术水平和劳动的积极性上。

人力资源质量常常用健康状况、受教育状况、员工技术等级状况，以及劳动态度等指标来进行衡量。健康状况指标主要有发病率、职业病感染率等；受教育状况指标一般是通过学历来反映的，可以计算不同学历的人员在企业中所占的比重，以说明人力资源文化素质状况；员工技术等级状况可以用员工所具有的专业知识和业务技术等来反映，主要指标有各等级的工人占全部工人的比重、工人平均技术等级、专业技术职称比重等；劳动态度指标主要反映员工对工作的投入和劳动积极性发挥的程度，可以通过出勤率、劳动定额完成率来衡量。经济发展主要靠经济活动人口素质的提高，随着生产中广泛应用现代科学技术，人力资源的质量在经济发展中将起着愈来愈重要的作用。

随着社会的不断进步和科学技术的高速发展，对人力资源的质量也提出了更高的要求。一般来说，人力资源的质量对数量的替代性较强，而其数量对质量的替代性较弱，有时甚至是不能替代的。因此，人力资源开发的目的在于提高人力资源的质量，对社会经济的发展将起着更大的作用。

拓展阅读1-1

什么是人力
资本？

根据《中国人力资源发展报告（2022）》，我国人口增速保持放缓态势，老龄化程度加深，城镇化水平和人口素质水平提升，人力资源结构不断优化，人才队伍建设成效显著，科技、教育、卫生人才规模不断壮大，全员劳动生产率、社会保障水平进一步提升。与此同时，我国劳动年龄人口持续减少。面对复杂严峻的国内外形势，人力资源发展必须有效应对风险挑战：强基提质，深入实施新时代人才强国战略；稳岗拓岗，优化就业结构，提高就业质量；健全完善体系，强化社会保险保障能力；坚持人才工作更好地服务国家总体战略，促进人才结构布局优化调整，推进乡村和老年人力资源开发，注重人才管理服务的国际化。

拓展阅读1-2

人力资源与
人口资源、
劳动力资源、
人才资源的
关系

1.1.3　人力资源的特性

人力资源作为一种特殊而又重要的资源，是各种生产力要素中最具有活力和弹性的部分，它的特性表现在以下几个方面：

1）不可剥夺性

人力资源是人的价值意义的内在贮存与外在表现，它是同人的生命力密不可分的，是同人的尊严与权益相联系的。人力资源的不可剥夺性主要表现为：不能压取，不能骗取，不能夺取；不科学的办法都将造成人力资源的浪费；不正当的手段都将带来人力资源的破坏；尊重、支持、满足人的需要是发挥人力资源作用的最佳方法。因此，企业在使用人力资源时不能剥夺，只能在任用中通过良好的管理与开发让其自觉运用与发挥。

2）载体性

载体性是人力资源具备装载、运输、传递的能力，是不可剥夺性的必然结果。人力资源的载体性取决于：一是确实有能力承载；二是确实承载了有用资源；三是确实能输出承载资源。人力资源的载体性为人才的交流提供了前提条件。

3）能动性

人具有主观能动性，能够有目的地进行活动，有目的地改造外部物质世界。有目的地活动，是人类劳动与其他动物本能活动的根本区别。劳动者能够按照在劳动过程开始之前已确定的目的，积极、主动、创造性地进行活动。人力资源的能动性是人在自我价值实现中的自主行为，是人力资源作用发挥的前提。

4）增值性

人力资源是属于人类自身所有，存在于人体之中的活的资源，因而人力资源既是生产者，又是消费者。人力资源中包含丰富的知识内容，使其具有巨大的潜力，以及其他资源无可比拟的高增值性。人力资源的再生产过程就是一个增值的过程。从劳动者的数量来看，随着人口的不断增多，劳动者人数会不断增多，从而增大人力资源总量；从劳动者个人来看，随着教育的普及和教育水平的提高，以及科技的进步和劳动实践经验的积累，劳动能力会不断提高，从而增大人力资源存量。人力资源的增值性要求在人力资源管理与开发过程中，必须加大投资以支持良好的培养、教育和维护。

5）再生性

人力资源是可再生资源，通过人口总体内各个个体的不断替换更新和劳动力的"消耗—生产—再消耗—再生产"的过程实现其再生。人力资源的再生性除受生物规律支配外，还受到人类自身意识、意志的支配，受到人类文明发展活动的影响以及新技术革命等因素的制约。

从劳动者个体来说，他的劳动能力在劳动过程中消耗之后，通过适当的休息和补充需要的营养物质，劳动能力又会再生产出来；从劳动者的总体来看，随着人类的不断繁衍，劳动者又会不断地再生产出来。

6）时效性

作为人力资源的劳动能力只存在于劳动者个体的生命周期之中。工作性质不同，人的才能发挥的最佳时期也不同。一般来说，25~45岁是科技人才的黄金年龄，37岁为其峰值。人力资源的时效性要求人力资源开发要抓住最有利于职业要求的年龄阶段，开发和利用人力资源要讲究及时性，以免造成浪费。

7）社会性

人力资源处于特定的社会和时代中，不同的社会形态、不同的文化背景都会反映和影响人的价值观念、行为方式、思维方法。人力资源的社会性要求在开发过程中特别注意社会政治制度、国别政策、法律法规以及文化环境的影响。

◇◇◇◇➡ 互动课堂1-2

管理人和管理设备有何不同？

提示：人和设备作为重要资源，在企业的经营活动中都发挥着重要作用，都需要加强管理，最大限度地降低成本并使它们发挥最大的效用。

人力资源有与其他资源不一样的特性。人是有思想的，具有一定的主观能动性，并可以支配其他资源发挥作用，设备再先进也是由人制造出来的，并由人来操作使用。所以，在管理人时，需要采取适当的激励手段调动其积极性和主动性，并采用适当的方法学习和训练，不断地提升其工作技能。设备作为一种手段和工具，需要采用科学的方法使其正常运转并加以维护，使其保持最佳的工作状态。

1.2　人力资源管理的概念和职能

1.2.1　人力资源管理的概念和作用

1）人力资源管理的概念

人力资源管理（Human Resource Management，HRM）最早是由社会学家怀特·巴克在1958年出版的《人力资源功能》一书中提出的。后来，不少国内学者从多种视角对人力资源管理的概念进行解释，具有代表性的观点见表1-1。

表1-1   人力资源管理代表性观点

代表观点	概念	学者
目的观	人力资源管理是通过各种技术和方法有效运用人力资源达成组织目标的活动	韦恩·蒙迪和罗伯特·M.诺埃，1996
过程观	人力资源管理是负责组织人员的招募、选拔、训练以及报酬管理等功能的活动，以达成个人与组织的目标	舍曼，1992
制度观	人力资源管理是指影响雇员的行为、态度以及绩效的各种政策、管理实践和制度	雷蒙德·A.诺伊，2001
主体观	人力资源管理是指那些专门的人力资源管理部门中的专业人员所做的工作	余凯成，1997
综合观	人力资源管理是指运用现代科学方法，对与一定的物力相结合的人力进行合理的培训、组织与调配，使人力、物力经常保持最佳比例，同时对人的思想、心理和行为进行恰当的诱导、控制和协调，充分发挥人的主观能动性，使人尽其才、人事相宜，以实现组织目标	赵曙明，2001

资料来源　赵曙明. 人力资源管理总论［M］. 南京：南京大学出版社，2021.

本教材采用如下概念，即**人力资源管理**是指根据企业发展战略的要求，有计划地对人力资源进行合理配置，通过对企业中员工的招聘、培训、使用、考核、激励、调整等一系列过程，调动员工的积极性，发挥员工的潜能，为企业创造价值，确保企业战略目标的实现。我们可以从以下几个方面理解其内涵：

（1）人力资源管理要符合企业战略的需要，必须与企业战略目标保持一致。

（2）人力资源管理是一个管理过程，通过科学的手段对人力资源进行合理配置，不断地提高人力资源效率。

（3）人力资源管理包括招聘、培训、使用、考核、激励以及调整等一系列管理活动，并不断地进行优化。

（4）人力资源管理的目的是充分调动员工的积极性，发挥员工的潜能，为企业创造价值。

2）人力资源管理的作用

人力资源管理对于一个企业的生存和发展至关重要，具体来说，表现在以下几个方面：

（1）提高企业经济效益。合理配置功能是人力资源管理最主要的管理职能。企业可以根据发展的需要，选择适合的员工，并为其安排最合适的岗位，同时，根据企业内外部环境的变化，调整人力资源管理政策，以最低的人力资源成本获取最大收益，不断提高企业经济效益。

（2）获取核心竞争力。企业之间的竞争实质上就是人力资源的竞争，而科学高效的人力资源管理可以获取其他对手很难模仿无法复制的核心竞争力，是企业立于不败之地的有力保障。

（3）挖掘人力资源潜能。通过有效的人力资源管理，企业可以采用科学的方法充分、全面、有效地开发人力资源，最大限度地发挥每个人的潜能，最终实现组织目标。

1.2.2　人力资源管理的职能

人力资源管理的主要职能可以概括为六种，即吸引、录用、保持、发展、评价和调整。吸引即确认企业中的工作要求，决定做这些工作的人数及技术，并对有资格的工作申请人提供均等的选择机会的过程；录用即根据工作需要确定最合适人选的过程；保持包括保持员工有效工作的积极性和安全健康的工作环境；发展是指提高员工的知识、技巧、能力，从而保持和增强员工工作中的竞争性；评价即对员工的工作表现以及人事政策的服从情况等进行观察和鉴定的过程；调整是指试图让员工保持所要求达到的技能水平而进行的一系列活动。

以上六个方面构成一个相互联系的网络，从而建立了人力资源管理系统。根据管理的具体实践，目前比较常见的人力资源管理的职能包括如下几个方面：

1）工作分析

工作分析是人力资源管理最基础的工作，是对各个工作岗位进行考查与分析，以便确定其职责、任务、工作条件、任职资格和享有权利等，以及相应的教育培训情况，最后形成工作说明书。

2）人力资源规划

根据组织的发展战略和经营计划，评价组织的人力资源现状以及发展趋势，收集和分析人力资源供给和需求方面的信息及资料，预测人力资源供给和需求的趋势，制定人力资源招聘、培训、开发、薪酬、发展等政策和措施。

3）员工招聘与选拔

根据人力资源规划和工作分析的要求，招募和选拔组织所需要的人力资源，主要由计划、招募、测评、选拔、录用、评估等一系列活动组成。组织可以在内部招聘，也可以向社会招聘，按照平等就业、择优录用的原则招聘所需要的人才。

4）员工培训与开发

对员工进行培训和开发，对员工而言，可以促使员工更好地提高工作效能、改善行为，增强对组织的归属感和责任感；对组织而言，可以减少事故，降低成本，提高生产效率和经济效益。

5）员工职业生涯管理

职业生涯管理是个人和组织对职业历程的规划、对职业发展的促进等一系列活动的总和，它包含职业生涯决策、设计、发展和开发等内容，有助于提高员工个人人力资本的投资收益、降低改变职业通道的成本，利于组织的发展。

6）绩效管理

绩效管理是考评者对照工作目标或绩效标准，采用一定的考评方法，对员工的工作表现和工作成果等做出评价。通过考评，对绩效突出的员工应进行物质和精神方面的奖励，对表现差的员工应给予批评甚至惩罚，目的是调动员工的积极性，检查和改进人力资源管理工作。

7）薪酬管理

薪酬管理是人力资源管理的重要组成部分，人力资源管理部门要根据员工的资历、职级、岗位及实际表现和工作成绩等制定相应的、具有吸引力的薪酬标准和制度。薪酬管理也是人力资源管理活动中最为敏感、最受关注、技术性最强的部分，是组织吸引和留住人才、激励员工努力工作、发挥人力资源效能的最有力的杠杆之一。

8）劳动关系管理

人力资源管理涉及劳动关系的各个方面，如劳动用工、劳动时间、劳动报酬、劳动保护、劳动争议等内容。人力资源管理部门应根据国家、政府的有关规定，依法行事，处理相关的劳动关系，以确保企业和员工双方在劳动生产过程中的权益得到保障。

在人力资源管理职能正常发挥的前提下，它将有助于实现和提升企业的绩效。同时，人力资源管理也不能单独地对企业绩效产生作用，它必须和企业的环境、企业的经营战略以及人力资源管理的支持这三个变量相互配合才能发挥作用。

另外，各职能之间的关系也是相辅相成、密不可分的。工作分析是人力资源管理工作的基础性工作，为人力资源规划、员工招聘和选拔、员工培训与开发、员工职业生涯管理、绩效考核、薪酬管理和劳动关系管理等提供依据；人力资源规划是人力资源管理工作的航标兼导航仪，它是人力资源管理过程的初始环节，也是人力资源管理各项活动的起点；通过科学的招聘与选拔工作，录用合适的人员并安排到合适的岗位上，为实现企业绩效目标奠定了良好的基础；培训与开发也是改善员工绩效的一个重要手段；通过有效的绩效考核可以确定培训与开发的需求，还可以评估员工的工作成果，为人力资源供给预测提供重要信息，同时也是决定薪酬的重要依据；合理的绩效考核体系以及薪酬制度为创建稳定和谐的工作环境提供了保障；员工职业生涯管理则为员工培训与开发确定了方向，而绩效考核的结果对员工职业生涯管理起到了很好的修正作用，也是修改或调整员工职业生涯计划的重要依据。

拓展阅读1-3

美国和日本
人力资源管
理模式比较

1.3 人力资源管理的产生和发展

人力资源管理的演变与管理理论的演变是密切相关的，而管理理论的演变又是和生产力发展水平密切关联的。

工业革命使以机器为主的现代意义上的工厂成为现实，工厂以及公司的管理功能越来越突出。18世纪，亚当·斯密在《国富论》中首次提出劳动分工概念后，管理学进入一个逐渐形成完整体系的阶段，主要由三个阶段组成：古典管理理论阶段（20世纪初到20世纪30年代行为科学学派出现前）、现代管理理论阶段（20世纪30年代到20世纪80年代，主要指行为科学学派及管理理论丛林阶段）和当代管理理论阶段（20世纪80年代至今）。相应地，人力资源管理大致可分为四个阶段：

1）第一个阶段：早期人事管理活动阶段

这个阶段是指工业革命以前的时期。在奴隶社会，奴隶主把奴隶看成会说话的工具，而在封建社会，经济活动的主要形式是家庭手工作坊，开始出现了针对工人的一些浅层次的管理，但没有完整理论的支持。因此，这一阶段被称为早期人事管理活动阶段。

2）第二个阶段：人事管理阶段

这个阶段正式开始是20世纪初期，以工业革命开始为标志。工业革命导致了劳动专业化的提高和产量剧增。由于出现劳动分工，产生了以技能为基础的工资等级。同时，这个时期还出现了泰勒的科学管理理论，使管理真正成为一门学科。但是，他强调的是人的价值和机器的价值是没有区别的，所有的管理方法都基于工具标准化、动作标准化。

但是，随着社会阶级两极分化越来越严重，长期枯燥的工作使工人感到生活和工作条件的艰难，劳资关系日渐紧张，甚至出现了工人破坏机器的行为。为了缓和这种矛盾，某些公司开始成立福利人事部，由公司提供资源来改善员工的生活和工作环境。罗伯特·欧文在19世纪提出了人本管理的概念。

这一人力资源管理阶段具有代表性的人是工业心理学创始人闵斯特伯格，他在《心理学与工业效率》一书中提出，要把注意力放在如何选择合适的工人来适应工作，并设想通过特殊设计的心理测试了解一个人的性格能力特征，在此基础上评价这个人是否与岗位匹配。至此，福利人事部开始向人事管理部门转变。1910年，普利茅斯出版社成立人事部，聘请专业人士担任负责人，其职责就是通过工作分析来挑选合适的人选，人事管理部门作为一个独立的部门正式进入企业管理的活动范畴。

3）第三个阶段：人力资源管理阶段

20世纪中期，梅奥在霍桑工厂进行著名的霍桑实验，目的是根据科学管理原理，探讨工作环境对生产率的影响，研究心理和社会因素对工人劳动过程的影响。其研究强调了以下五个方面：一是强调管理者要改变对工作的态度和监督方式；二是提倡下级参与企业的各类决策，鼓励上下级之间交流意见，以改善上下级之间的关系；三是建立面谈和调解制度，以消除不满和争端；四是重视管理人员的人际关系能力；五是重视非正式组织和生活环境，建立相关的生活、福利设施。

这一时期，随着梅奥的人际关系管理理论的普及，人际关系管理理论开始向行为科学管理理论发展，有道格拉斯·麦格雷戈的X-Y理论、赫茨伯格的双因素理论和具有代表性的马斯洛需求层次理论，其核心的管理思想是承认人的价值，强调员工不是机器，而是有需要、有动机、有个性的组织成员。

第二次世界大战后，组织行为的科学研究突破了人际关系学派的局限，从整体的角度研究群体和组织，对人的价值有了更深刻的认知。这一时期，德鲁克出版了《管理的实践》，巴克出版了《人力资源功能》等著作，他们都把管理人力资源作为管理的重要职能来进行深入探讨。至此，人力资源管理开始从最初的劳动管理、人事管理走向更为规范的发展道路；职能涵盖了劳动人事阶段的组织、工作分析、分工、选人、福利、激励和行为科学阶段的职业规划、企业文化、培训、绩效等比较全面的人力资源功能。人力资源管理开始属于高级管理范围，但仍然没有形成完整严密的理论体系。

4）第四个阶段：战略人力资源管理

20世纪后半期，随着经济全球化和知识经济的发展、全球一体化，以及科学技术的迅猛发展，企业开始进行全球化布局，管理学也开始向系统化管理演变，如西蒙提出的管理就是决策、孔茨的管理丛林理论、明茨伯格的管理者角色理论、德鲁克的系统管理理论。这一时期由于信息技术的发展、互联网和电子商务的应用，人类进入新经济时代，知识在造就组织竞争优势方面的决定性作用日渐显现。同时，由于人的需求与价值观趋向多元化，对人的管理变得更复杂了，由此，智力资本的概念得以出现，而对于知识型员工的管理成为企业的一个新的挑战。

1981年，Devanna、Formbrum和Tichy在《人力资源管理：一个战略观》一文中提出了战略人力资源管理的概念；1984年，Beer等人所著的《管理人力资本》一书的出版标志着人力资源管理向战略人力资源管理的飞跃。

20世纪90年代，人力资源管理研究领域的一个重要变化就是把人力资源看成是组织战略的贡献者，依靠核心人力资源建立竞争优势和依靠员工实现战略目标成为战略人力资源管理的基本特征。Wright、McMahan认为，战略人力资源管理是为了实现组织长期目标，以战略为导向，对人力资源进行有效开发、合理配置、充分利用和科学管理的制度、程序和方法的总和。它贯穿于人力资源的整个运动过程，包括人力资源规划、招聘与配置、培训与开发、绩效管理、薪酬福利管理、组织与发展、企业文化、劳动关系管理等环节，以保证组织获得竞争优势和实现最优绩效。战略人力资源管理强调在组织管理活动中人力资源管理应处于核心的位置而不是协调位置，强调人力资源与组织战略的匹配。至此，人力资源管理才真正成为一套完整的、实用的理论。

世界各国的人力资源管理水平有差异，不同国家的人力资源管理发展阶段也不尽相同。我国从20世纪80年代开始引进西方人力资源管理的理论和方法，并开始实践和应用，管理水平也在不断提升。但是从总体上看，我国企业的人力资源管理仍然存在发展不均衡、管理水平较低等问题，与西方发达国家相比还有一定的差距，需要不断地学习和吸收先进的人力资源管理理念和方法，同时也要不断地发展既具有中国本土特色，又符合国际发展趋势的创新型人力资源管理模式。

◆◆◆◆➡ 案例分析1-1

腾讯的人力资源管理发展阶段

腾讯的人力资源管理主要可以分为三个阶段：

第一个阶段是腾讯的人力资源管理的创建时期。在2000年左右，腾讯的人力资源管理主要负责的是腾讯内部的人员招聘以及相应的内部审计工作。随后，随着腾讯规模的扩大，行政部门从腾讯的人事管理部门中分离出来。随着腾讯的急速发展，腾讯最终成立了自己独立的人力资源部门。这个阶段的腾讯在人力资源方面主要是简单地开展以招聘、薪酬安排为主的职能工作。

第二个阶段是腾讯的人力资源管理的转型时期。腾讯的人力资源规模急速扩张，导致公司对如何管理新进入的大量人才有着迫切的需求，并且急需为各种团队培养出管理人才。因此，腾讯成立了腾讯大学，专门用来培养腾讯的核心人才。腾讯的人力资源团队也在这个过程中得以建设，文化委员会及腾讯大学根据腾讯的职业培训体系，加强了对人力资源的管理。

第三个阶段是从2010年开始，腾讯提出了人力资源专家这一主要概念。人力资源专家不仅负责企业的前瞻研究，而且要对企业战略有所了解，还要帮助企业规划人力资源战略，制定相应的人力资源政策，其作为企业智囊团的一部分，还要负责招聘、绩效、薪酬等关乎企业和员工发展的多项管理业务。腾讯还分化出了人力资源业务合作伙伴，这一职位主要是为了帮助员工解决自身的需求，并给公司员工提供人力资源方面的协助和发展，帮助人才在腾讯得到进一步的发展，并且整合资源、培养新的员工等，壮大腾讯的人力资源部门。在这一过程中，腾讯形成了人力资源专家线、人力资源共享中心、人力资源业务合作伙伴这三大组织结构，从而降低了企业的运营成本，提高了企业的效率。

资料来源　晏春愉. 先进人力资源管理案例分析——以腾讯公司为例［J］. 环渤海经济瞭望，2022（9）：106-108.

问题：腾讯的人力资源管理发展阶段有何借鉴意义？

提示：每个企业都需要结合自身特点以及不同的发展阶段形成符合自身发展的独特的人力资源管理模式。

1.4　传统人事管理与现代人力资源管理的区别

传统人事管理是在社会工业化出现发展的特定背景下产生的，20世纪初，虽然人事管理部门开始出现，经历了由简单到复杂的发展过程，但是在这个阶段，对人的管理和对物质资源的管理实质上并无差别。随着社会工业化的迅猛发展、科学技术的高度发展、人文精神的日益高涨，人的主体地位日益增强，20世纪70年代，传统人事管理转变为现代人力资源管理，这一变化表现在对人的管理有了不同的认识，人不再是物质资源的附属物，人力资源具有主观能动性。人力资源管理从简单的人事活动演变成今天的战略管理，人力资源管理的地位提升到前所未有的高度。传统人事管理和现代人力资源管理的区别主要表现在以下几个方面：

1）管理观念的区别

传统的人事管理视人力为成本，把人当作一种"工具"，将员工视为成本负担，注重的是投入、使用和控制，把花费在员工身上的成本和费用简单地等同于费用，并最大限度地加以控制和降低，如减少各种培训开发投资。同时，以"事"为中心开展工作，只见事不见人；只见某一方面，而不见事与人的整体性、系统性，强调"事"的单一方面的、静态的控制和管理，其管理的目的和形式就是"控制人"。现代人力资源管理视人为资源，将员工看作是有价值的，注重开发和产出。这种管理认为人力资源是企业最宝贵的财富，同物质资本、货币资本一样共同创造企业财富，所以现代人力资源管理是以"人"为中心开展工作，充分肯定和认同人在组织中的主体地位，强调动态的心理和意识的调节与开发，管理的根本出发点是人，其管理重在人与事的系统优化。

2）管理模式的区别

传统人事管理基本上属于行政事务管理，多为"被动反应型"的操作式管理，企业任何制度上的变革都是由企业 CEO 或高层主管提出要求，人力资源部门根据上级的指示做被动调整；而现代人力资源管理多为"主动开发型"的战略型、策略式管理，重视对人的能力、创造力和智慧潜力的开发和发挥，要求企业必须在快速变化的环境下，主动发现问题所在，懂得利用信息技术去寻找对策，提出创新的构思。

3）管理内容丰富程度和管理重心的区别

传统人事管理内容简单，主要是对员工"进、管、出"的管理。"进"是指员工的招聘、录用；"管"是指员工的考核、奖惩、职务的升降、工资福利待遇、档案管理等；"出"即办理员工离开的各种手续等。因为传统人事管理以"事"为中心，所以不承认人在管理中的中心地位，认为人是机器的附属物，组织在进行工作安排时主要考虑组织自身的需要，很少考虑员工自身的特点和要求，极大地影响了组织效益的增长和员工积极性的发挥。现代人力资源管理涵盖了传统人事管理的基本内容，而且管理内容更加丰富，工作范围拓宽了。因为强调以"人"为本，所以在考虑组织工作的同时，充分考虑员工个人特点、兴趣、特长、性格、技能和发展要求等，把合适的人放在合适的工作岗位上，有效地激发了员工工作热情，使组织和员工的需要都得到了满足。

4）管理地位的区别

传统人事管理属于功能性部门，管理活动处于执行层、操作层，往往无须特殊专长、不需要有专业知识、不需要有良好的管理水平和综合素质，着重展现各种功能及执行效率，是单纯处理文书、事务性工作的人事行政，执行已制定的政策、活动、薪资管理及维持员工关系和谐的管理角色；而现代人力资源管理进入决策层、运作层，是具有战略和决策意义的管理活动，除承担传统人事管理的基础业务外，还扮演各部门的战略角色，主要承担策略及执行前瞻性的人力资源规划等任务。

5）管理对创新的重视方面的区别

传统人事管理，有的直接组织员工开展科研，有的制定科研奖励条例鼓励创新，这些虽然也属于创新管理，但是不够系统全面，没有根据员工的特长去组织个人的创新活动，远远不能适应社会发展的需求；现代人力资源管理重视创新管理，根据员工特长去规划、组织知识资源开发、重组及学术研究等，并注意事后效果的调查，及时发现与处理有关问题，不断改进和完善创新体制，保证创新活动有序、快速、高效地开展下去。

综上，在现代人力资源管理理念指导下，人力资源部门除了负责日常的招聘和管理之外，还需要对人力资源的用人成本进行核算，为财务部门提供核算人力成本的依据，包括薪酬设计、福利配备、激励机制等。在人力资源管理过程中，企业需要充分把握人才资源，以及传统的人力资源管理模式中所出现的主要问题。

◆◆◆◆➡ 案例分析 1-2

新时代海尔集团人力资源管理创新

海尔集团的发展战略管理集中在如何通过发展方式的转变获得更大的竞争优势。海尔集团的做法是把传统的人力资源管理概念纳入战略，放到集团发展管理战略的"总盘子"中加以系统地考虑、规划和组织实施，并取得了可观的成效，这确实非常难得。海尔集团通过对价值创造流程和人力资源的优化选择，选拔培养出一批具有较强的创客精神和创新能力的优秀个人和资源，并全流程引导他们为企业和用户带来最佳的体验。在这个过程中，海尔通过其全球领先的体系在各类小微组织初创之时就提供强大资源保证，同时持续培育小微组织的能力，并提升其发展的敏捷性和快速反应能力；与此同时，海尔也非常关注人力资源的优化自适应能力建设，提高小微组织和人力资源的匹配性。

资料来源　薛飞，王子行. 互联网背景下海尔集团人力资源管理的创新［J］. 中国市场，2021（1）：179-180.

问题：海尔集团人力资源管理的创新点是什么？

提示：将人力资源管理放在战略高度，并通过人力资源引领企业的发展，使企业获取更大的竞争优势。

1.5　人力资源管理相关理论及应用

20世纪中期以来，随着管理理论的不断发展和生产力的不断进步，管理理论在人力资源管理领域也开始广泛应用，成为人力资源管理实践的理论基础，下面是几种比较常用的人力资源管理理论。

1）需求层次理论

需求层次理论（Hierarchy of Needs Theory）由美国心理学家亚伯拉罕·马斯洛1943年在论文《人类激励理论》中提出。马斯洛将人类需求分为五个层次，从低到高依次为生理需求、安全需求、社交需求、尊重需求和自我实现需求。

马斯洛需求层次理论认为人们需要动力实现某些需求，有些需求优先于其他需求；需求层次越低，力量越大，潜力越大。较低层次的需求得到满足后，激励力量开始减弱；低级需求即缺失需求直接关系到个体的生存，当这种需求得不到满足时可能直接危及生命，而高级需求即生长需求，使人健康、长寿、精力旺盛。

管理者应该经常性地用各种方式进行调研，弄清员工未得到满足的需求是什么，然后有针对性地进行激励。

2）期望理论

期望理论（Expectancy Theory），又称作"效价-手段-期望理论"，由著名心理学家和行为科学家维克托·弗鲁姆（Victor H. Vroom）于1964年在《工作与激励》一书中提出。该理论的基本关系式是：

激发力量（F）=效价（V）×期值（E）

其中，激发力量（F）是指动机的强度，即调动一个人的积极性、激发其内在的潜力的强度，它表明人们为达到设置的目标而努力的程度。效价（V）是指目标对于满足人们需要的价值，即一个人对某种结果偏爱的强度。期望值（E）是指采取某种行为可能导致的绩效和满足需要的概率，即采取的某种行为对实现目标可能性的大小。

根据期望理论，企业必须让员工清晰地知道只要努力工作、提高工作绩效就可以实满足其需求和愿望，而工作绩效是企业实现经营目标的前提。

3）双因素理论

双因素理论（Two-factor Theory）亦称"激励-保健理论"，由美国心理学家赫茨伯格于 1959 年提出。他将企业中影响员工绩效的主要因素分为两种，即激励因素和保健因素。激励因素是指可以使人感到十分满意的因素，与工作本身或工作内容有关，包括成就、赞赏、工作本身的意义及挑战性、责任感、晋升、发展等；保健因素是指使人感到十分不满意的因素，是工作以外的因素，包括公司的政策与管理、监督、工资、同事关系和工作条件等。通常，激励因素得到满足，可以使人们产生很大的激励作用，若得不到满足，也不会产生更多的不满情绪；而保健因素得到满足确实能消除不满情绪，维持原有的工作效率，但不能有效地激励员工产生更积极的行为。

根据双因素理论，管理者首先要关注保健因素，以消除职工的不满、怠工和对抗情况，而为了更好地调动员工的积极性，则需要利用多种激励因素来激发员工的工作热情和工作效率。

4）公平理论

公平理论由美国心理学家亚当斯于 1965 年提出。该理论认为，一个人对他所得的报酬是否满意，不是只看其绝对值，而应进行社会比较或历史比较，看其相对值，即把个人的报酬与贡献的比率同他人的这个比率做比较，若比率相等，则认为公平合理而感到满意，从而心情舒畅，情绪高昂；若个人的比率小于他人的比率，就会感到不公平，从而情绪低落，怨气横生。这种比较还包括与本人历史上的比率做比较。

根据公平理论，管理的公平理念必须贯穿到整个管理体系中，实现员工共同认同的公平。

5）强化理论

强化理论是由美国心理学家斯金纳提出的一种理论。强化，是指通过刺激使某种行为加强或抑制。改造，是说人的行为是可以改造的，通过一定的手段，使行为中的某些因素加强，某些因素削弱，于是人的行为也就得到了改造。操作，是指对正负强化都不起作用的一类行为的控制引导。学习，就是对可控行为的改造，即通过强化实践，使人的行为方式得到某种永久性的改变。

在员工培训、绩效考核和薪酬管理等中都应用了强化理论的基本观点。如可以采用科学的方法组织员工进行学习和训练，并不断地规范员工的行为，引导他们的行为与组织期望的行为保持一致，从而提高员工的工作绩效。通过设计合理的绩效考评指标体系，引导员工的行为，还可以将薪酬水平和绩效贡献有效结合，增加正强化和负强化的措施和手段，充分发挥薪酬的激励作用。

综上所述，人力资源管理相关理论为人力资源管理实践提供了理论依据，在实际工作中，还需要结合员工的实际情况，根据新时期员工的时代特征制定相应的人力资源管理政策和管理制度。

▬▬➡ **思政园地** ▬▬▬

以改革之力全面激活人力资源"一池活水"

人才是企业第一资源、发展竞争之本。南方电网广西南宁供电局全面落实上级三项制度改革部署要求，开展了有史以来最大规模的全员择优选聘和竞争上岗工作。

全员选聘是三项制度改革的重要步骤之一。该局成立了由党委书记挂帅的选聘领导小组，下设选聘办公室、各专业选聘工作组、纪律监督和权益保障组三个专项工作组，形成"1+3"横向到边、纵向到底的责任网络。

为确保改革工作高效推进，用"先起跑再接力"的形式高效衔接前后批次竞聘流程，班组长岗位竞聘结果公示、专业技术竞聘报名和作业师及中高级作业员竞聘前期准备工作同步推进。

按照"人岗匹配、人事相宜"的要求，明确员工上岗的能力和业绩任职标准，以业绩为导向，分层分类制定履历分析量化评分规则，从教育背景、技术技能等级、年度绩效等维度对人岗匹配情况进行综合量化分析，将班站所等基层一线工作经历纳入履历分析评分项目，树立重基层重实践的用人导向，让干得好的"更多选择"、业绩落后的"参与竞争"、不能胜任的"让出岗位"，持续提升人岗匹配度。此次选聘近三年年度绩效等级为A的员工，选择空间更大、机会更多。通过选聘，一大批年轻骨干脱颖而出，员工队伍干事创业动力不断增强。

全员选聘打破了长期以来职能部门与基层一线流动难的问题，有效促进了人员的有序流动。横向通道打通了员工成长的壁垒，可以根据自己的发展意愿选择走技能或技术路线，多岗位锻炼让员工更好地成长起来。

通过这次选聘根据班组业务划分情况相应进行了人员调剂补充，各班组人员配置更均衡了，班组工作安排也更加合理，员工干劲足，工作效率也得到了进一步提升。同时，对在同一岗位任职时间较长的班组长进行了轮换，一是为了盘活人力资源，有效激发班组长干事创业的主动性；二是有效防控岗位廉洁风险，营造一个风清气正的环境。

该局将结合"十四五"人力资源发展规划，巩固深化改革重点要求和经验做法，建立统一开放、竞争有序、充满活力的内部人才市场，大力推行竞争上岗公开选拔人才，完善市场化退出机制，打破人才流动体制、机构、层级障碍，促进单位间、专业间人才有序流动、优势互补，让"能上能下""能进能出"成为常态，确保全局干部员工队伍呈现"一池活水"。

资料来源 肖军，吴舟. 以改革之力全面激活人力资源"一池活水"[EB/OL].（2021-12-06）[2023-06-20]. http://gx.people.cn/n2/2021/1206/c390645-35038269.html.

问题：规范科学的人力资源管理对企业干部队伍建设的作用是什么？

提示：充分引入竞争机制，通过规范的、科学的人才选拔流程，达到"人岗匹配、人事相宜"的目标，以业绩为导向，全方位考核，打破人才流动机制，实现干部队伍"一池活水"。

▪▪▪▪▶ 知识掌握 ▪▪▪▪

一、名词解释

人力资源　人力资源的数量　人力资源管理

二、单项选择题

1.（　　）在企业经营中是最活跃也是最重要的资源。

A.自然资源　　　　　B.资本资源　　　　　C.人力资源　　　　　D.信息资源

2.传统人事管理的特点之一是（　　）。

A.以事为中心　　　　　　　　　　B.把人力当成资本

C.对人进行开发管理　　　　　　　D.以人为本

3.劳动者按照在劳动过程开始之前已确定的目的，积极、主动、创造性地进行活动，这是人力资源的（　　）。

A.能动性　　　　　B.增值性　　　　　C.时效性　　　　　D.社会性

4.通过对人力资源的开发和配置，消除劳动力耗费并获得劳动生产力的能力，是指人力资源的（　　）。

A.能动性　　　　　B.双重性　　　　　C.再生持续性　　　　　D.社会性

5.双因素理论中的双因素指的是（　　）。

A.人和物的因素　　　　　　　　　B.信息与环境

C.自然因素和社会因素　　　　　　D.保健因素与激励因素

6.俗话说"饥寒起盗心"，但古人云"志士不饮盗泉之水，廉者不受嗟来之食"。根据激励机制的有关原理，以下（　　）对这一俗语、格言所做的解释比较恰当。

A.此俗语体现了马斯洛的需求层次理论，而格言与马斯洛的需求层次理论相悖

B.此俗语、格言均符合马斯洛的需求层次理论，只不过需求层次不同

C.此俗语符合马斯洛的需求层次理论，而格言符合赫兹伯格的双因素理论

D.此俗语符合期望理论，格言符合需求层次理论

7.下面不属于现实的人力资源的是（　　）。

A.未成年就业人口　　　　　　　　B.适龄就业人口

C.暂时不能参加社会劳动的人　　　D.老年就业人口

8.（　　）是人力资源管理最基础的工作。

A.人力资源规划　　　B.工作分析　　　　C.招聘与选拔　　　D.培训与开发

9.对各个工作岗位进行考查与分析，以便确定其职责、任务、工作条件、任职资格和享有权利等，以及相应的教育培训情况，最后形成工作说明书。这是人力资源管理的（　　）职能。

A.人力资源规划　　　B.工作分析　　　　C.招聘与选拔　　　D.培训与开发

10.根据组织的发展战略和经营计划，评价组织的人力资源现状以及发展趋势，收集和分析人力资源供给和需求方面的信息和资料，预测人力资源供给和需求的趋势，制定人力资源招聘、培训、开发、薪酬、发展等政策和措施。这是人力资源管理的（　　）职能。

A.人力资源规划　　　B.工作分析　　　　　C.招聘与选拔　　　　D.培训与开发

三、多项选择题

1.人力资源包括（　　）两个方面的规定性。

A.人力资源数量　　　　　　　　　　B.人力资源绝对量

C.人力资源质量　　　　　　　　　　D.人力资源相对量

2.下面属于人力资源特性的有（　　）。

A.再生性　　　　　　B.能动性　　　　　　C.增值性　　　　　　D.社会性

3.人力资源质量包括（　　）。

A.体质　　　　　　　　　　　　　　B.知识和技能水平

C.劳动者的劳动态度　　　　　　　　D.智力

4.下面属于现实人力资源的是（　　）。

A.未成年就业人口　　　　　　　　　B.适龄就业人口

C.老年就业人口　　　　　　　　　　D.待业人口

5.下面属于潜在人力资源的有（　　）。

A.家务劳动人口　　　　　　　　　　B.求学人口

C.军队服役人口　　　　　　　　　　D.老年就业人口

四、简答题

1.简述人力资源的特性。

2.简述人力资源的数量和质量的关系。

3.人力资源管理包括哪几个方面的职能？

4.传统人事管理和现代人力资源管理有哪些区别？

5.简述人力资源管理的发展阶段。

五、论述题

如何正确理解人力资源管理在企业中的重要作用？

▬▬▬➡ 综合应用 ▬▬▬

□案例分析

华为的人力资源管理

在华为公司中，人力资源是第一资源，其次才是技术资源和客户资源。

华为在选用员工时，尤其看重个人潜力，其次才是工作经验，因为一个有潜力的员工可以为公司带来更多的客户和资源，将有潜力的人才放在正确的位置上，给予其充足的发展空间，便能发挥其最大的潜能，即人尽其才，职得其人。华为主要通过校园招聘获取人才，因为大学生具有很强的可塑性，容易接受公司的价值观和创新模式与理念，潜力很大。另外，华为与全国范围内的许多知名高校建立合作关系，对人才进行定向培养，使学生在校期间便认同华为的企业文化，产生归属感，这使华为能够获取大批为其服务的长期人员。

华为认为培训是企业维持发展的必要手段，企业发展必须建立完善的培训体系，因此，华为对新入职的员工进行长达5个月的封闭式岗前培训。不仅仅局限于对企业文化的培训，还包括军事训练、车间实习、技术培训和市场演练等，利用课堂教学、案例教学、上机操作、工程维护和网络教学等多种培训形式，使学员得到系统化、个性化的培训。

华为的绩效管理贯穿了"一切以结果为导向"的理念，华为实行干部个人绩效承诺制。每年初，公司干部根据上一年的绩效指标制定下一年的各种工作指标，并签署个人绩效承诺书。一个财政年度结束后，公司评估每一名干部的目标完成情况，直接影响着干部的任用和选拔。

华为将员工视为最珍贵的财富，尽力为员工提供具有竞争力的薪酬、舒适的工作环境、丰厚的福利待遇等。在人才激励制度中，个人回报与对公司贡献大小进行挂钩，形成了以绩效管理、薪酬分配和任职资格为一体的人力资源管理构架，三者互通互联，维持动态平衡。

华为从员工入职起，便培养员工的危机意识和竞争意识，让员工真正地意识到，除了外部具有危机和竞争外，公司内部无时无刻不存在着竞争和淘汰，正是这种贯穿始终的危机意识和竞争意识，时时刻刻激励着华为员工努力学习，力争上游，华为每年都会保持 5% 的淘汰率。

资料来源　魏先倩，梁露露. 浅析华为的人力资源管理［J］. 今日财富，2020（13）.

问题：请评价一下华为的人力资源管理。

分析提示：华为建立了其独特的人力资源管理体系，视人才为公司中最宝贵的财富，在选人、用人、育人、评人以及留人等方面都做到了以人为本，一切用业绩说话，有效地激发员工的工作积极性，最大限度地发挥了每位员工的潜能，对公司的长远发展起到了巨大的推动作用。

□实践训练

训练1

5～6个学生组成一个小组，以小组为单位，就近调查一家企业，了解一下该企业人力资源管理现状、存在的问题，请针对该企业存在的问题提出建议，要求每个小组提交一份不少于1 000字的调查报告。

要求：内容翔实、格式规范、层次清晰、语句通顺、排版合理。

训练2

艾尔逊公司的人力资源管理问题

艾尔逊公司是一家中等规模的私有企业，有2 000余名员工。该公司主要从事电信产品的生产与销售业务，连续多年实现了高利润、高增长的发展趋势。在当今激烈的市场竞争中，公司提出以人为动力的"人本原则"，倡导"沟通、合作、团队、奋斗"的企业文化。

鲍尔今年29岁，获得MBA学位后，进入艾尔逊公司工作，担任人事经理。在此之前，他曾在一家设备安装公司做过3年的人力资源管理工作；现在，他准备到新公司好好干一番事业。

艾尔逊公司人事部有40多名员工，相对于全公司而言，大体是一个人事员工对应50名普通员工。人事部有多名职能主管，分管薪酬设计、人员招聘、培训开发以及绩效考核工作。

鲍尔到任之后不久便发现了一些问题。比如，公司各部门的工作很少有"规划"，每个员工的工作都没有明确的分工，一份工作可以由甲干，也可以由乙干，全凭个人的技能和兴趣完成。有不少个人能力强于本人职务要求的雇员为此感到不快，当问及公司为何如此时，回答是："一开始就是这样的。"

另外，人事部仅有一半员工具备人力资源及相关专业的学历，仅有1/4的员工具备人力资源管理经验。除此之外，很多员工都是由普通员工转任或提升上来的。人事部的4名主管中，一位原先是图书馆管理员，一位原先是办公室秘书，另两名主管虽然有人事工作经验，但又都没有专业学历。至于4名主管手下的员工，更是五花八门。

公司内部其他职能部门的员工，拥有公认的学历与相关的工作经验后，就获得了一种"资历"，这些拥有"资历"的员工可以对新员工进行业务上的指导和帮助。在人事部一般无人具备这种"资历"，所以很少能对新员工进行帮助和指导，大家都是各干各的，彼此很少沟通。尽管人事部的工作任务非常繁重，但其他部门似乎并不满意，总认为人事部不能及时对它们的要求做出反应。而且，人事部对公司的战略规划了解甚少，人事部的决策也很难对公司的大政方针产生影响。

鲍尔的前任比尔在担任人事经理期间内，员工工资涨幅不大，员工不满情绪日益高涨。比尔也曾向公司总裁提出调整雇员工资标准的方案，并建议公司适当修改一下薪资制度。总裁虽然表示可以考虑，但至今没有动静。

鲍尔认为，公司的实际情况与先前所想象的不大一致，但仔细想想，自己又不能对此提出太多的异议。公司的每项制度与管理方式都有自己的传统，鲍尔还不敢说这种传统有多么不好，况且，目前公司运转情况还是不错的。

正当他犹豫不决时，他无意中听到财务部经理在训斥一名雇员："你最近怎么搞的？连连出错！这样下去对你没什么好处！你知道吗？像你这样，即使送你去人事部，恐怕人家也不要你！"鲍尔听后，心里很不是滋味。他该怎样强化人事部的职能作用呢？

资料来源 佚名. 案例分析：艾尔逊公司的人事管理［EB/OL］.（2022—11—12）［2023—06—20］. https://wenku.baidu.com/view/58a1518a680203d8ce2f244c.html? fr=sogou&_wkts_=1687746303886.

问题：艾尔逊公司的人力资源管理存在哪些问题？如果你是该公司人事经理，你应该如何强化人事部职能呢？

提示：艾尔逊公司工作分析和人力资源规划等基础工作比较薄弱。另外，由于部门成员的学历、能力等都无法胜任岗位工作，使得人力资源管理的相关工作无法顺利推进；人事部与其他部门之间也缺乏沟通，影响整个公司的运营。作为一名专业的人事经理，需要加强本部门的工作职能，首先应该从工作分析和人力资源规划着手，通过招聘和培训等手段提升本部门员工的能力和水平，使他们能够在人事经理的带领下完成相关的任务，同时加强部门员工的内部交流和部门之间的交流。

▰▰▰▰➡ **课外拓展** ▰▰▰▰

关注新媒体平台，获取人力资源管理领域最新的观点、方法、技巧，了解人力资源管理的前沿资讯。

　　"中国人力资源开发研究会"成立于1988年，是国家发改委主管的一级社会团体，汇集了包括著名高校的专家学者、人力资源服务领域高管和专家、大型企业人力资源高管在内的众多人力资源从业者。其公众号认证主体为"中国人力资源开发研究会"。请在微信公众号中搜索"中国人力资源开发研究会"或"china-hrd"。

第 2 章　工作分析

■■■▶ 学习目标 ■■■

通过本章学习，你应该达到以下目标：

知识目标

掌握工作分析的概念；了解工作分析的信息来源；熟悉工作分析信息的调查方法；掌握工作分析的工作流程；掌握工作说明书的编制方法、内容及应用。

能力目标

运用工作分析的方法和技巧开展工作分析工作并能编制工作说明书；正确理解工作说明书在人力资源管理各环节的重要作用。

素养目标

通过工作分析知识和技能的学习和训练，逐步提升个人的沟通能力和团队合作能力；充分理解工作说明书的作用，树立正确的就业意识，进一步明确就业方向，努力提升各项能力，以胜任未来岗位的工作。

■■■▶ 内容架构 ■■■

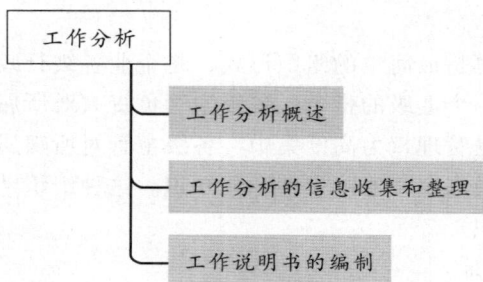

■■■▶ 引例

工作说明书重要吗？

正如詹妮弗所说，她在大学中学习的一般管理课程和人事管理课程都强调了工作说明书的重要性，但在学习中，她一直不相信工作说明书在一家企业的顺利运行中会有如此重要的作用。但在她上班的最初几周内，她多次发现每当她问及洗衣店的管理人员为什么违反既定的公司政策和办事程序时，这些人总是回答："因为我不知道这是我的工作内容"或"因为我不知道应该这么做"。詹妮弗这时才知道，只有花大力气编写工作说明书并制定一整套标准和程序来告诉大家应该做些什么以及如何去做，才能使这类问题得到缓解。

从总体上说，洗衣店管理人员负责指挥店里的所有活动，其目标包括：生产服务监督、顾客关系的维护、营业额的增长，以及通过有效地控制劳动力、物资、能源等方面的成本实现利润的最大化。

在完成这些总目标的同时，洗衣店管理人员的任务和职责还包括质量控制、店铺的外观和清洁、客户关系、账簿和现金管理、成本控制和生产率、事故控制、价格管理、库存管理、机器维修、衣物的接收与清洗、雇员安全、人力资源管理、不良事件的控制等。

资料来源　张东向．3M理论与实践研究［M］．2 版．北京：企业管理出版社，2019．

这一引例表明：工作说明书对一个企业来说至关重要，只有明确了各岗位的工作职责，才能使每个员工尽职尽责、保质保量地完成各项工作任务，确保企业目标的实现。

微课 2-1

2.1　工作分析概述

2.1.1　常见的组织结构形式

每个企业可以根据各自的经营特点、经营规模以及经营阶段等选择适合的组织结构形式，并设计符合实际需要的部门或机构。

组织结构是组织的全体成员为实现组织目标，在管理工作中进行分工协作，在职务范围、责任、权力方面所形成的结构体系，是组织在职、责、权方面的动态结构体系。常见的组织结构形式有直线制、职能制、直线职能制、矩阵制、事业部制等。

1）直线制

直线制是一种最早也是最简单的组织形式，是企业各级行政单位从上到下实行垂直领导，下属部门只接受一个上级的指令，各级主管负责人对所属单位的一切问题负责。

该组织结构的特点是管理权力高度集中，各级主管对所辖属的一切问题负责；决策迅速，指挥灵活；要求最高主管通晓多种专业知识。这种组织结构适用于规模较小、任务单一、人员较少的组织。

2）职能制

职能制是各级行政单位除主管负责人外，还相应地设立一些职能机构。例如，在厂长下面设立职能机构和人员，协助厂长从事职能管理工作。

该组织结构是在组织中设置若干职能专门化的机构，这些职能机构在自己的职责范围内都有权向下发布命令和指示。这种组织结构的优点是能够充分发挥职能部门的专业管理作用；缺点是多头领导，违背了统一指挥原则。

3）直线职能制

直线职能制也叫生产区域制，或直线参谋制，它是在直线制和职能制的基础上，取长补短，吸取这两种形式的优点而建立起来的。

4）矩阵制

矩阵制是一种把按职能划分的部门同按产品、服务或项目划分的部门结合起来的组织形式。在这种组织中，每个成员既接受垂直部门的领导，又要在执行任务时接受项目负责人的指挥。

这种组织结构的特点是灵活性强，利于加强职能部门间的协作，但结构稳定性差，双重职权易引发冲突。

5）事业部制

事业部制是为满足企业规模扩大和多样化经营对组织机构的要求而产生的一种组织结构形式。具体的设计思路为：在总公司领导下设立多个事业部，把分权管理与独立核算结合在一起，按产品、地区或市场（顾客）划分经营单位，即事业部。每个事业部都有自己的产品和特定的市场，能够完成某种产品从生产到销售的全部职能。事业部不是独立的法人企业，但具有较大的经营权限，实行独立核算、自负盈亏，是一个利润中心，从经营的角度上来说，事业部与一般的公司没有什么太大的不同。

事业部可以按照产品、地区、客户、产品工艺流程等进行划分，相应地，组织结构也分别被称为产品、区域、顾客、产品工艺流程等事业部组织机构等。

事业部制的特点是各事业部独立核算，自负盈亏，适应性和稳定性较强，有利于调动各事业部的积极性；缺点是资源重复配置，事业部间协作差。这种组织结构主要适用于产品多样化和地区分散的组织。

拓展阅读2-1

组织结构图
绘制的基本
方法

2.1.2 与工作分析相关的几个基本概念

1）部门

部门划分即活动分组，是指按照一定的方式将相关的工作活动予以划分和组合，形成易于管理的组织单位，如部、处、科、室、组等。

部门，是指组织中的各类主管人员按照某种原则，为完成某一类特定的任务而有权管辖的一个特定领域，它既是一个特定的工作领域，又是一个特定的权力领域。

2）岗位

通常，在一个部门中都有两个或者两个以上的岗位，**岗位**也称职位。在组织中，在一定的时间内，当一名员工承担若干项任务，并具有一定的职务、责任和权限时，就构成一个岗位。

根据工作内容、工作性质的不同，可以对岗位进行归类，一般有以下五个类别：

（1）管理序列，指从事管理工作并拥有一定管理职务的岗位。通俗的理解是"手下有兵"，因其承担的计划、组织、领导、控制职责而成为企业主要的付薪依据。

（2）职能序列，指从事职能管理、生产管理等职能工作且不具备或不完全具备管理职责的岗位。与上述"管理序列"的区别在于该岗位下可能有下级人员，但企业付薪的主要依据不是因为其承担的计划、组织、领导、控制职责，而是其辅助、支持的职责。

（3）技术序列，指从事技术研发、设计、操作的职位，表现为需要一定的技术含量，企业付薪的主要依据是该岗位所具备的技能。

（4）销售序列，指在市场上从事专职销售的岗位，一般工作场所不固定。

（5）操作序列，指在公司内部从事生产作业或销售的岗位，一般工作场所比较固定。

3）工作要素、任务、职责和职权

工作要素是工作中不能再分解的最小的动作单位，如一位秘书所进行的打印、传递文件等都属于工作要素。

任务是某一个时间段内为了达到某种目的所从事的一系列活动，由一个或者多个工作要素组成，如向潜在客户介绍产品就是销售人员的任务。

职责是一个工作承担者为实现一定的组织职能、完成工作使命而担负的一项或者多项任务组成的活动，如组织面试就是人力资源部招聘主管的职责之一。

职权是指为了完成特定的岗位职责或者任务，而由组织赋予的一定范围、一定限度的权力，如部门主管对下级的工作有监督权、考核权等。职权和职责是对等的，有什么样的职责就应该有什么样的权力。

2.1.3　工作分析的概念、作用和内容

1）工作分析的概念和作用

工作分析（Job Analysis）是对企业中某一个特定岗位的目的、任务、职责、权限、隶属关系、工作条件、任职资格等相关信息进行收集，以对该工作做出明确规定，并确定胜任这一工作所需要的行为、条件、人员的过程。

工作分析是人力资源管理的一项重要的基础工作，全面和深入的工作分析，可以使组织充分了解工作的特点以及对该岗位工作人员的行为要求，并做出正确的人事决策，最大限度地提高人力资源的利用效率，降低人力资源的成本。具体来说，工作分析在人力资源管理中的作用体现在以下几个方面：

（1）人力资源规划。人力资源规划的过程就是企业在合适的时间、合适的岗位安排合适的员工的过程。当内外部环境发生变化时，组织应该根据战略发展的需要调整人力资源规划。工作分析可以帮助企业确定未来的人力资源需求并规划获取这些人力资源的途径和措施。

（2）招聘和甄选。工作分析的结果可以用于确定各岗位的用人标准，当企业产生岗位空缺时，组织可以根据此标准发布招聘广告，开展简历筛选和面试等工作，并录用适合岗位的人员。

（3）培训与开发。培训需求分析是开展员工培训与开发工作的首要环节，就是找出岗位的理想状态和实际状态的差距。岗位要求的理想状态正是通过工作分析确定的各项工作标准，所以，工作分析可以为员工培训与开发提供依据，通过适当的方法有效地提升员工的工作技能，逐渐缩小与理想状态的差距。

（4）绩效考核。每个组织可以结合本组织的特点制订合理的考核方案，工作说明书会明确每个岗位的工作职责及绩效标准，这些都可以作为绩效考核的依据。

（5）员工职业生涯规划。通过工作分析明确各岗位的知识、能力、素质及经验等方面的具体要求，一方面，可以使员工明确未来努力的方向；另一方面，组织也可以根据工作说明书的要求为员工提供职业咨询和职业指导，引导员工找到适合的职业方向。

（6）薪酬决定。组织在制订薪酬方案时，一方面，要考虑同行业竞争者的薪酬水

平；另一方面，要比较组织内各岗位之间的差异，这种差异主要从工作的重要程度、难易程度、复杂程度以及工作内容的多少等方面进行评价，并以此作为决定各岗位薪酬的主要因素。

（7）劳动关系管理。只有通过工作分析的细致工作，员工才可以更好地理解本职工作的内容和意义，获得更高的工作满意度和幸福感，同时也为确定劳资双方的权利和义务提供依据。

综上，工作分析确实对人力资源管理的其他职能起到极其重要的基础性保障作用，同时，其也是一项非常复杂、细致和比较困难的工作，需要组织高层领导的高度重视以及全体员工的共同参与才能完成。工作分析与人力资源管理其他职能的关系如图2-1所示。

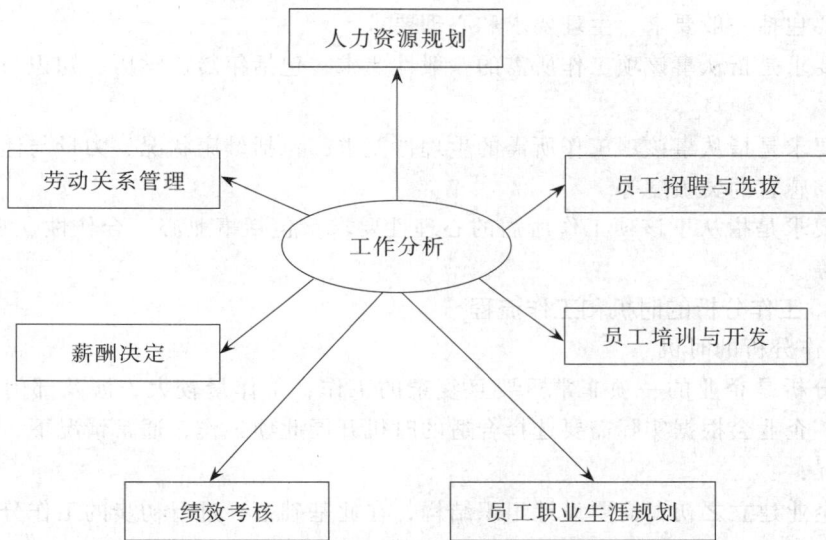

图2-1　工作分析与人力资源管理其他职能的关系图

2）工作分析的内容

工作分析是做好各项人力资源管理工作的前提和基础，组织需要根据工作分析的目的和任务规划设计工作分析的内容，不同的工作分析的目的和侧重点会有一些差异，但是总体上说，工作分析都包括工作描述和工作要求。

（1）工作描述。为了做出明确的规定，必须对每个具体的工作进行描述，即工作描述。工作描述是工作分析非常重要的一部分，具体包括工作名称描述、工作内容描述、工作条件描述、工作待遇描述、社会环境描述等内容。

工作名称描述，又称岗位名称、职位名称或职务名称，主要是为了便于登记与分类。工作名称描述需要说明某项工作的专门名称、以何种职务形式出现、以何种代码加以命名等，命名时尽量采用行业内通用的名称。如果对企业来说是全新岗位，可以参考国家最新发布的《职业岗位分类词典》等工具，这样可以方便在同类行业中进行比较，也方便应聘者选择和判断。

工作内容描述，又称工作活动或者工作程序。工作内容描述需要说明所要完成的任务与责任、所使用的原材料与设备、所体现的工作展开顺序、所连接的前后道工序的关系，以及所要接受的被监督内容等。

工作条件描述，又称工作环境描述。工作条件描述需要说明工作地点的温度与湿度、光线与噪声、安全性条件及地理位置等。

工作待遇描述，需要说明工资报酬、工作时间、工作季节性、晋升机会、进修与提高机会，以及该工作在本组织中与其他工作的关系。

社会环境描述，需要说明工作团体的情况、同事的特征及相互关系，以及各部门之间的关系等。

除上述内容外，还应该说明组织内部及附近的文化和生活设施等情况。

（2）工作要求。工作要求是根据工作描述的结果，提出对从事该项工作人员的特定要求，主要包括一般要求、生理要求和心理要求等。

一般要求是指从事该项工作所需的一般性要求，包括年龄、学历、知识与技能、经验等。

生理要求是指从事该项工作所需的生理性要求，包括健康状况、力量与体力、运动的灵活性和感官的灵敏度等。

心理要求是指从事该项工作所需的心理性要求，包括事业心、合作性、观察能力、沟通能力等。

2.1.4　工作分析的时机和工作流程

1）工作分析的时机

工作分析是企业的一项非常重要且复杂的工作，工作量较大，涉及部门和人员众多。因此，企业会根据实际需要选择合适的时机开展此项工作，通常情况下，会考虑以下几种情况：

（1）企业建立之初，需要设计组织结构，在此基础上，进行初步的工作分析，主要是为员工招聘提供必要的标准，解决大量的职位空缺问题。

（2）随着企业的发展，企业的经营战略也会发生重大的变化，各部门以及岗位的工作内容都会随之发生比较大的变化，那么此时需要开展工作分析工作，重新梳理各部门以及各岗位的工作，确保岗位说明书的工作职责、任职要求与实际岗位的工作职责、任职要求一致，能够有效指导目前的工作。

（3）企业在制订或修改招聘、培训、绩效考核以及薪酬方案时，也会带来工作流程、工作内容以及岗位任职资格等方面的变化，就需要及时地开展工作分析工作。

（4）在实际工作中，经常出现员工对工作职责不清晰、无所适从，以及部门和部门之间或者同一部门员工和员工之间职责不清晰、互相扯皮等现象，或者虽然有工作说明书，但是形同虚设，员工不按照工作说明书去执行，或者工作说明书已经过时，与实际情况严重不符，都在一定程度上影响了工作效率以及经济效益水平，需要及时开展工作分析。

2）工作分析的工作流程

工作分析的工作流程一般包括以下三个方面的内容：通过一定的调查方法收集与岗位相关的信息，如岗位名称、性质、职责、权限、工作条件、工作关系、任职资格等；

对所收集的与工作及任职者资格相关的信息进行整理、分析并进行必要的概括和总结；将上述分析的结果按照一定的程序和标准，以文字和图表的形式加以描述，编制工作说明书。

在开展工作分析时，需遵循一定的工作流程，如图2-2所示。

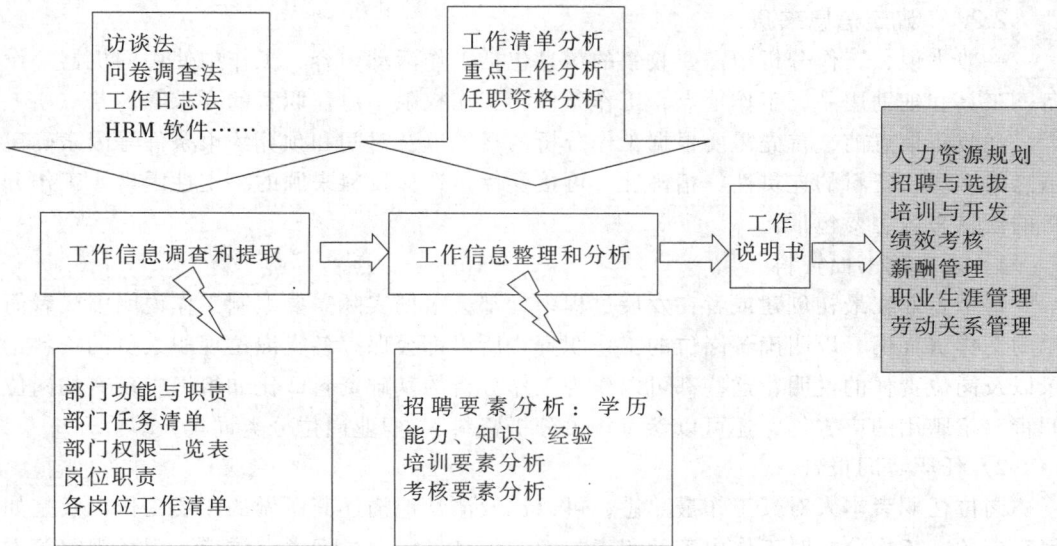

图2-2　工作分析流程图

2.1.5　工作分析准备

具体工作内容如下：

（1）准备阶段。由于工作分析的工作内容复杂、繁多，为了确保工作分析顺利进行，在开展工作分析前，需要开展相关的准备工作，这是工作分析的第一个阶段。这一阶段包括全员动员工作、工作分析小组组建及人员培训工作、调查方案设计工作，使全员充分认识和理解工作分析的重要性，以及在工作分析中的角色和职责，明确工作小组成员的分工。调查方案的设计需要明确调查的目的、对象、方法、内容以及具体安排，确保工作分析有序进行。

（2）信息调查和收集阶段。此阶段是根据调查方案组织实施调查，通常采用问卷调查法、访谈法、工作日志法、现场观察法、关键事件法等方法进行，广泛、深入地收集有关岗位的各种数据和资料。

（3）信息整理和分析阶段。这是工作分析的最关键的阶段。由于信息收集阶段使用的方法不同、调查者不同，收集的信息往往是凌乱的，需要进行进一步的整理，因此，这一阶段需要对各个岗位的特征及要求做出正确的判断和分析，创造性地提出每个岗位的关键因素，分析哪些信息是有用的，哪些信息是无用的，并对有用的信息进行分类整理。

（4）工作说明书编制阶段。这个阶段的主要任务是对前一阶段整理分析的岗位相关信息根据工作说明书的统一要求进行进一步的规范化处理，形成格式规范的书面文件，根据实际情况可繁可简，可以采用表格式也可以采用描述式，并不断地进行反馈和修改，最终经过高层领导签字确认，形成组织正式的内部文件。

2.2 工作分析的信息收集和整理

2.2.1 确定信息来源

一般来说，工作分析中需要收集的信息包括工作活动内容，工作中使用的机器、设备、工具和辅助用品，工作地点，工作条件，工作权限，对任职者的要求等。

在收集信息前，首先需要根据工作分析的目的以及时间和预算约束条件等因素确定信息的来源，资料的连贯性、精确性、可接受性是选择资料来源的决定性因素。工作分析的信息来源主要包括：

1）现有的书面资料

每个企业在最初创建或者在发展过程中，都会根据实际需要编制工作说明书或者简单的工作责任书，以明确各岗位的工作职责，所以都会保存各类岗位现职人员的资料记录以及岗位责任的说明，这些都可以作为工作分析的基础资料，比如组织中现有的岗位职责、招聘用的广告等，还可以参考相关分析资料、《职业岗位分类词典》等。

2）任职者的报告

岗位任职者本人对其工作最熟悉，可以比较清楚地描述其所做的主要工作以及是如何完成的，工作分析时工作内容及职责方面的信息可以通过问卷、访谈、现场观察等方式获得。但是出于各种原因，比如任职者自身的语言文字表达能力有限，或出于个人目的主观上不愿意全面、完整、准确地描述岗位情况等，都会影响信息的准确性。

3）任职者上级

任职者上级作为本部门的考核者、监督者，对本部门各岗位的工作内容和考核要求应该是最为熟悉的，所以，通过访谈任职者上级可以弥补从任职者那里获得信息的不足，并可以作为检验岗位信息是否完整准确的主要依据。

4）直接观察

到任职者工作现场进行直接观察也是一种获取有关工作信息的方法。尽管工作分析人员出现在任职者的工作现场可能会给任职者的工作带来一定的影响，但是这种方法仍然可以获得其他方法不能提供的信息。

2.2.2 选择岗位信息调查的方法

岗位信息调查的方法有很多，本教材重点介绍文献资料法、问卷调查法、访谈法、现场观察法、工作日志法、关键事件法等几种在实践中比较常用的方法。

1）文献资料法

在开展工作分析时，首先应该考虑收集现有的资料，如组织结构图、工作流程图、岗位责任手册、作业统计以及人事档案等。

岗位责任手册中有非常细致和系统的关于企业每个部门的部门职能和每个职位的岗位职责。

作业统计是对每个员工出勤、产量、质量、消耗情况的统计。这些可以为了解员工的工作内容、负荷以及建立工作标准提供重要依据。

　　从人事档案中可以得到任职者的基本资料，如性别、年龄、受教育程度以及培训经历等，为确定各岗位任职资格条件提供依据。

　　以上资料在收集时比较方便，但是也存在一些问题，比如有的企业有岗位责任手册，但是实际中并未严格执行；有的企业提供的作业统计有时不十分真实；还有的企业人事档案收集得不完整等，这些都可能影响工作分析的准确性，需要采用其他方法进一步进行调查。

　　2）问卷调查法

　　问卷调查法是工作分析中最常用的一种方法，是根据工作分析的目的、内容等，事先设计一套工作分析调查问卷，由被调查者在指定的时间内按照要求填写（也可由工作分析人员填写），再将问卷回收并加以整理，运用统计学原理进行归纳分析，从中找出有代表性的回答，并形成对岗位的描述信息。

　　问卷调查法具有费用低、速度快、节省时间、调查范围广、调查样本量很大、调查的资源可以量化等优点，但是也有问卷设计成本高、工作效率较低、被调查者可能不积极配合等缺点。

　　所以，实施问卷调查法时，一定要让受调查者明确调查目的，让他们放心地反映真实情况，避免对受调查者施加压力。另外，在填写问卷前要与受调查者建立良好的合作关系，以获得他们的支持。由于问卷较长，受调查者在填写过程中可能会出现烦躁情绪，容易影响作答效果，这要求调查者热情、耐心、细致地回答和解释受测者所提出的各种问题。

　　问卷调查法的关键是问卷设计，主要有开放式和封闭式两种形式。开放式调查表由被调查人自由回答问卷所提问题；封闭式调查表则是调查人事先设计好答案，由被调查人选择确定。

　　一般来说，企业也可以考虑选择采用成熟的国外问卷进行调查，但是需要工作小组首先对备选问卷进行讨论，选出最符合本次任务的问卷，然后根据实际情况对问卷进行修改。

　　3）访谈法

　　访谈法又称面谈法，是一种应用最为广泛的职务分析方法，是工作分析人员就某一职务或职位面对面地询问任职者、主管、专家等人对工作的意见和看法。

拓展阅读 2-2
工作分析调
查问卷范例

　　一般情况下，应用访谈法时可以用标准化格式记录，目的是便于控制访谈内容及对同一职务不同任职者的回答进行相互比较。访谈法由于其可以面对面与受访者交流，所以能够对特定内容进行更详细、深入的了解，并可以得到问卷调查法可能漏掉的内容。访谈法广泛运用于以确定工作任务和责任为目的的情况。访谈的内容主要是得到任职者四个方面的信息：

　　（1）工作目标：组织为什么设置这个工作岗位，并根据什么给予报偿。

　　（2）工作的范围与性质：工作在组织中的影响，所需的一般技术知识、管理知识和人际关系知识，需要解决问题的性质及自主权，工作在多大范围内进行，员工行为的最终结果如何度量。

（3）工作内容：任职者在组织中发挥多大作用，其行动对组织的影响有多大。

（4）工作的责任：涉及组织战略决策、执行等方面的情况，另外需注意访谈的典型提问方式。

访谈法的优点有：可以对工作者的工作态度与工作动机等较深层次的内容有比较详细的了解；能够简单而迅速地收集多方面的工作资料；使工作分析人员了解到短期内直接观察法不容易发现的情况，有助于管理者发现问题；为任职者解释工作分析的必要性及功能；有助于与员工沟通，缓解工作压力。访谈法的缺点主要有：访谈法有专门的技巧，需要有受过专门训练的工作分析人员；比较费精力、费时间，工作成本较高；收集的信息往往已经扭曲和失真；访谈法易被员工认为是其工作业绩考核或薪酬调整的依据，所以他们会故意夸大或弱化某些职责。

为了有效地使用访谈法，在最短时间内得到尽可能多的有用信息，在访谈实施前首先应确定结构化的访谈提纲。

拓展阅读 2-3

访谈提纲的内容

鉴于问卷调查法和访谈法各有优缺点，目前企业采纳最多的收集岗位信息的方法是将问卷调查法和访谈法结合起来使用。

4）现场观察法

现场观察法就是工作分析人员在不影响被观察人员正常工作的条件下，通过工作现场观察，将有关工作的内容、方法、程序、设备、工作环境等信息记录下来，最后将取得的信息归纳整理为适合使用的结果的过程。

采用现场观察法进行工作分析有优点，如工作分析人员可以获得工作现场的第一手资料，结果比较客观、准确，但是观察法也有一些局限性，如对工作分析人员的素质和能力有较高的要求。另外，现场观察法适用于外形特征较明显的工作岗位，如生产线上工人的工作、会计员的工作等，不适用于对心理素质的分析，也不适用于工作循环周期很长的、脑力劳动的工作，偶然、突发性工作也不易被观察，且观察人员不能获得有关岗位任职资格要求方面的信息。

现场观察法也可以与访谈法结合使用，可以先对岗位任职者的工作行为进行观察并做好相应的记录，然后与被观察者进行面谈，对相关信息进行补充说明；也可以在不影响任职者正常工作的前提下，一面观察员工的行为，一面与员工进行交谈。观察结束后，工作分析人员应通过多种渠道对所收集到的相关工作信息的准确性进行核实。

利用现场观察法进行工作分析时，应力求观察形式的结构化，根据工作分析的目的和组织现有的条件，事先确定观察的内容、观察的时间、观察的位置、观察所需的记录单等，做到省时高效。

现场观察法可以采用直接观察法、阶段观察法和工作表演法三种方法进行。不管采用哪种观察法，都应事先准备好现场观察样本清单。现场观察样本示例见表 2-1。

5）工作日志法

工作日志法是指任职者按照时间顺序详细记录自己的工作内容和工作过程，然后经过工作分析人员的归纳、提炼，获取所需工作信息的一种工作分析方法，又称工作活动记录表。根据不同的工作分析目的，需要设计不同的"工作日志"格式，这种格式常常

表2-1 **超市理货员的现场观察样本**

被观察者姓名：	观察日期：	观察时间：7：30—11：30
观察者姓名：	岗位名称：超市理货员	所属部门：百货部

一、观察内容

1.工作地点：超市卖场

2.准备的内容：按时打卡上班（7：30），更换工作服、整理着装、佩戴胸卡于左胸口处（7：30—7：35）

3. 理货员正式开始工作，时间：7：35

4. 工作的主要内容及时间安排

工作的主要内容	时间
（1）查看交接班记录	7：35—7：38
（2）电脑查询所在部门的变价商品并打印新的价签	7：39—7：45
（3）将打印好的新的价签摆放到该商品对应的位置	7：46—7：50
（4）检查所在区域内货物摆放是否整齐、商品和其对应的价签是否相符	7：51—8：05
（5）检查货架上商品是否需要补货、是否有过期或破损包装的商品	8：06—8：15
（6）若货架上需要补货，按照商品的补货原则处理：重量沉的、体积较大的商品放在下面，重量轻的、体积小的放在上面；生产日期相对长的放在外侧，生产日期较近的放在里侧；有过期商品或包装破损的商品立即下架，放回库房处理	8：16—8：25
（7）做好迎宾准备	8：26—8：40
（8）服务顾客：为顾客提供商品方面的信息，并引路	8：41—8：50
（9）商品补货	8：51—8：55
（10）查看电脑库存，并向主管报告库存不足的商品并建议订货	8：56—9：00
（11）主管进行工作任务分配	9：01—9：10
（12）呼叫保洁员做地面清洁——因顾客不小心打碎了一个杯子	9：11—9：20
（13）到仓管收货处收货	9：21—9：30
（14）库房整理	9：31—9：45
（15）商品销售	9：46—11：30
（16）销售工作期间离开卖场一次，去员工休息室休息片刻	10：05—10：15
（17）准备用餐	11：35—12：35

二、所处的工作环境

卖场，一般环境较嘈杂

以特定的表格体现。通过填写表格，提供有关工作的内容、程序和方法，工作的职责和权限，工作关系以及所需时间等信息。工作日志法通常采用工作日志记录表进行记录，见表2-2。

表2-2   **工作日志记录表**

部门：　　　　　职务：　　　　　姓名：　　　　　记录日期：

序号	工作活动名称	工作活动内容	完成情况	存在问题	解决措施	开始时间	结束时间	工作性质	重要程度	备注

工作性质分例行和偶然：　☆ 表示例行　● 表示偶然

重要程度分一般、重要和非常重要：　○ 表示一般　△ 表示重要　☆ 表示非常重要

说明：工作日志填写中几项关键词解释：

（1）"开始时间""结束时间"分别为单项工作的起始和终止时间。

（2）"工作活动名称"为单项活动类别的名称。

（3）"工作活动内容"是对工作活动进行简单描述。

（4）"工作性质"中"例行"表示日常的工作活动，包括经常的和周期性的。"偶然"表示一个月内很少碰到，没有固定周期的工作活动。

（5）重要程度中"一般"是指该项工作活动只对本部门产生影响，"重要"表示该项工作活动将对公司内一到两个部门产生影响，"非常重要"表示该项工作活动将对公司内 3 个以上的部门产生影响。

（6）"备注"主要填写该工作活动的权限与相互关系，如承办、报批等。

6）关键事件法

关键事件法是用于收集工作分析信息的方法之一，是针对某一工作中重要的、能导致该工作成功与否的任务和职责要素，对能反映不同绩效水平的、可观察到的行为表现进行描述，作为等级评价的标准进行评定的技术。

关键事件法是由美国学者福莱·诺格和伯恩斯于1954年共同创立。它是由上级主管记录员工平时工作中的关键事件：一种是做得特别好的，一种是做得不好的。在预定的时间，通常是半年或一年之后，利用积累的记录，由主管与被测评者讨论相关事件，为测评提供依据。它包含了三个重点：

第一，观察；

第二，书面记录员工所做的事情；

第三，有关工作成败的关键性的事实。

其主要原则是认定员工与职务有关的行为，并选择其中最重要、最关键的部分来评定其结果。它首先从领导、员工或其他熟悉职务的人那里收集一系列职务行为事件，然

后，描述"特别好"或"特别坏"的职务绩效。对每一事件的描述内容包括：导致事件发生的原因和背景；员工的特别有效或多余的行为；关键行为的后果；员工自己能否支配或控制上述后果。在大量收集这些关键事件以后，可以对它们进行分类，并总结出职务的关键特征和行为要求。

关键事件法直接描述工作中的具体活动，可以提示工作的动态性，既能获得有关职务的静态信息，也可以了解该职务的动态特点，所研究的工作可观察和衡量，因此所需要的资料适用于大部分工作，但是归纳事件需要耗费大量的时间，而且容易遗漏一些不显著的工作行为，难以把握整个工作过程。该方法适用于员工太多或者岗位工作内容过于复杂的工作。

采用关键事件法进行工作分析时，应该注意调查期限不宜过短、关键事件的数量应该足够说明问题，事件数目不能太少；正反两方面的事件都要兼顾，不能偏颇。

2.2.3 整理和分析岗位信息

企业实施工作分析的结果是要编制一份非常重要的文件即工作说明书，为员工招聘、培训、绩效考核以及薪酬决定等各个环节提供依据。经过前期充分的准备，选择了合适的方法收集到很多关于岗位的各种信息，但是往往这些信息都是杂乱的，需要进一步进行整理和分析，包括以下内容：

1）整理资料

将收集到的信息按照工作说明书的各项要求进行归类整理，看是否有遗漏的项目，如果有遗漏则要返回到上一个步骤，继续进行调查。

2）审查资料

信息资料进行分析整理后，工作分析小组的成员要一起对所获得信息的准确性进行审查，如有疑问，就需要与相关人员进行核实，并返回上一个步骤，重新进行调查。

3）分析资料

如果收集到资料没有遗漏，也没有错误，那么接下来就要对这些资料进行深入的分析，也就是说要归纳总结工作分析的必要材料和要素，揭示出各个岗位的主要成分和关键因素。

4）列出问题清单

根据工作说明书的内容列出问题清单，按照任务和问题清单完成每个岗位的工作分析表。

问题清单内容如下：

（1）工作内容。工作内容需要重点关注的问题是工作的构成要素以及完成任务的时间、地点和方式等。具体包括：

①工作是什么？

②工作内容包括哪些内容？

③完成这个工作的目的是什么？

④在哪里完成？

⑤在什么时间完成？

⑥怎么完成？

⑦其他。

（2）职责范围。职责范围主要是指从事该项工作的员工具体分管或负责的人、财务等，具体包括：

①负责的下属是谁？

②负责的机械、设备及原材料有哪些？

③可以控制的预算范围是多少？

④其他。

（3）工作关系。工作关系是指由于工作需要，该员工必须与组织内外的个人或部门沟通、协调的事务，具体包括：

①与上级的直接关系；

②与同事的直接关系；

③与组织其他部门的关系；

④与社会公众的关系；

⑤其他。

（4）工作环境及工作条件。工作环境及工作条件是指工作的物理环境，也指人际环境和社会环境，具体包括：

①工作本身环境；

②社会环境；

③工作小组的内部环境；

④工资、福利待遇、劳动保护；

⑤提升机会；

⑥ 其他。

（5）条件要求。条件要求是指对完成该项工作的员工的生理、心理和技能方面的要求，具体包括：

①技能和经验要求；

②教育程度和培训要求；

③身体条件和健康条件要求；

④上进心和人际沟通能力要求；

⑤其他。

（6）工作标准。工作标准是指完成工作的质量标准和数量标准。

2.3 工作说明书的编制

2.3.1 工作说明书的概念和内容

1）工作说明书的概念

工作说明书是组织对各类岗位的性质和特征（识别信息）、工作任务、职责权限、岗位关系、劳动条件和环境以及本岗位人员任职的资格条件等事项所做的统一规定。工作说明书分为岗位工作说明书和部门工作说明书，本教材主要指岗位工作说明书。

2）工作说明书的内容

企业可以根据实际情况确定本企业的工作说明书的具体结构和形式，但是从内容上看，基本上包括工作描述和工作规范两个部分。

（1）工作描述

工作描述，又称职位描述，是指用书面形式对组织中各类岗位的工作性质、工作任务、工作职责与工作环境等所做的统一要求。工作描述的基本内容包括工作识别、工作编号、工作概要、工作关系、工作职责、工作环境与工作条件等方面。

①工作识别，是将该工作与组织中其他工作区分开，主要包括工作名称、工作地、隶属关系及其他识别标志。

②工作编号，一般按工作评估与分析结果对工作进行编码，目的在于快速查找所有的工作。

③工作概要，是用简练的语言文字阐述工作的总体性质、中心任务和要达到的工作目标。

④工作关系，也称为工作的社会环境，是指任职者与组织内外其他人员之间的关系。其主要包括：所属工作部门；直接上级岗位；直接下级岗位；与该岗位发生联系的岗位；此工作可晋升、平调的岗位。

⑤工作职责，是工作描述的主体，与工作概要相比，它提供的是关于工作职责的细节描述，应包括工作的所有职能及要求。一般说来，工作职责应逐条指明工作的主要职责、工作任务、工作权限等。

⑥工作条件与工作环境，指工作的物理环境和心理环境。一般情况下我们所讨论的工作环境是工作的物理环境。工作条件与工作环境的分析一般包括以下内容：工作场所、工作环境的危险性、职业病、工作时间、工作均衡度以及工作环境的舒适程度等。

除上述内容外，还可以规定工作程序、绩效标准、聘用条件等。

（2）工作规范

工作规范，又称职位要求，主要规定从事某项工作职位的入职人员必须具备的一般要求、生理要求和心理要求。

工作规范是工作说明书的重要组成部分，在实际运用中可以为企业招聘和晋升提供参考。

2.3.2　工作说明书的编制步骤和编制要求

1）工作说明书的编制步骤

对所调查的结果进行深入细致的整理和分析，并在此基础上用文字、图表等形式做出全面的归纳和总结，完成工作说明书的编制工作。具体步骤如下：

（1）工作小组对问卷和访谈结果进行总体统计、审核、评估，针对同一职位但回答差异很大的项目进行商议，以取得统一意见。

（2）由工作小组全体成员讨论制定工作说明书的编写规范，如按行政和业务分类展开工作职责和内容。

（3）工作说明书的编写最好在一个固定的办公地点由小组成员统一进行，以便及时沟通。

（4）每个成员侧重编写本部门或个人最为熟悉的工作说明书，一个部门完成后再由下一个部门进行。

（5）定期、定时进行全组成员沟通，以便及时纠正偏差。

（6）每个成员在编写过程中要及时与相应部门主管及相应职位工作执行人进行沟通，使工作说明书尽可能与职位的实际情况符合。

（7）调查完一个部门之后，工作说明书的编写便可开始，同时再对另一个部门展开调查。

（8）由工作小组对完成的工作说明书进行审核、汇总后向领导小组汇报，如有必要做个别修正和调整。最后对工作说明书进行编辑存档，以备后用。随着工作性质、任务等方面的变化，工作说明书应及时进行修改，以保证其具有时效性。

工作说明书的格式可以是多种多样的，关键在于要用统一的格式及准确、简洁的语言将上述的工作描述和工作规范全部或主要部分加以表述，以便形成规范、准确、使用方便的管理文件。

拓展阅读 2-4

工作说明书
范例

2）工作说明书的编制要求

编制工作说明书必须符合一定的要求，具体如下：

（1）清晰。在整个工作说明书中，应全部使用现在时态。对工作的描述应注意使用浅显易懂、直接的语言，尽量避免生疏或者专业性过强的术语。让任职人员读过以后，可以准确地明白其工作内容、工作程序与工作要求等，无须询问他人或查看其他说明材料。应避免使用原则性评价，同时对专业和晦涩的词汇必须解释清楚，以免在理解上产生误差。

（2）具体。在编制工作说明书时，内容应尽量具体，但各项描述不交叉重叠。在说明工作的种类、复杂程度、任职者需具备的技能、任职者对工作各方面应负责任的程度这些问题时，措辞上应尽量选用一些具体的动词，通过使用具体的词指出工作的种类、复杂程度，任职者需要具备的具体技能、技艺以及应承担的具体责任范围等。工作说明书中的工作职责应该能成为绩效指标的基础，任职资格的描述更应该能成为招聘的依据。

（3）简洁。整个工作说明书的文字必须简单明了，所有的词要包含所需要的信息，不必要的词语要省略。工作说明书总体上要简短扼要，以免过于复杂，不便于记忆。在描述一个岗位的职责时，应该选取主要的职责进行描述，不要试图穷尽所有的职责，职责最好不超过八项。

（4）规范。工作说明书可用表格显示，也可用文字叙述，格式可以多种多样。但在一个企业里，对各个岗位应使用统一格式的工作说明书，注重整体的协调性，形成规范、准确、使用方便的管理文件。工作说明书的编写形式和用语应符合本企业的习惯，不要照搬照抄其他企业的范本，同时，必须保证一个岗位一个工作说明书。

▶▶▶▶ **思政园地** ▪▪▪▪

"四项提能"助力干部"充足电"

民族要复兴，乡村必振兴。更好地促进乡村振兴，就要锻造坚强有力的基层党组织，要选优配强班子，突出政治能力、业务能力、创新能力、技能能力提升，助力党员干部"充足电、蓄足能"，基层党员干部要做到"在其位，谋其政，尽其责"，做给群众看、带着群众干、帮着群众赚，更好地当好乡村振兴的"领头雁"，让越来越多的人民群众过上好日子，铺展乡村振兴壮丽新画卷。

突出"政治能力"提升，为干部理想信念"补钙"。政治能力是第一位的。党员干部要主动融入乡村振兴，扛起时代重任，就是要突出政治能力提升，把握正确的政治方向。政治能力具体指什么？就是把握方向、把握大势、把握全局的能力和辨别政治是非、保持政治定力、驾驭政治局面、防范政治风险的能力。基层党员干部要不断提升政治能力，就要坚定理想信念，补足精神之"钙"，把稳思想之舵，在前行的路上做到"任尔东西南北风"，始终站稳政治立场，坚守政治原则。

突出"业务能力"提升，为干部破解本领"恐慌"。为官一任，造福一方。基层党员干部要做好乡村振兴的具体工作，就要突出业务能力提升，只有对自己工作的职责、内容更熟悉，才能在工作落实上更有靶向。党员干部要提升岗位能力，着力破解本领恐慌，就要熟悉业务、吃透精神、提前研判，在推动乡村振兴各项工作任务落实的过程中，制定更多有效的举措，用对正确的办法化解问题，不断提升工作的效率和质量，以实际的工作成效赢得群众的拥护和信任，凝聚磅礴力量，有力推动乡村振兴。

突出"创新能力"提升，为干部增强解题"潜能"。创新是引领发展的第一动力，是一个民族进步的灵魂，是乡村振兴的"源头活水"。要加快乡村振兴的步伐，走好可持续发展之路，就要突出基层党员干部创新能力提升。创新源自于基层党员干部对岗位工作的热爱，要为乡村振兴点燃"创新引擎"，就需要增强基层党员干部善于思考、开拓创新、解决难题的潜能，进一步解放思想、更新观念，在乡村振兴中有更多的新思路、新出路，为乡村振兴探寻更适合的道路，找准推进乡村振兴的着力点。

突出"技能能力"提升，为干部注入特色"灵魂"。实干兴邦、空谈误国。"鲜明的特色和准确的定位，是乡村振兴的关键。"要更好发挥乡村的独特优势，需要更多有想法、有技能的基层党员干部，以实干、巧干、用心干，在岗位上做出更多新的贡献，以技能为"引擎"推进乡村振兴，实现"千村千面""一村一特色"。突出能力提升，党员干部不仅要提升自身的技能水平，更要帮助更多人提升技能水平，让更多群众实现技能就业，有力推动产业发展，让技能赋能乡村振兴，为构建乡村振兴的"特色链"，实现以"特"制胜，彰显乡村振兴的特色活力奠定基础，在希望田野上用"实干+特色"奏响振兴强音。

资料来源　吴美峰. "四项提能"助力干部"充足电"[EB/OL]. (2022-07-08)[2023-06-20].
https://difang.gmw.cn/2022-07-08/content_35871207.htm.

问题：基层党员干部如何做到"在其位，谋其政，尽其责"？

分析提示：需要采用科学的工作方法，认真细致地调查研究分析基层党员干部在新时期的工作任务以及完成这些任务需要的能力，并采取相应的手段不断地提升他们的政治能力、业务能力、创新能力、技能能力等，带领人民群众共同富裕，实现国家振兴和富强。

━━━➡ 知识掌握 ━━━

一、名词解释

工作分析　工作说明书　工作描述　工作规范

二、单项选择题

1.工作分析的基本步骤是（　　　）。

①确定工作分析的目的。

②收集与工作相关的背景信息。

③选择被分析的工作。

④与有关人员共同审核和确认工作信息。

⑤收集和分析工作信息。

⑥编写工作说明书和工作规范。

A.①②③④⑤⑥   B.①③②④⑤⑥

C.①②③⑤④⑥   D.①③②⑤④⑥

2.编写工作规范的内容包括（　　　）。

A.有关工作职责、工作活动、工作特性方面信息的书面描述

B.有关工作条件、工作对人身安全危害程度等方面信息的书面描述

C.有关工作绩效、工作权限方面的书面描述

D.有关从业人员应具备的基本资格和条件方面的书面描述

3.工作识别中最重要的项目是（　　　）。

A.工作名称　　　　　　B.工作地点　　　　　　C.工作编号　　　　　　D.工作概要

4.工作识别包含四种类型的材料：工作名称、其他识别标志、工作地和（　　　）。

A.工作职位　　　　　　B.隶属关系　　　　　　C.工作概要　　　　　　D.工作关系

5.以下不属于问卷调查法的优点的是（　　　）。

A.规范，有利于计算机信息处理　　　　　B.收集信息速度快，成本低

C.方便，可随时安排调查　　　　　　　　D.调查深入

6.记录和观察某些工作领域，员工在完成工作任务过程中有效或无效的工作行为导致的成功或失败的结果的工作分析方法是指（　　　）。

A.关键事件法　　　　　　　　　　　B.现场观察法

C.工作日志法　　　　　　　　　　　D.面谈法

7.工作分析的成果是（　　　）。

A.工作说明书　　　　　　　　　　　B.工作分析报告

C.工作评价　　　　　　　　　　　　D.工作说明书和工作分析报告

8.工作分析的核心和基础工作是（　　　）。

A.信息收集　　　　　　　　　　　　B.工作信息分析

C.明确工作分析的目的　　　　　　　D.编写工作说明书

9.工作的特点是简单、外显、不断重复，则对该项工作的分析适合用（　　　）。

A.访谈分析法　　　　　　　　　　　B.工作日志法

C.现场观察法 D.问卷调查法

10.以下不属于访谈法的优点的是（ ）。

A.对生理特征的分析非常有效 B.成本低

C.能发现新的工作信息 D.双向沟通，对任职者的了解较深入

三、多项选择题

1.工作分析方法的选择依据有（ ）。

A.工作分析的目的 B.工作分析的内容

C.经济原则 D.以上都对

2.工作规范包括（ ）。

A.一般要求 B.生理要求 C.心理要求 D.社会要求

3.企业会根据实际需要选择合适的时机开展工作分析，通常情况下，会考虑（ ）。

A.企业新建时 B.工作内容和性质发生重大变化时

C.建立和修改制度时 D.经常出现管理问题时

4.下面属于问卷调查法的优点的有（ ）。

A.费用低，速度快，节省时间，可以在工作之余填写，不会影响正常工作

B.调查范围广，可用于多种目的、多样用途的职务分析

C.调查样本量很大，适用于需要对很多工作者进行调查的情况

D.调查的资源可以量化，由计算机进行数据处理

5.对工作信息的收集和分析通常包括（ ）。

A.职位名称分析 B.工作内容分析

C.工作环境分析 D.任职者条件分析

四、简答题

1.简述工作分析的基本流程。

2.工作分析信息收集的方法有哪些？请简要说明。

3.如何整理和分析岗位信息？

4.工作说明书包括哪些内容？

5.简述编制工作说明书的步骤。

五、论述题

试述工作分析在人力资源管理中的重要作用。

▶ 综合应用

□案例分析

三星集团的工作分析

在三星集团的工作分析中，对有关岗位的工作描述各式各样，大不相同。公司的人力资源管理部门主要负责开发与销售活动有关的工作描述。

1.准备阶段

（1）确定工作分析目的。通过对项目部发展战略、组织结构和组织流程的深入分

析，结合实际情况，确定此次工作分析的首要目的就是将企业的职能分解到各项工作中，明确企业中各项工作的纵向和横向的关联关系，即明确工作职责、工作权限和工作关系等。

（2）确定工作分析团队及分工。工作分析团队及分工如下：一是项目组长，由公司高层领导常务副总担任，主要负责工作分析的各项支持工作；二是项目执行组长，由人力资源部经理担任，负责编写本工作团队工作分析的工作计划，督导项目团队成员的工作；三是工作分析人员，由人力资源部专业人员和熟悉部门情况的各部门经理助理组成，主要负责收集各项资料、调查问卷的下发与回收、工作分析对象的联络和确认、资料回收后的汇总以及工作说明书的编写工作。

（3）应选择典型（关键）的岗位开展工作分析。

（4）争取公司高层和全体员工的理解和支持，培训团队成员。在组织高层方面，因为其时间紧、工作忙、经常出差，不便于集中学习讨论，公司特意制作了PPT，介绍此次工作分析在公司战略等方面的积极作用。同时，召集所有相关人员召开工作分析说明大会，就工作分析的目的、作用及各级主管应配合的工作等方面进行积极的沟通。

2. 调查阶段

选择合适的方法进行调查，以职位分析问卷法和现有资料法为主，以面谈法、工作日志法和现场观察法为辅。

3. 分析阶段

（1）核对所得资料。通过各种方法收集的有关工作的信息，必须与工作任职者、任职者的上级主管和人力资源管理部门的人员共同进行审查、核对和确认。

（2）提炼出所需要的材料和要素。将所得到的资料进行加工整理分析，分门别类，归纳和总结出编写工作说明书需要的材料和要素。

4. 完成阶段

（1）草拟工作说明书。工作说明书内容包括：该职位的基本情况，如名称、职级、所属部门、编制等；该职位存在的价值和目的是什么；对该职位的要求有哪些，如规划、组织、审核、创新等；如何定义该任职者的责任和权力；该职位需要和外部有什么样的互动关系；该职位需要使用什么设备仪器，需要什么证照；该职位的工作环境和工作地点怎样；该职位的上下级汇报关系如何，服务的相互关系怎样；这份工作需要具备什么样的素质、技能和经验的人担任。

（2）讨论验证工作说明书。召集整个调查中涉及的管理人员和任职人员，讨论由工作分析人员编制的工作说明书，将工作说明书初稿复印并分发给他们，要求对其中每句话、每个词语进行斟酌、论证，发现问题并修改。

（3）修改定稿。通过多次反馈、修改后确定的工作说明书，经任职者、任职者的上级主管和人力资源部门负责人签字、盖章认可后，进行归档保存并输入公司人力资源管理信息系统。

资料来源　殷凤春. 人力资源管理实践案例分析［M］. 北京：电子工业出版社，2021.

问题：三星集团的工作分析有什么特点？

分析提示：为了确保工作分析的有效性，严格按照工作分析的流程有序地开展各项工作。

□**实践训练**

训练 1

5～6 个学生组成一个小组，以小组为单位，针对校外实训基地或者一家校内企业，结合本专业就业的某一岗位设计一份调查问卷、一份访谈提纲和一份现场观察提纲，然后发放一定数量的调查问卷，并选择目标岗位任职者进行访谈，同时根据现场观察提纲进行记录观察，并根据以上资料编写目标岗位工作说明书。

要求：格式规范；内容尽量完整、准确。

训练 2

如何开展工作分析

人力资源经理 Luna 刚从某外企跳槽到一家民营企业，发现企业管理有些混乱，员工职责不清，工作流程也不科学。她希望进行工作分析，重新安排组织架构。老板非常支持 Luna 的做法，并很配合地做了宣传和动员。

Luna 和工作分析小组的成员在积极筹备一番后开始行动。不料，员工的反应和态度出乎意料地不配合。"我们部门可是最忙的部门了，我一个人就要干 3 个人的活。""我每天都要加班到 9 点以后才回去，你们可别再给我加工作量了。"

多方了解后，Luna 才知道，她的前任也曾做过工作分析，还根据分析结果进行了大幅度的调整，不但裁掉了大量的人员和岗位，还对员工的工作量做了调整，几乎每个人都被分配到更多的工作。有了前车之鉴，大家忙不迭地夸大自己的工作量，生怕工作分析把自己"分析掉了"。

员工恐惧的原因：（1）工作分析的减员降薪功能是员工产生恐惧的根本原因；（2）测量工作负荷和强度是员工产生恐惧的历史原因。

员工的表现：（1）员工对工作分析调查者持有冷淡、抵触情绪；（2）员工所提供的信息资料存在明显的出入与故意歪曲。

员工恐惧对工作分析的影响：（1）对工作分析实施过程的影响；（2）对工作分析结果可靠性的影响；（3）对工作分析结果应用的影响。

问题：

（1）你认为 Luna 的前任在进行工作分析时存在哪些问题？

（2）如果你是人事部助理，请你为新任人事经理 Luna 顺利开展工作分析提两条建议。

分析提示：（1）加强沟通和宣传；（2）按照工作分析流程开展工作。

▬▬➡ 课外拓展 ▬▬▬

关注新媒体平台，获取人力资源管理领域最新的观点、方法、技巧，了解人力资源管理的前沿资讯。

微信公众号"人社 12333"，认证主体是人力资源和社会保障部信息中心，全国人力资源和社会保障官方服务平台。请在微信公众号中搜索"人社 12333"或"fwh_mohrss_12333"。

第3章　人力资源规划

▶ 学习目标 ▪▪▪▪

通过本章学习，你应该达到以下目标：

知识目标

理解人力资源规划的内涵和意义；掌握人力资源供需预测的方法；掌握人力资源规划的编制方法。

能力目标

按照科学的工作流程开展人力资源规划工作；运用科学的方法收集与整理企业内外部信息；组织开展人力资源规划的编制、实施、评估和反馈。

素养目标

树立人力资源规划意识，提高人力资源规划技能，增强职业责任感，自觉实践人力资源管理行业的职业精神和职业规范，努力提高人力资源管理效益水平。

▶ 内容架构 ▪▪▪▪

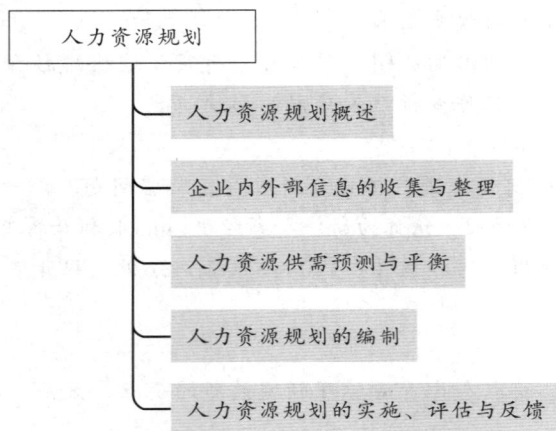

▶ 引例

腾讯企业运用大数据进行人力资源规划

腾讯的三支柱模式可以说做得很成功，为同行树立了好的榜样。腾讯人力资源三支柱模式中的 COE、HRBP、SDC 各自具有不同的特色：COE 是人力资源专家中心，主要职责是战略参与、流程优化、制定制度和确立标准；HRBP 是人力资源业务合作伙伴，主要职责是制度落实、需求管理、员工沟通和业务支撑；SDC 主要职责是人力资源系统管理、人力资源统一标准化工作和外包管理。

　　利用大数据就可以为企业发展需求的预测提供数据支撑，让管理者可以更加科学有效地进行人力资源规划。腾讯公司在市场与内部实行的是人力资源管理信息化，也就是人力资源管理部门在管理中，运用大数据时代下的先进计算机技术、信息管理技术和网络通信技术，增强人力资源规划的效能。腾讯在 2012 年实施了 HR 的换心工程，2013年，腾讯公司和微信团队合作开发了现代化的人力资源产品——HR 助手。这个产品主要是用软件工具分析动态信息，做到人力资源的知识和技能结合，从而使得人事管理部门更高效地进行人力资源规划。

　　资料来源　鄢雪芳. 大数据在企业人力资源管理中的应用——以腾讯为例［J］. 企业改革与管理，2019（17）：49-50.

　　这一引例表明：人力资源规划是腾讯公司推动公司战略发展的保障，其成功之处在于利用大数据就可以为企业发展需求的预测提供数据支撑，让管理者可以更加科学有效地进行人力资源规划。

3.1　人力资源规划概述

微课 3-1

人力资源
规划概述

3.1.1　人力资源规划的概念和分类

1）人力资源规划的概念

人力资源规划（Human Resource Plan，HRP）也叫人力资源计划，是指为实施企业的发展战略，完成企业的生产经营目标，科学地预测、分析组织在未来环境中的人力资源的供给和需求状况，制定或调整相关的政策和措施，制订企业人力资源供需平衡计划，以确保组织在需要的时间和需要的岗位上获得各种需要的人力资源，使组织和个人获得长远利益的动态过程。

　　准确地理解人力资源规划的内涵，必须把握以下几个要点：

　　（1）人力资源规划是在企业的发展战略和生产经营目标的基础上进行的。人力资源管理是企业经营管理系统的一个子系统，是要为企业经营发展提供人力资源支持的，因此，人力资源规划必须以企业的最高战略为目标，否则人力资源规划将偏离方向。

　　（2）制定人力资源规划时需要充分考虑内部、外部环境的变化。内部变化主要指销售的变化、开发的变化，或者说企业发展战略的变化，还有公司员工的流动变化等；外部变化主要指社会消费市场的变化、政府有关人力资源政策的变化、人才市场的变化等。

　　（3）人力资源规划主要包括两部分的活动：一是采用科学的方法对企业在特定时期内的人员供给和需求进行预测；二是根据预测的结果，采取相应的措施进行供需平衡。预测是平衡的基础，离开了预测将无法进行人力资源的平衡；平衡是预测的目的，如果不采取措施平衡供需，进行预测就失去了意义。

（4）人力资源规划要从数量和质量两个方面对企业人力资源供给和需求进行预测。企业对人力资源的需求数量只是一个方面，更重要的是，要保证质量。也就是说，供给和需求不仅在数量上平衡，还要在结构上匹配，注意不要忽视质量上的平衡。

（5）制定人力资源规划时必须同时考虑组织长期利益和员工的长远发展，这样一方面可以确保企业经营目标的实现，另一方面可以有效激励员工。

企业的发展离不开企业规划，企业规划的目的是使企业的各种资源（人、财、物）彼此协调并实现内部供求平衡。由于人力资源是企业内最活跃的因素，因此，人力资源规划是企业所有规划中起决定性作用的规划。

2）人力资源规划的分类

企业人力资源规划可以按时间跨度、层次、是否独立等进行不同的分类。

（1）根据规划的时间跨度，人力资源规划可以分为短期规划、中期规划和长期规划。短期规划的时间为一年之内，这种规划目的明确，内容具体，并具有一定的灵活性；中期规划的时间一般为3～5年，这种规划一般是企业一个较长时期内的总体发展目标、方针、政策，内容比较多，但不具体；长期规划的时间一般为10年及10年以上，这种规划是企业长期的总体发展目标，是对企业有关人力资源开发和管理体制的总战略、总方针和总目标等进行的系统筹划，具有战略性和指导性，直接为人力资源短期规划和中期规划的制定与实施提供框架和基础。

（2）根据规划的层次，人力资源规划可分为总体规划和业务规划。总体规划是企业在规划期内人力资源开发和利用的总的战略目标、总的政策措施及总的预算。业务规划有其特定的目标和任务，并与其他专门的人力资源政策和措施相关，是企业各项人力资源管理活动的依据。其中，职务编制计划陈述企业的组织结构、职务设置、职务描述和职务资格要求等内容；人员配置计划陈述企业每个职务的人员数量、人员的职务变动、职务人员空缺数量等；人员需求计划陈述人员需求的职务名称、人员数量、希望到岗时间等；人员供给计划是人员需求计划的对策性计划，主要陈述人员供给的方式、人员内部流动政策、人员外部流动政策、人员获取途径和获取实施计划等；教育培训计划包括教育培训需求、培训内容、培训形式、培训考核等内容；人力资源管理政策调整计划需要明确计划期内人力资源政策的调整原因、调整步骤和调整范围等。

（3）根据规划是否独立，人力资源规划可以分为独立的人力资源规划和从属的人力资源规划。独立的人力资源规划是一份单独的人力资源规划，它类似于职能部门的职能性规划，内容比较详细；从属的人力资源规划是作为整体规划的一部分而存在的，内容比较简单。

3.1.2　人力资源规划的意义

在企业的人力资源管理活动中，人力资源规划不仅具有先导性和战略性，而且在实施企业总体发展战略规划和实现经营目标的过程中，它还能不断地调整人力资源管理的政策和措施，指导人力资源管理活动。人力资源规划的意义主要表现在以下几个方面：

1）帮助企业适应内外部环境的变化

企业处于多变的环境中。一方面，企业的内部环境在发生变化，如企业组织结构及管理体制的变化、新技术的开发和利用、生产与营销方式的改变等，都会对企业的人员结构和需求提出新的要求；另一方面，企业的外部环境，如政治经济、法律制度、文化技术等变化也直接影响到企业对人员的需求，影响员工的工作动机、热情及作业方式等。企业通过良好的人力资源规划，可以针对不同情况采取相应的政策，及时调整企业的人力资源构成，对变化的内外部环境做出反应。

2）保证企业生产经营目标的完成

人力资源规划的首要任务就是有系统、有组织地规划人员的数量、质量和结构，并通过工作分析、人员补充、教育培训和薪酬激励等方案，保证选派最佳人选完成预定的生产经营目标。

3）提高人力资源管理效益

首先，人力资源规划有助于降低人力资源的使用成本，它可以帮助管理人员预测人力资源的短缺和冗余，并根据问题的严重程度进行调整；其次，良好的人力资源规划能充分发挥员工的知识、能力和技术，为每个员工提供公平竞争的机会；最后，人力资源规划还可以客观地评价员工的业绩，向员工提供适合个人职业发展的计划，开发员工的生产能力，从而提高企业对人力资源的使用效率。

4）对人力资源管理的其他职能具有指导意义

人力资源规划和其他人力资源管理职能之间存在着一种双向的互动关系。企业工作岗位分析、劳动定额等人力资源管理的基础工作是人力资源规划的重要前提。人力资源规划对招聘、选拔、培训、考核、考评、调动、升降，薪资、福利等各项人力资源管理活动的目标、步骤与方法做出具体而详尽的安排，具有很重要的指导作用。

3.1.3 人力资源规划的工作流程

开展人力资源规划需要遵循科学的工作流程。人力资源规划工作流程如图 3-1 所示。

具体工作内容如下：

（1）分析外部环境和内部环境信息。

由于人力资源规划同企业的生产经营活动是紧密联系在一起的，因此，影响企业生产经营的因素都会对企业的人力资源供给和需求产生作用，这些因素既有外部环境因素，也有内部环境因素。

（2）分析现有人力资源现状。

企业通过分析人事档案或人力资源数据库可以了解现有人力资源的基础信息。人力资源数据库涵盖的内容极为广泛，一般包括员工的姓名、性别、出生年月、出生地、工作年限、技术等级、工作经历、教育背景、培训及证书、外语能力、绩效评估、薪酬福利等内容。对企业人力资源现状分析的重点是了解目前各类员工变动情况、知识结构、工作能力、技术、经验专长等方面的特点。

（3）预测人力资源的需求量和供给量。

预测人力资源的需求量，是以企业战略、业务流程和组织结构为依据，参照人力资源状况的评价指标，综合考虑企业内外部因素的影响，对未来某一时期企业所需人力资源数量、质量、结构、活动做出预测。

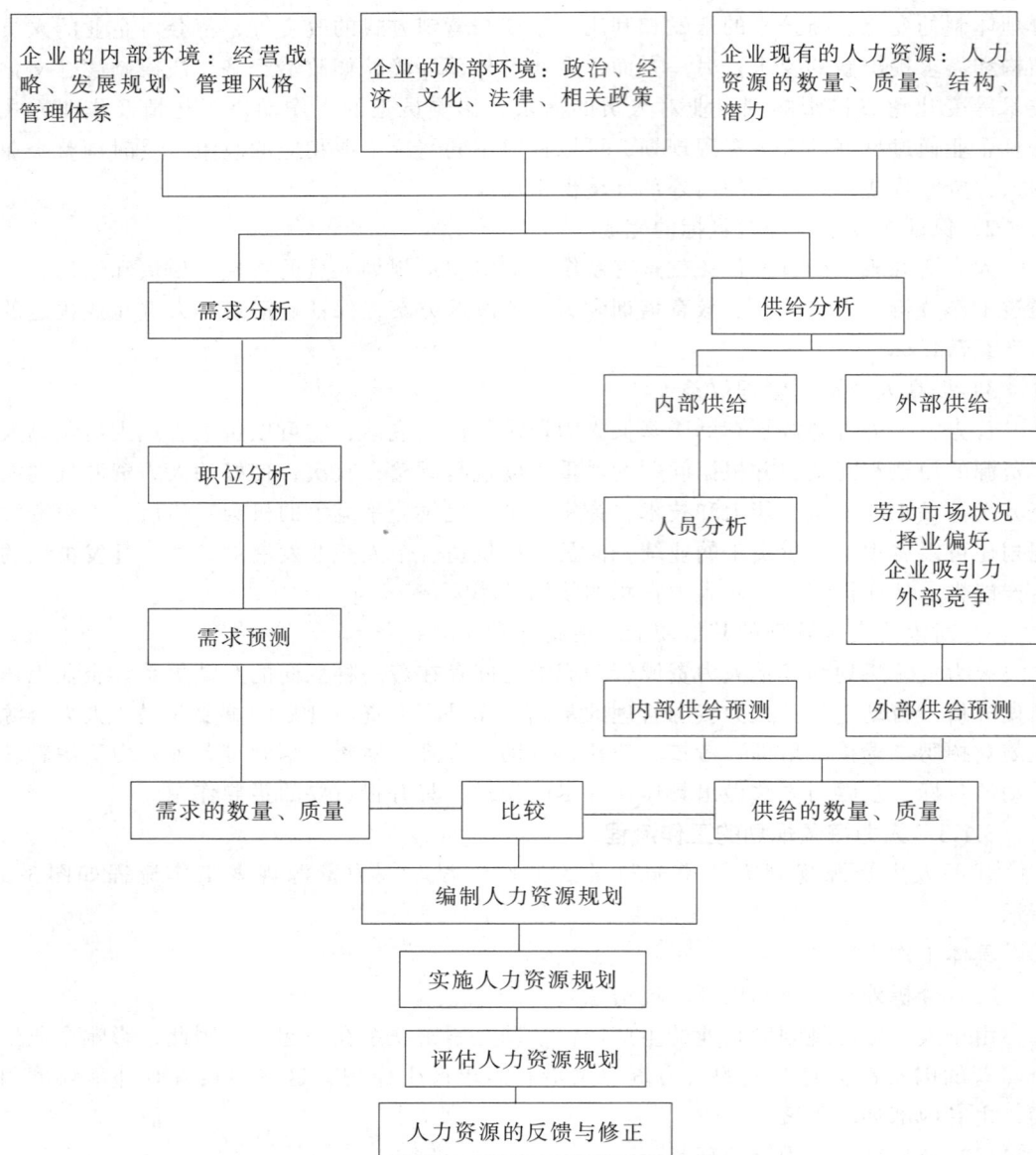

图3-1　人力资源规划工作流程图

企业对人力资源的需求受各种因素的影响，预测人力资源需求量就是确定某些因素的变化将对人员需求产生什么样的影响。

预测人力资源的供给量，是通过分析所需人员的供给情况，确定能向企业提供此类人员的数量和来源。人力资源供给预测包括组织内部供给预测和外部供给预测。

（4）确定企业人员净需求。

在对员工未来的需求与供给预测数据的基础上，将本组织人力资源需求的预测数与在同期内组织本身可供给的人力资源预测数进行对比分析，从比较分析中可测算出各类人员的净需求数量和结构，即实际需要的人力资源数量和结构。

（5）编制人力资源规划。

根据组织战略目标及本组织员工的净需求量，编制人力资源规划，包括总体规划和各项业务计划。

（6）实施人力资源规划。

人力资源规划的实施，就是人力资源规划的实际操作过程，要注意协调好各部门、各环节之间的关系。

（7）评估人力资源规划。

对人力资源规划实施的效果进行评估包括定期评估和不定期评估，通常，从以下三个方面进行：是否严格执行了本规划；人力资源规划本身是否合理；将实施的结果与人力资源规划进行比较，通过发现规划与现实之间的差距来指导以后的人力资源规划活动。

（8）人力资源规划反馈与修正。

由于预测不可能做到完全准确，因此人力资源规划也不是一成不变的，它是一个开放的动态系统，人力资源部门还必须根据情况的变化，及时修正规划。对人力资源规划实施后的反馈与修正是人力资源规划过程中不可缺少的步骤。评估结果出来后，应进行及时的反馈，进而对原规划的内容进行适时的修正，使其更符合实际，更好地促进组织目标的实现。

3.2　企业内外部信息的收集与整理

企业信息的收集就是企业根据不同的目的、要求，按照一定的程序和方法，将客观存在于信源或载体内的信息采集出来并采用技术手段加以处理的过程。人力资源需求预测和供给预测需要调查收集来自企业内外部的相关信息，确保预测的准确性。

3.2.1　企业内外部信息的来源

企业内外部信息的主要来源可分为以下几种：

（1）文档信源。

这类信源是以文档形式保存的，已经过加工、处理、存储和分析的人力资源信息，如人员档案、年度考核表、职位说明书等。这类信源由于已经进行过加工处理，所以内容比较准确，可信度高，是经过检验的具有保存和参考价值的信源。但这类信源在时间上具有明显的滞后性，时效性较差。

（2）数据库信源。

这类信源是经过专业人员加工、整理、丰富、分析之后的具有一定价值的信息，保存在经过分类的数据库中，供专业用户进行信息的查询和筛选，如学历学位证书、身份证、驾驶证等。这类数据库中的信源内容新、价值高、分类清晰、共享性强，是首选的信源。

（3）权威机构信源。

该信源是由研究和管理等活动的主体单位来完成的，包括各级国家机关、各类信息中心、行业协会、人才市场等。这些机构掌握大量专业信源，信息大多比较可靠，及时性和权威性很强。

（4）网络信源。

随着计算机技术的发展，计算机网络已深入到各行各业，作为一种新兴媒体，互联网已成为工作生活中不可缺少的工具。网络上的信息包罗万象，数量多，选择余地大，但真假难辨，需要多角度有针对性地区分、识别和选择。

3.2.2　信息收集的原则和步骤

1）信息收集的原则

人力资源信息收集的过程中，应遵守以下原则：

（1）准确性原则。

准确性原则要求人力资源信息收集要保证质量，人力资源信息要符合客观实际，所收集的数据和资料要真实可靠。只有收集到准确的信息，在科学分析的基础上，才能得出科学的结论。

（2）及时性原则。

及时性原则要求人力资源信息收集要保证时效，在规定的时段，在时间节点之前及时上报各种资料。

（3）系统性原则。

系统性原则说明人力资源信息收集是一项系统工程，它要求在时间上要概括整个过程，在范围上要包括所有部门，在项目上要囊括所有的内容，在数据填充上要覆盖所有的指标体系。

2）信息收集的步骤

收集信息时需要遵循一定的工作步骤，具体如下：

（1）确定信息收集的要求和目的。确定人力资源信息收集的目的是进一步确定人力资源信息收集的对象、时间、范围、调查提纲和实施计划的前提。人力资源信息收集的目的应该由人力资源规划工作的任务确定。要明确围绕规划的需要，确定收集信息指标的多寡、信息要求的精度等，因此，在收集时，可将信息的目标分为几个层次，有目的地进行收集。

（2）确定信息收集的对象。人力资源信息收集的对象，指的是人力资源规划的对象，也就是要开展调查的对象。例如，要取得某企业的技术人员的信息资料，那么该企业就是这次人力资源信息收集的对象，而该企业的各个部门和车间就是具体的调查部门。

（3）拟定调查提纲，明确调查内容。人力资源信息收集的调查提纲是指准备进行的调查项目和内容，包括对调查单位所需登记的内容和有关情况等。如果条件允许，也可找专家来协助拟定调查提纲，确定调查内容。

（4）信息收集的实施计划。信息收集的实施计划包括组织计划和进度计划。组织计划是从组织上保证人力资源信息收集工作顺利开展的重要依据，而进度计划则是从时间进度上保证调查工作正常开展的重要依据。

（5）实施信息收集。根据信息收集的实施计划展开信息的收集工作。为了确保收集信息的准确性，需要选择合适的方法，通常采用普查法、重点调查法、典型调查法和抽样调查法等几种方法。

3.2.3　信息的汇总和整理

在取得原始人力资源信息之后，就要着手对这些原始人力资源信息进行初步加工，这个加工过程就是人力资源信息的汇总过程。

人力资源信息汇总的方法有很多，从统计的角度可以分为手工汇总、机械汇总和电子计算机汇总三大类。手工汇总又可分为划记法、记录法、折叠法、卡片法和直接加总法等。电子计算机汇总又可分为直接汇总和联网汇总两种方法。随着电子计算机的普及应用，机械汇总法已基本被淘汰。

信息整理是指将各种杂乱无章的信息进行分类和组织，使其更加清晰和有序，从而方便查找和使用，常用的信息整理方法有分类法、标签法、脑图法、时间轴法、文摘法、档案法和总结法等。

分类法是一种常见的信息整理方法，将信息按照类别、属性、性质等进行分类，从而进行整理。这种方法可以根据不同的需求进行分类，如按照主题、目的、时间、地点等方面进行分类。分类法还可以针对特定对象进行分类，例如按照学科、专业、职业等分类。

标签法是指将各种信息打上标签，例如关键词、主题、日期等，从而进行整理。用户可以根据这些标签来查找和整理信息。

脑图法是一种比较直观的信息整理方法，它可以使信息可视化。用户可以通过脑图工具，绘制一个中心主题，然后将各种有关联的内容，以分支的方式连接到中心主题上，最终形成一个完整的脑图。

时间轴法是指将各种事件按照时间顺序进行排列，形成一条时间轴，从而便于查看和研究某一事件的发展历程。这种方法可以用于组织历史事件、重大科技进步、公司发展历程等方面。

文摘法是指将文章、书籍等材料中的重要内容摘录下来，并保留其核心意义。这种方法可以有效地保存重要信息，同时也可以应用于研究、论文写作和复习等方面。

档案法是指使用类似于档案的方式，将信息进行记录、分类、编号、索引和归档等处理，从而形成一个完整的信息管理体系。这种方法可以使信息的存储、管理、查找等更加规范。

总结法是指对某一个主题或者一个信息集合进行概括、归纳和总结，从而提炼出其核心内容。这种方法可以使信息更加简明扼要，便于研究和使用。

3.3　人力资源供需预测与平衡

3.3.1　人力资源需求预测

人力资源需求预测就是对企业未来某一特定时期内所需要的人力资源的数量、质量以及结构进行估计。

1）分析人力资源需求的影响因素

企业对人力资源的需求受到多种因素的影响，这些因素大致分为企业外部环境和内部条件两类。

  企业外部环境主要包括政策环境、经济环境、技术环境、行业发展状况、竞争对手等。政策环境、经济环境会影响企业规模、经营方向和劳动力市场的变化；技术环境会影响企业的技术和装备水平，间接影响人力资源需求；竞争对手和行业发展状况会影响人才流动。

  企业内部条件主要包括企业的规模、战略目标、组织方式及经营方向的变化以及自身技术管理水平、职位工作量和人员流动比率等。企业规模、战略目标、组织方式及经营方向的变化会直接影响企业人力资源需求的数量和质量；自身技术管理水平提升，生产效率提高，可能会带来高水平技术人员需求的增加；职位工作量的饱和与否，会导致人力资源需求的增减；人员流动比率是由于辞职、被解雇或合同到期等原因引起的职位空缺，意味着人力资源需求会出现。

  2）选择人力资源需求预测方法

  进行人力资源需求预测，可以采用定性预测和定量预测两类方法。定性预测方法是指预测者依靠熟悉业务知识、具有丰富经验和综合分析能力的人员与专家，根据已掌握的历史资料和直观材料，运用个人的经验和分析判断能力，对事物的未来发展做出性质和程度上的判断，然后，综合各方面意见，作为预测未来的主要依据；定量预测方法是根据已掌握的比较完备的历史统计数据，运用一定的数学方法进行科学的加工整理，借以揭示有关变量之间的规律性联系，用于预测和推测未来发展变化情况的一类预测方法。

  制订短期计划可以选择一些较为简单的方法；制定中长期规划则可以选择一些较为复杂的方法。

  常用的人力资源需求预测方法及适用范围，见表3-1。

表3-1   人力资源需求预测方法及适用范围

分类	具体方法	方法说明	适用范围
定性预测方法	经验预测法	用以往经验推测未来的人员需求	适用于一定时期内企业发展状况没有发生变化的情况或比较稳定的小型企业
	现状预测法	1.假定当前岗位设置和人员配置恰当，无空缺，且不存在人员总数扩充，人员需求完全取决于人员退休、离职等情况 2.人力资源预测相当于对人员退休、离职等情况的预测 3.通过对历史资料的统计与分析，准确预测离职人数	适用于中、短期的人力资源预测
	德尔菲法	依靠专家的知识和经验，对未来做出判断性估计，为增加预测可信度，可采取二次或多次讨论法	适用于技术型企业或长期人力资源预测

续表

分类	具体方法	方法说明	适用范围
定性预测方法	自下而上法	先对组织结构底层人员进行预测，然后将各个部门的预测情况层层向上汇总，做出人力资源总体预测	适用于短期人力资源预测
	自上而下法	1.上级人员先拟订出预测计划，然后逐级传达给下级 2.进行讨论和修改，上级听取并集中意见后，修改总的预测和计划	适用于短期预测或企业组织总体调整和变化时
定量预测方法	成本分析预测法	公式为 NHR=TB/VC×（1+a%×T），其中，NHR 指未来一段时间内人力资源的需求数量；TB 为未来一段时间内人力资源预算成本总额；VC 为目前的人均成本；a% 为企业计划每年人力资源成本增加的百分比；T 为未来计划期的年限	适用于所有企业
	定员法	根据企业人力资源现状，预测出未来的人力资源状况，预测方法主要有设备定员法、岗位定员法、比例定员法和生产率定员法	适用于大型企业和历史久远的传统企业
	趋势预测法	基于统计资料的定量预测方法，主要根据企业的历史人员数据来分析其在未来的变化趋势，并依次预测企业在未来某一时期的人力资源需求量	假设其他一切因素都保持不变或者变化幅度保持一致，忽略循环波动、季节波动和随机波动等，适用于波动不大的企业
	多元回归预测法	一种建立在统计技术上的人力资源需求预测方法，只考虑时间或产量单一因素，还要考虑两个或两个以上的因素对人力资源需求的影响，更重视变量间的因果关系，根据多个自变量的变化推测出因变量的变化趋势	适用于较成熟、规模较大的企业

3.3.2 人力资源供给预测

人力资源供给预测是指为了满足未来一段时间内企业的人力资源需求，而对这一时期内企业从其内部和外部可以获得的人力资源的数量和质量进行预测。一般来说，人力资源供给包括内部供给和外部供给两个来源。人力资源供给预测一般应从企业内部开始，考虑到人员的流动及其适应未来工作的能力，弄清计划内组织现有人力资源能够满足组织需要的程度，然后综合考虑组织外部的人力资源供给状况。

1）内部供给分析

内部供给分析就是对人力资源的存量及其在未来的变化情况做出判断，内部供给分析主要从以下几个方面考虑，如图3-2所示。

人力资源流入   部门   人力资源流出

晋升
辞职
调动   ┌─────┐   降职
新雇用   员工进入   │现期 │ 员工流出   退休
人员调回   │员工 │   死亡
                       │数量 │   裁员
                       └─────┘

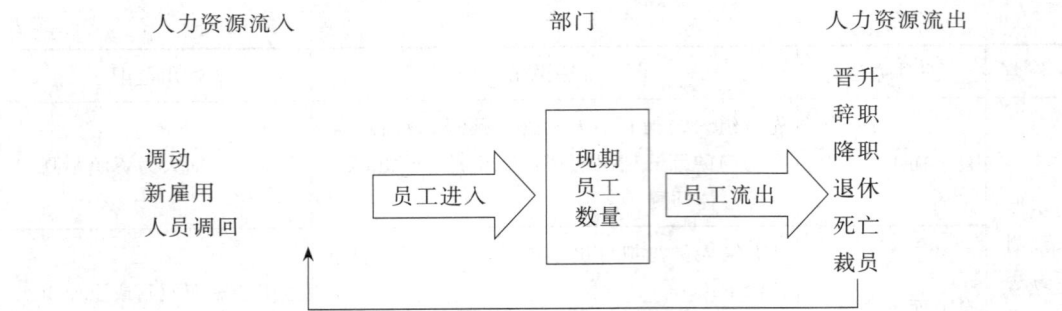

现期员工数量−预计今年流出+预计今年流入=下一年部门内部人员供给

图3-2 内部劳动力供给估算图

（1）现有人力资源的分析。人力资源不同于其他资源，即使外部条件保持不变，人力资源自身的自然变化也会影响到未来的供给，因此在预测未来人力资源的供给时，需要对现有的人力资源状况进行分析。因为人力资源自身的变化大多与年龄有关，所以现有人力资源的分析主要是对年龄结构做出分析，此外对员工的性别、身体状况等也要进行分析。

（2）人力资源流动分析。人力资源流动分析包括两种：一是人员由企业流出分析；二是人员在企业内部流动分析，对这种流动的分析，应针对具体的部门、职位层次或职位类别来进行，虽然这种流动对整个企业来说并没有影响人力资源的供给，但是对内部的供给结构却造成了影响。

（3）人员质量分析。在进行人员质量分析时，假定人员没有流动，人员质量的变化会影响到内部的供给。质量的变化主要表现为生产率的变化，当其他条件不变时，生产率提高，内部人员的供给就会相应增加；生产率降低，内部的供给就会减少。

2）外部供给分析

当企业内部的人力资源供给无法满足需要时，企业就要从外部进行引进和增补，因此，必须分析企业外部的人力供给情况。由于外部供给在大多数情况下并不可能被企业直接掌握和控制，因此外部供给的分析主要是对影响供给的因素进行判断，从而对外部供给的有效性和变化趋势做出预测。一般来说，影响外部供给的主要因素有以下几个：

（1）人口政策及人口现状。人口现状直接决定了企业现有外部人力供给状况，其主要影响因素包括人口规模、人口年龄和素质结构、现有的劳动力参与率等。

（2）劳动力市场发育程度。社会劳动力市场发育良好，将有利于劳动力自由进入市场，由市场工资率引导劳动力的合理流动。

（3）职业市场状况。其包括该行业的人才供需状况；国家关于该类职业在就业方面的法规和政策；全国范围内该职业从业人员的薪资水平和差异；全国相关专业的大学毕业生人数及分配情况等。

（4）地域性因素。其包括企业所在地的人力资源整体现状；企业所在地的有效人力资源供求现状；企业所在地对人才的吸引程度；企业本身对人才的吸引程度，涉及薪资、福利等因素。

（5）宏观经济形势。劳动力市场的供给状况与社会经济运行态势相关，经济发展速度快时，劳动力市场的供给一般较紧张。因此，必须了解与企业经营活动相关的行业发展态势及其对劳动力市场的影响情况，判断人才紧缺度和预期失业率。一般来说，失业率越低，劳动力供给越紧张，招聘员工越困难。

（6）社会就业意识和择业心理偏好。例如，一些城市失业人员宁愿失业也不愿从事一些苦、脏、累、险的工作；再如，应届大学毕业生普遍存在对职业期望值过高的现象，大多数人希望进入国家机关、大公司或合资企业工作，希望从事工作条件舒适、劳动报酬较高的职业，而不愿意到厂矿企业从事一般岗位的工作。

以上因素都将影响企业人力资源供给数量。

3）人力资源供给预测方法

人力资源供给预测的方法主要是针对内部供给预测而言的，预测的方法有很多，下面介绍几种有代表性的方法。

（1）管理经验判断法。

管理经验判断法的原理与人力资源需求的经验预测法相同，只是预测对象不同。根据对本单位以往有关工作岗位流入和流出以及工作变动情况的了解，人力资源计划人员可以预测出企业内部未来某一时期内可供给的各种人员数量。这种方法适用于相对稳定的环境或短期的预测。

（2）技能清单法。

技能清单是一个反映员工工作能力特征的列表，这些特征包括员工的培训背景、工作经历、持有的资格证书以及工作能力的评价等内容。技能清单是员工竞争力的反映，可以用来帮助预测潜在的人力资源供给。人力资源规划的目的不仅是要保证为企业的空缺岗位提供相当数量的员工，而且要保证这些员工的质量，因此就有必要建立员工能力的记录。技能清单主要列明晋升人选的确定职位、调动的决策、对特殊项目的工作分配、培训以及职业生涯规划等。技能清单可以包括所有的员工，也可以只包括部分员工，表3-2是一个技能清单的实例。

（3）人员更替法。

人员更替法，就是对组织现有人员的状况做出评价，然后对他们晋升或者调动的可能性做出判断，以此来预测组织潜在的内部供给的一种方法，这样当某一职位出现空缺时，就可以及时地进行补充。为了直观起见，往往将这种替换制成图表，如图3-3所示。在现有人员分布状况、未来理想的人员分布和流失率已知的条件下，根据待补充职位空缺所要求的晋升量和人员补充量就可以计算出人力资源供给量。

（4）人力资源"水池"模型分析法。

该模型是在预测组织内部人员流动的基础上预测人力资源的内部供给。它与人员更替法有些类似，不同的是人员更替法是从员工出发来进行分析，而且预测的是一种潜在的供给；"水池"模型分析法则是从职位出发进行分析，预测的是未来某一时间现实的供给。这种方法一般要针对具体的部门、职位层次或职位类别来进行，由于它要在现有人员的基础上，通过计算流入量和流出量来预测未来的供给，这就好比是计算一个水池未来的蓄水量，因此称为"水池"模型。这种方法主要适用于对管理人员和工程技术人员的供给预测。

表3-2 技能清单

姓名		部门	科室		工作地点		填表日期	
到职日期		出生年月		婚姻状况		工作职称		
教育背景	类别	学位种类	毕业日期		学校		主修科目	
	高中							
	大学							
	硕士							
	博士							
培训背景	培训主题		培训机构			培训时间		
技能	技能种类			证书				
志向	你是否愿意担任其他类型的工作？					是		否
	你是否愿意调到其他部门去工作？					是		否
	你是否愿意接受工作调配以丰富工作经验？					是		否

如果可能，你愿意承担哪种工作？

你认为自己需要改善目前的技能和绩效吗？

你愿意接受何种培训？

你认为自己现在可以接受哪种工作指派？

（5）马尔科夫模型法。

马尔科夫模型法是分析组织人员流动的典型矩阵模型，主要用来预测具有时间间隔（如一年）的时间点上各类人员的分布状况。基本思路是：找出企业过去某两个职务或者岗位之间的人事变动规律，以此推测未来企业中这些职务或者岗位的人员状况。周期越长，根据过去人员变动所推测的未来人员变动情况就越准确。这一方法在理论上很复杂，但实际应用时比较简单。

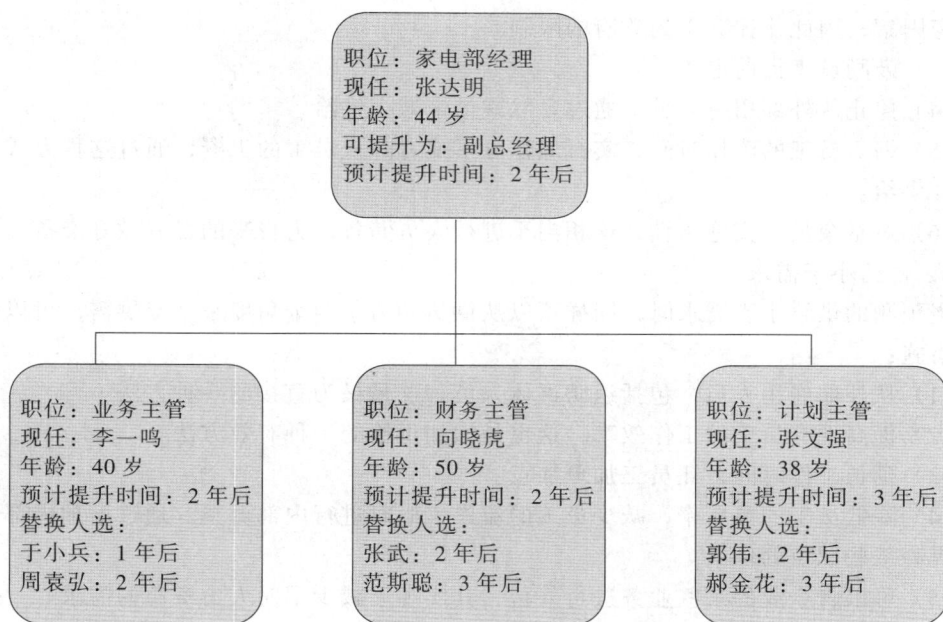

图3-3　人员更替法示意图

3.3.3　人力资源供需的平衡

人力资源规划的最终目的是要实现企业人力资源供给和需求的平衡，因此在预测出人力资源的供给和需求之后，就要对这两者进行比较，并根据比较的结果采取相应的措施。企业人力资源供给与需求预测的比较一般会出现以下几种结果：供给和需求在数量、质量及结构方面都基本相同；供给和需求在总量上平衡，但是结构上不匹配；供给大于需求；供给小于需求。如果出现第一种情况，说明企业未来的人力资源供给和需求基本上是平衡的，这种情况比较理想，但是现实中经常出现的是后三种情况，这就要求企业针对具体的情况采取相应的措施，以实现供需的平衡。

1）供给和需求总量平衡，结构不匹配

企业人力资源供给和需求完全平衡的情况一般很难发生，即使在供需总量上达到了平衡，往往也会在层次和结构上出现不平衡。对于结构性的人力资源供需不平衡，一般要采取下列措施实现平衡：

（1）进行人员内部的重新配置，包括晋升、调动、降职等，来弥补那些空缺的职位，满足这部分人力资源需求。

（2）对人员进行有针对性的专门培训，使他们能够从事空缺职位的工作。

（3）进行人员的置换，释放那些企业不需要的人员，补充企业需要的人员，以调整人员的结构。

2）供给大于需求

当预测的供给大于需求时，企业可以采取以下措施从供给和需求两方面来平衡供需：

（1）为了增加对人力资源的需求，可以开拓新的业务增长点或者扩大经营规模。

（2）永久性地裁员或者辞退员工，这种方法虽然比较直接，但是由于会给社会带来不安定因素，因此往往会受到政府的限制。

（3）鼓励员工提前退休。

（4）停止从外部招聘人员，通过自然减员来减少供给。

（5）缩短员工的工作时间，实行工作分享或者降低员工的工资，通过这种方式也可以减少供给。

（6）对富余员工实施培训，这相当于进行人员储备，为将来的发展做好准备。

3）供给小于需求

当预测的供给小于需求时，同样可以从供给和需求两个角度来平衡供需，可以采取下列措施：

（1）从外部雇用人员，包括返聘退休人员，这是最为直接的一种方法。

（2）提高现有员工的工作效率，这也是增加供给的一种有效方法。

（3）延长工作时间，让员工加班加点。

（4）降低员工的离职率，减少员工的流失，同时进行内部调整，通过增加内部的流动来提高某些职位的供给。

（5）可以将企业的某些业务进行外包，其实等于减少了对人力资源的需求。

上述平衡供需的方法在实施过程中具有不同的效果。例如，靠自然减员来减少供给过程就比较长，员工受伤害程度较低，而通过裁员的方法来减少供给见效就比较快，员工受伤害程度却较高。表3-3对这些方法的效果进行了比较。

表3-3　　　　　　　　　　　　　　　平衡供需的方法比较

供需关系	方法	速度	员工受伤害程度
供给大于需求	裁员	快	高
	减薪	快	高
	降级	快	高
	工作轮换和工作分享	快	中等
	退休	慢	低
	自然减员	慢	低
	再培训	慢	低
供给小于需求	加班	快	高
	临时雇用	快	高
	外包	快	高
	培训后换岗	慢	高
	减少流动数量	慢	中等
	外部雇用新人	慢	低
	技术创新	慢	低

3.4　人力资源规划的编制

企业进行人力资源规划时需要充分考虑内部、外部环境的变化，确保企业的人力资源保障，并使企业和员工都得到长期的利益。人力资源规划编制步骤如下：

1）明确企业的经营目标

明确企业的经营目标是制定人力资源规划的前提。不同的产品组合、生产技术、生产规模、资金情况以及不同的市场等对企业人力资源必然会有不同的要求。这里既有数量方面的要求，也有结构方面和质量方面的要求。

2）了解企业经营环境

企业面临的宏观环境、本行业的发展态势与前景、劳动力市场的结构、择业心理以及相关的政策法规都会对企业人力资源供需产生影响。人力资源规划就是要根据经营环境的变化，对企业的人力资源进行预先的统筹安排，以确保企业经营战略的有效实施。

3）分析企业现有的人力资源状况

企业现有的人力资源是人力资源规划的基础，企业经营目标的实现首先要立足于开发现有的人力资源，因此，必须对企业现有的人力资源状况有一个全面和充分的认识。采用一定的方法对企业人力资源的数量、质量、分布、采用等状况进行认真的统计分析，是企业人力资源规划的一项基础性工作。

4）预测企业的人力资源需求

这是企业人力资源规划的关键性工作之一，主要根据企业发展战略和经营目标以及具备的内外条件，对人员需求的结构、数量和质量进行预测。

5）预测企业人力资源供给

这是企业人力资源规划的关键性工作之一，主要是对未来某一特定时期内能够供给企业的人力资源的数量、质量以及结构进行预测和估算。人力资源供给的来源包括内部供给和外部供给。

6）制定人力资源总体规划和各专项业务规划

这是人力资源规划中比较具体细致的工作，也是整个人力资源规划工作成果的表现阶段。它要求在对企业战略、经营环境和企业人力资源现状分析研究的基础上，根据对企业计划期内人力资源的供需预测，提出企业人力资源管理方面的各项具体要求、目标、措施及步骤等，以便有关部门能照此执行。在这一步骤中，还应该做出人力资源费用预算，人力资源费用包括人工成本和人力资源管理费用等。

7）审核、评估人力资源规划

为了保证人力资源规划的科学性和有效性，在规划制定完成后，应组织相关管理人员、员工对其进行审核、评估。为此，应该预先制定标准，以方便对照执行。经审核、评估后，应有相应的措施监督人力资源规划的实施。

8）人力资源规划的反馈

人力资源规划的反馈可以采取事前反馈、事中反馈和事后反馈三种形式。事前反馈是指在人力资源规划编制完成后，经多方审核、评估，对规划做出修改；事中反馈是指在人力资源规划实施过程中发现了不足，对其进行动态的修改，使其更符合实际；事后反馈是指人力资源规划实施完成之后，收集相关建议和意见，对其进行投入产出分析，为未来的人力资源规划制定积累经验。

拓展阅读3-1

某公司人力
资源计划书

3.5　人力资源规划的实施、评估与反馈

3.5.1　人力资源规划的实施

1）规划方案的分解

规划方案分解的目的是使规划方案能落在实处，使每个相关的部门和员工都能明确自己在规划实施中的地位、任务和责任。规划方案的分解可以从若干角度展开，即空间分解、时间分解和过程分解。

（1）空间分解，就是把人力资源规划的方案层层分解，一直落实到具体的部门和员工身上。通过空间分解，可以使人力资源规划在实施过程中形成两个体系：一是层次明确的目标体系；二是职责清晰的责任体系。这两个体系互为依存，相互结合，缺一不可。空间分解要注意两个问题：一是要全面覆盖，不能有遗漏；二是要有重点，不能简单地一视同仁。

（2）时间分解，就是把人力资源规划的方案按目标年限分解成一个个阶段，形成具体的短期目标和任务。通过对目标的分解就可以使规划有十分清楚的、具体的每个阶段、每个年度应该完成的任务目标，使规划容易实现，并且有利于在实施过程中对规划进行监督、控制和检查。对规划进行时间分解时，应注意使每个时间段相互衔接，不要留有间隔。

（3）过程分解，就是把人力资源规划方案按企业在规划期内的发展过程分解为若干个环节，规定每个环节的目标、任务和完成时间。过程分解的前提是过程要完整和封闭，否则就会产生遗漏。过程分解特别强调目标和任务的完成时间。过程中的各个环节虽然有先后，但不一定按时间的顺序运行。

2）计划体系的建立

人力资源规划实施的计划体系具有四个方面的功能：一是保证企业的各种活动与主体系统的宗旨、人力资源发展目标、人力资源发展战略协调一致；二是使人力资源规划的实施具有阶段性、连贯性、协调性和具体化；三是提供控制进度的依据和评价工作绩效的具体标准；四是使从决策层、执行层一直到具体的操作人员和相关员工都能明确自己在规划实施中的位置，明确自己的目标、任务、责任和工作进度。

人力资源规划实施的计划体系一般由中间计划、行动计划、预算和程序四方面构成。中间计划要确保将人力资源规划的宗旨、目标、战略、对策变成每个层次、部门、阶段、环节的具体要求，从而保证人力资源规划能够顺利有效地得以实施。行动计划也称行动方案，是指完成一项活动的具体安排，它比中间计划更为细化。行动计划作为行动方案，一定要步骤齐全、详细具体。预算也是一种计划，预算是实现人力资源规划的财力保证，越是微观的预算，越需要准确。同时，预算也是对人力资源规划可行性的最后一道审查，这是因为一个人力资源规划的实施预算如果太高，就表明实施这个规划的代价昂贵，那么即使规划再可行，也只能放弃。预算所包括的内容比较多，它既包括教育投资、培训投资及卫生、保健和人力资源流动投资，也包括人力资源原始成本与人力资源重置成本，还包括为改善人力资源的工作条件和生活条件的投入，以及人力资源的各种收益。程序就是人力资源规划要按照一定的程序实施。

3）资源的优化配置

在企业组织的人力资源规划实施过程中，通常运用计划的手段达到资源的优化配置。配置的方式不同，具体的措施也不相同。人力资源的配置过程就是人力资源的群体组合过程。人力资源进入企业，要与其他人员产生一定的微观生产关系，形成优化组合的人力资源群体，与企业内的各种相关生产要素有机匹配，达到优化配置的目的。在这一过程中，企业的管理体制起着重要的作用。企业要充分重视人力资源的开发机制和分配机制，允许和鼓励各种人力资源以各种生产要素的形式参与企业的经营和发展。

3.5.2 人力资源规划的评估与反馈

对企业人力资源规划的评估，是对该企业人力资源规划所涉及的各个方面及其所带来的效益进行综合评估，也是对人力资源规划所涉及的有关政策、措施、招聘、培训发展及薪酬福利等方面进行综合评估。具体方法如下：

拓展阅读3-2

人力资源计划实施的主要风险点

(1) 实际人员招聘数量与预测的人员需求量的比较。

(2) 劳动生产率的实际水平与预测水平的比较。

(3) 实际的与预测的人员流动率的比较。

(4) 实际执行的行动方案与规划的行动方案的比较。

(5) 实施行动方案的实际结果与预测结果的比较。

(6) 劳动力的实际成本与预算额的比较。

(7) 行动方案的实际成本与预算额的比较。

(8) 行动方案的成本与收益的比较。

总之，一个企业通过定期与非定期的人力资源规划评估工作，能及时引起企业高层领导对人力资源管理工作中存在问题的高度重视，使有关政策措施得以及时实施，有利于调动员工的积极性，提高人力资源管理的效益。

▶ 思政园地 ◀

国企人力资源"十四五"规划整体逻辑

在内部深化改革和外部不确定性增加的大环境下，人力资源战略规划除了紧扣国企在管资本导向下深化分类改革的整体脉络外，更应该有基于国企人力资源管理特性及整体人力资源管理发展态势的深层战略认知和前瞻性战略预判，以实现"十四五"期间国企人力资源对整体战略的支撑，并将国企人力资源的基础资源型优势在数字化运营和强组织态势下进一步转变成结构上的组织性优势和结果上的效能性优势。

"十四五"期间，在"一带一路"倡议带动下，在数字经济、产业互联网及高质量发展的引领和带动下，在新基建的投资带动下，国企会迎来新的一波发展高潮。对国企人力资源来讲，国企的整体发展一方面会对人力资源提出新需求，另一方面发展的大潮也可能会对部分攻坚性改革起到延滞作用，问题在发展中被忽略或搁置。在对国企改革和国企人力资源现状的深度战略认知基础上，不同国企结合自身的特点对共性问题和特性问题提出自己独有的人力资源"十四五"规划方案。

人力资源"十四五"规划可以采用战略分析、顶层规划、业务规划、战略实施的整体逻辑进行展开。

战略分析：主要完成公司整体战略环境、总体战略的解读，梳理企业在人力资源管理方面的业务功能及组织架构，进行人力资源的盘点，目的是确定企业战略对人力资源的整体需求以及企业在人力资源管理方面的优劣势，为整体规划提供思路和依据。

顶层规划：主要完成企业人力资源战略规划的理念体系和目标体系。理念体系包括整体规划理念、人才理念、用人理念、人力资源管理理念等方面。目标体系以核心总目标为主导，根据企业特性可以细分成组织功能目标、能力建设目标、战略效能目标等方面。

业务规划：属于规划中的细分策略。传统的业务规划往往以体制机制的管理策略为重点，明确不同模块的工作重点。基于当下人力资源管理重心的转型，除了体制机制等组织层面的业务规划外，还应该包括能力体系规划和人才队伍规划，其中能力为核心，人才为载体。以往的人力资源规划将队伍建设目标放在顶层规划中，主要是延续国家在"人才强国战略"实施之后发布的人才规划的思路，对于企业来说，目前组织能力已经超越人才队伍成为更为核心的人力资源管理趋势，所以，能力规划和队伍规划目前处于位置交替阶段，需要在业务规划中进行明确。

战略实施：重点是划分实施阶段和制订工作计划。以前的战略实施往往是按照模块工作之间的专业逻辑展开，但当下的人力资源管理在战略环境变化迅速的vuca时代，往往需要以大破大立的思维重新进行人力资源的战略布局，并根据自身资源情况进行战略阶段划分，同时还需要通过高频复盘的方式跟进计划的落实。

资料来源　瞿超凡．国企人力资源"十四五"规划的整体逻辑与六大趋势［EB/OL］．（2020-04-30）［2023-06-20］.http：//www.china-cer.com.cn/shisiwuguihua/202004304645_3.html.

问题：国企人力资源"十四五"规划的整体逻辑是什么？

提示：国企人力资源"十四五"规划可以采用战略分析、顶层规划、业务规划、战略实施的整体逻辑进行展开，要发挥国企人力资源对国家整体战略的支撑作用，实现人才强国战略。

▶ 知识掌握

一、名词解释

人力资源规划　人力资源需求预测　人力资源供给预测

二、单项选择题

1.（　　）的时间一般为3~5年，这种规划一般是企业较长一个时期内的总体发展目标、方针、政策，内容比较多，但不具体。

A.短期规划　　　　B.长期规划　　　　C.中期规划　　　　D.总体规划

2.（　　）就是对企业的未来某一特定时期内所需要的人力资源的数量、质量以及结构进行估计。

  A.人力资源平衡   B.人力资源供给预测

  C.人力资源净需求预测   D.人力资源需求预测

  3.企业（ ）主要包括政策环境、经济环境、技术环境、竞争对手、行业发展状况等。

  A.外部环境   B.内部条件   C.外部条件   D.内部环境

  4.企业（ ）主要包括企业目标、规模、组织方式、经营方向的变化以及自身技术管理水平、人员流动比率和职位工作量等。

  A.外部环境   B.内部条件   C.外部条件   D.内部环境

  5.组织以战略目标、发展规划和岗位职责为出发点，为保证该组织活动和未来所需人力资源的数量、质量、时间及结构进行估计和判断，这个称为人力资源的（ ）预测。

  A.供给   B.需求   C.数量   D.质量

  6.（ ）是指为了满足企业在未来一段时间内的人力资源需求，而对将来某个时期内企业从其内部和外部可以获得的人力资源的数量和质量进行预测。

  A.人力资源平衡   B.人力资源供给预测

  C.人力资源净需求预测   D.人力资源需求预测

  7.现有人力资源的分析主要是对（ ）做出分析，因为人力资源自身的变化大多与其有关。

  A.性别   B.身体状况   C.受教育程度   D.年龄结构

  8.企业（ ）的人力供给情况，包括以下几个方面的内容：分析地域性因素、分析宏观经济形势和分析职业市场状况。

  A.外部   B.内部   C.市场   D.国际

  9.邀请某一领域的专家或者有经验的管理人员通过匿名的方式对某一问题进行预测，经过多轮反馈并最终达成一致意见的结构化方法，又称（ ）。

  A.回归分析法   B.经验预测法

  C.德尔菲预测法   D.马尔可夫分析法

  10.导致组织内部人浮于事、内耗严重的人力资源供求情况是（ ）。

  A.人力资源供求平衡   B.人力资源供大于求

  C.人力资源供小于求   D.无法确定

三、多项选择题

  1.人力资源规划有两个层次，即（ ）。

  A.总体规划   B.业务规划   C.政策规划   D.预算规划

  2.人力资源规划对企业人力资源供给和需求的预测要从（ ）两个方面来进行。

  A.平衡   B.数量   C.质量   D.匹配

  3.当预测的供给大于需求时，企业可以采取以下（ ）措施从供给和需求两方面来平衡供需。

  A.扩大经营规模或者开拓新的业务增长点

B.裁员

C.鼓励员工提前退休

D.停止从外部招聘人员

4.当预测的供给小于需求时，同样可以从供给和需求两个角度来平衡供需，可以采取（　　）措施。

A.从外部雇用人员　　　　　　　　　　　B.提高现有员工的工作效率

C.延长工作时间　　　　　　　　　　　　D.工作轮换

5.人力资源信息的信源可分为（　　　）。

A.文档信源　　　　　　B.数据库信源　　　　C.权威机构信源　　　D.网络信源

四、简答题

1.如何正确理解人力资源规划的含义？

2.简述德尔菲预测法。

3.如何分析企业外部的人力供给情况？

4.如何分析企业内部的人力供给情况？

5.人力资源规划的编写步骤有哪些？

五、论述题

试述人力资源规划的工作流程。

▶ 综合应用 ▮▮▮▮

□案例分析

谷歌公司人力资源规划战略

在快速发展的组织中，与人员相关的最大挑战之一就是准确预测招聘需求。下面是谷歌公司人力资源规划战略。

1）人员编制规划

在谷歌，经常规划推出新产品或更新现有的产品套件，公司会提前几个月（有时几年）为这些产品设定上市日期，通过确定推出何种产品及何时推出，公司的员工团队可以了解到支持新产品需要哪些类型的员工和技能，如工程师、设计师或项目经理。招聘需求预测方法能够预测出应通过内部招聘还是外部招聘，每个职位应该雇用多少人，每个新员工在产品创建、发布和推广方面应该得到哪些方面的支持，以便能高效开启工作。人员编制需求规划还允许业务招聘负责人花更多时间来识别这些优秀的候选人。

2）了解业务战略规划

要成功规划未来的招聘需求，就需要对组织的业务战略有更深刻的理解。要了解有关公司业务战略的更多信息，可以从以下问题开始：未来1~2年公司的主要投资方向是什么？公司正在扩大覆盖的区域吗？公司在哪些领域变得更大或者增长最快？公司所处行业正在发生怎样的变化？技术的进步是否会增加机器学习或者3D打印技能的重要性？这些问题的答案可以通过与公司领导层交谈获得，也可以在公司收益报告、新闻稿、博客文章或内部新闻中找到。通过收集这些问题的答案，你将开始掌握未来需求的领域及满足需求所需的资源类型。

收集公司特定的信息，这是获得有关组织内部未来职位空缺有用信息的另一个渠道，在这之后，人员配置团队能更好地为新角色做准备，或者为公司方向的变化做准备。了解每个团队在实现未来目标中所扮演的角色，使招聘人员能够更好地掌握当前可能缺失的角色或者技能。此外，还可以关注一些问题。例如，需要什么类型的角色？业务招聘负责人是否期待新职位的设立？还是他们只是在增加与团队现有职位类似的岗位？这些空缺会在多长时间内形成？为避免过度雇用员工，人员配置团队必须在合适的时间填补空缺。

3）大数据预测规划

大多数组织至少使用一个系统来跟踪组织中当前和未来员工的数量。这些可以是人力资源信息系统、申请人跟踪系统、电子表格或者其他工具的组合。一旦人员配置团队获得了关于预测员工的详细信息，就会将这些数据添加到他们的系统中。

预计情况会迅速变化的公司应该保留与不确定性水平成比例的超额人员配置能力。组织可以留出一部分时间来让招聘人员快速响应临时要求，或者留出多余的预算，以便在招聘需求意外激增时可以聘请外部机构。

为临时性招聘制定明确的规则。有时候，招聘人员可能遇到一位没有对应职位空缺的优秀候选人，或者一个职位空缺可能有两名优秀的入围者，面对这样的情况，建立明确的指导方针，清楚说明公司何时应该进行需求计划中所没有包含的临时性招聘，有助于维持招聘流程的公平性，限制过度招聘，并防止关键人才的流失。

资料来源　殷凤春．人力资源管理实践案例分析［M］．北京：电子工业出版社，2021.

问题：谷歌公司的人力资源战略的特点是什么？

分析提示：根据公司外部环境和内部环境的变化以及公司经营战略，准确地预测可能的空缺职位，并提前做好各职位的招聘规划，确保有足够的优秀人员能胜任未来职位。

□实践训练

训练1

5～6个学生组成一个小组，以小组为单位，就近调查一家企业，了解一下该企业人力资源管理规划现状、存在的问题，请针对该企业存在的问题提出建议，要求每个小组提交一份不少于1 000字的调查报告。

要求：内容翔实、格式规范、层次清晰、语句通顺、排版合理。

训练2

1990年10月，飞龙集团只是一家注册资金只有75万元、员工几十人的小企业，而1991年实现利润400万元，1992年实现利润6 000万元，1993年和1994年的利润都超过2亿元。短短几年，飞龙集团可谓飞黄腾达，"牛气"冲天。但1995年6月飞龙集团突然在报纸上登出一则广告——飞龙集团进入休整，然后便不见踪迹了。这是为什么？1997年6月，消失两年的姜伟突然从地下"钻"出来了，并坦率地承认飞龙的失败是人才管理的失误。

飞龙集团除1992年向社会严格招聘营销人才外，从来没有对人才结构认真地进行过战略性设计。随机招收人员、凭人情招收人员，甚至出现了不正常的招收人员的现象，而且持续3年之久。作为已经发展成为国内医药保健品行业前几名的公司，外人或许难以想象，公司竟没有一个完整的人才结构，竟没有一个完整的选择和培养人才的规章，导致人员素质偏低、人才结构不合理等问题出现。从1993年开始，飞龙集团在无人才结构设计的前提下，盲目地大量招收中医药方向的专业人才，并且安插在企业所有部门和机构，造成企业高层、中层知识结构单一，企业人才结构不合理，严重地阻碍了一家大型企业的发展。1993年3月，一位高层领导的失误造成营销中心主任离开公司，营销中心一度陷入混乱。这样一来，实际上就造成了无法管理和不管理的局面。

资料来源　佚名. 人力资源管理规划案例——飞龙集团的失败［EB/OL］.（2023-05-09）［2023-06-20］. https://www.doc88.com/p-0436183024082.html.

问题：你认为飞龙集团经营失败的原因是什么？如果你是该公司人力资源经理，你将从哪些方面进行改进？

提示：飞龙集团人力资源缺乏科学的人力资源规划设计，最终导致企业经营失败。公司需要结合内外部环境的变化，依据科学的人力资源规划流程制定合理的人力资源规划。

▶ 课外拓展

关注新媒体平台，获取人力资源管理领域最新的观点、方法、技巧，了解人力资源管理的前沿资讯。

微信公众号"人大人力资源"由中国人民大学劳动人事学院人力资源与领导力开发中心认证开办，致力于推动中国企业人力资源管理的转型和升级，重塑中国企业新经济时代的核心竞争力。分享最新管理文章，剖析最佳管理实践，整合人力资源管理顶级专家团队，打造最具价值的培训课程。请在微信公众号中搜索"人大人力资源"或"ruchrmldc"。

第4章 员工招聘与选拔

▶ 学习目标 ◀

通过本章学习，你应该达到以下目标：

知识目标

掌握员工招聘的概念；理解内外招聘渠道的优缺点；掌握招聘的工作流程；掌握招聘广告的内容及撰写方法；掌握简历筛选的依据和方法；掌握面试流程和方法；了解人员录用的方式；熟悉员工招聘评估的方法。

能力目标

选择合适的招募渠道；编制招聘工作计划；撰写招聘广告；进行简历筛选；组织面试或承担面试任务；办理员工录用；进行招聘评估并撰写招聘工作总结。

素养目标

运用正确的世界观、人生观、价值观去选拔优秀的人才；不断提升个人的沟通能力、应变能力、观察能力、判断能力、分析问题和解决问题的能力等。

▶ 内容架构 ◀

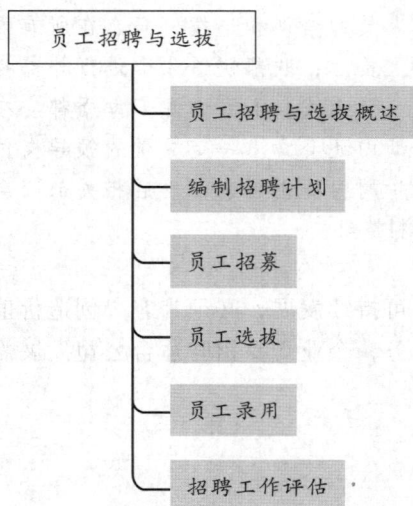

➤ 引例

联邦快递的人才招聘

联邦快递的服务范围覆盖全球220多个国家和地区。为了保证业务的良好发展，联邦快递一直坚持管理人才本地化政策，目前联邦快递在全球范围内大约65%的总监和管理人员都是本地人，98%的员工是本地人。

让不同国家和地区的人去真正理解和接受同一价值观是一件困难的事。那么，对于一个在全球开展业务的公司来说，联邦快递是如何解决人才问题的呢？

一、招聘程序

联邦快递的招聘程序主要分为两大关卡：第一关是性格测试；第二关才是面试。

关卡一：

联邦快递非常看中员工的性格，因此在对外招聘过程中，第一关不看学历，也不看专业知识，而是测试求职者的性格合适与否。尤其是一线员工，公司会通过一些手段考查对方是否有吃苦精神，能否接受不同的挑战等。有的人面试时回答得很好，学历也很高，但是测试下来性格不合适，联邦快递也会忍痛割爱。

关卡二：

联邦快递的面试非常实际，不需要那种只懂得理论、原则，却不会将其运用到具体工作中的人，因此联邦快递要考查求职者的实际工作能力。面试主要采用案例的形式，如提问"如果两名员工发生了很激烈的矛盾，你会怎么办？""如果员工的职业发展方向和公司的发展方向不一致，你会如何处理？"等。

对于各个岗位的不同要求，联邦快递还会设置不同的考查方式。比如销售人员，联邦快递通常不会采用一对一的交谈方式来面试，而是让五六名求职者一起参与活动，面试官在一旁观察。这种方法非常有效。

二、人才选拔

联邦快递非常注重内部人员的培训和选拔，只有在所有内部申请者已全部被考虑并面试，且找不到符合要求的人员后，联邦快递才会进行外部招聘。因此，每当公司内有职位空缺时，首先会在内部公开选拔，人力资源部每周都会在公司的内部网站上公告本周有哪些职位空缺，一定时期内还会拿出一定数量的领导岗位在公司内部公开招聘，凡具有竞争实力的员工均可在一周内提出申请，之后相关部门会安排面试。

资料来源　编者根据相关资料整理。

这一引例表明：企业要可持续发展，必须为客户创造价值，而为客户创造价值的基础来自于员工对于客户的服务，企业需要招聘适合公司发展需要、服务意识强的员工。

4.1　员工招聘与选拔概述

4.1.1　员工招聘的概念和作用

1）员工招聘的概念

员工招聘是指组织为了发展的需要，根据人力资源规划和工作分析的要求，以最合适的成本投入，采取科学的方法寻找、吸引具备资格的个人到本组织来任职，并从中选拔适合人员予以录用的管理过程。

为了更好地理解员工招聘的概念，我们可以从以下几个方面把握其内涵：

（1）人力资源是企业获取竞争优势的重要因素，能否招聘到合格的人力资源会影响企业的成败。员工招聘是人力资源管理中的一个重要环节，组织会根据发展的需要，补充组织所需要的一定数量和质量的、符合岗位要求的人力资源。

（2）员工招聘的依据是人力资源规划和工作分析，人力资源规划是员工招聘的时间、数量和要求，而工作分析则是对岗位要求做了具体详细的规定。

（3）员工招聘是一件十分复杂的工作，需要按照一定的流程开展工作，涉及组织招聘政策的制定、招聘渠道的选择、甄选方法的选择以及录用方式的选择等多方面的工作。

（4）员工招聘实际上包括三个相对独立的过程，即招募、选拔和录用。员工招募是招聘的第一步，其目的在于吸引更多的求职者来应聘，使组织有更大的选择人员的余地，有效的人员招募可以提高招聘质量，减少组织和个人的损失。员工选拔的任务是用最低的成本挑选预期表现最佳的应聘者，员工选拔直接影响到招聘质量和组织今后人力资源的质量，因此是招聘工作中最关键的环节。员工录用是员工招聘的最后一个环节，是根据选拔的结果做出录用决策后，办理相关的录用手续并安排到相应岗位的过程。

2）员工招聘的作用

从某种意义上说，招聘工作是企业经营活动成功的关键因素之一，招聘到合适的人才对企业来说有非常重要的作用，具体体现在以下几个方面：

（1）有助于组织补充人力资源。组织的人力资源状况处于变化之中，组织内人力资源向社会的流动、组织内部的人事变动（如升迁、降职、退休、解雇、死亡、辞职等）等多种因素，导致了组织人员的变动。同时，组织有自己的发展目标与规划，组织成长过程也是人力资源拥有量的扩张过程。这就意味着组织的人力资源是处于稀缺状态的，需要经常补充员工。因此，通过市场获取所需人力资源成为组织的一项经常性任务，人员招聘也就成了组织补充人员的基本途径。

（2）有助于创造组织的竞争优势。现代的市场竞争归根到底是人才的竞争。一个组织拥有什么样的员工，就在一定意义上决定了它在激烈的市场竞争中处于何种地位——是立于不败之地，还是最终面临被淘汰的命运。但是，对人才的获取是通过人员招聘这一环节来实现的。因此，招聘工作能否有效地完成，对提高组织的竞争力、绩效及实现发展目标，均有至关重要的影响。

（3）有助于组织形象的传播。许多经验表明，人员招聘既是吸引、招募人才的过程，又是向外界宣传组织形象、扩大组织影响力和知名度的一个窗口。应聘者可以通过招聘过程来了解该企业的组织结构、经营理念、管理特色、企业文化等。

（4）有助于组织文化的建设。有效的招聘既使企业得到了人员，也为人员的保持打下了基础，有助于减少因人员流动过于频繁而带来的损失，并增进组织内的良好气氛，如能增强组织的凝聚力，提高士气，增强员工对组织的忠诚度等。同时，有效的招聘工作对人力资源管理的其他职能也有帮助。

4.1.2　员工招聘的原则

公司人才甄选应该以岗适其人、人适其岗、人岗匹配为基本宗旨，有效的招聘能够保证企业用最低的成本获得适合岗位要求的最佳人选，需要遵循一定的原则开展招聘工作，具体包括以下几个方面：

1）合法性原则

招聘工作应严格遵守国家相关法律和法规的规定，不得违背法律法规要求。《中华人民共和国宪法》（以下简称《宪法》）和《劳动法》都在保障劳动者就业方面做出了相关规定。所以，组织在制订招聘计划时，必须保证其招聘条件或招聘过程的合法性。

2）双向选择原则

用人单位根据自身发展和岗位的要求自主地挑选员工，劳动者根据自身能力和意愿，结合劳动力市场供求状况自主选择职业，即企业自主选人，劳动者自主择业。双向选择原则一方面能使企业不断提高效益，改善自身形象，增强自身吸引力；另一方面，还能使劳动者为了获得理想的职业，努力提高自身的知识水平和职业素养，在招聘竞争中取胜。

3）能级对应原则

在招聘中要遵循能级对应原则，即能力要和职位相匹配。能力要和职位相匹配是指人的能力与岗位需要相契合，能够胜任岗位的各项工作，并最大限度地发挥任职者的才能。

4）效率优先原则

效率优先原则在招聘中的体现就是根据不同的招聘要求，灵活选用适当的招聘形式和方法，在保证招聘质量的基础上，尽可能降低招聘成本。一个好的招聘系统能够保证企业用最低的聘用成本获得适合职位要求的最佳人选，换句话说，就是以尽可能低的招聘成本录用到同样素质的人员。

5）全面审核原则

在选拔人才的过程中，要从品德、知识结构、思维逻辑、专业技能、经验、综合素能等方面进行全面审核，以确保为公司推荐合适的人才。另外，组织所招聘的员工，不仅要看其综合素质与现时职位的符合程度，更重要的是要重视其具备的可持续发展、可开发的潜力，以适应未来岗位的需要。

6）信息公开原则

信息公开原则是指企业在招聘员工时，应将招聘的岗位名称、数量、任职资格、基本待遇、选拔程序、考核方法、招聘时限等信息及时向社会公布。这样不仅能扩大招聘面，还能减少很多不必要的沟通，也能趁机对企业进行宣传。

7）公正平等原则

公正平等原则是指企业要对所有应聘者一视同仁，不徇私舞弊，以严格的标准、科学的考核方法对候选人进行测评，根据测评结果确定人选，使应聘者能公平公正地参与岗位竞争。

8）先内后外原则

为内部员工提供晋升的机会可对现有员工的士气起到非常积极的推动作用，并增强他们的自信心，让他们充分认识到自己的才能，这本身就是认可员工的最好方式。在出现岗位空缺的时候，首先从内部挖掘人才，给有实力的候选人以面试的机会，员工可据此了解组织的需求与目标，实际上这也是企业 HR 更好地了解企业内人才的绝佳机会。有时，企业 HR 会在企业的需求与员工需求之间找到平衡点，这将对企业内部的员工产生非常好的影响。

4.1.3 员工招聘的工作流程

为了使招聘工作更有效，企业在员工招募与选拔时必须要遵循一定的工作流程。一般地，员工招聘工作分五个阶段，每个阶段又包括很多具体的工作，具体工作流程如图4-1所示。

招聘工作流程具体内容如下：

1）编制人力资源需求计划

企业的发展战略、发展方向、发展规模是影响企业人力资源需求的重要因素，所以，人力资源需求计划必须服从于企业发展战略，同时要认真、详细盘点企业内部人力资源现状，在此基础上，根据各部门提出的人力资源需求申请，经过综合平衡后编制人力资源需求计划。

2）制订招聘计划

招聘计划包括年度招聘计划以及具体的招聘工作计划，主要明确企业招聘的目的、岗位、数量、条件以及招聘时间、招聘方式、招聘预算等。

3）人员招募与选拔

根据招聘工作计划组织员工招募和选拔工作，具体包括发布招聘广告、收集应聘者简历或要求应聘者填写应聘申请表，对应聘者资料进行初选，在此基础上根据岗位的情况进行笔试、心理测试、面试、情景模拟测试等选拔活动。

4）人员录用

根据各种人员测试的结果，选择合适的录用方式做出录用决策并发布录用通知等，同时接受应聘者的相关资料、体检报告等，根据岗位需求在背景调查的基础上办理录用手续、试用期考核等程序，最终正式录用，签订劳动合同并存档。

5）招聘工作评估

根据招聘的实际情况，计算各项招聘效果指标，并对照招聘计划完成招聘评估总结的撰写工作，总结招聘工作的成功经验以及可能存在的不足及应对措施。

拓展阅读4-1

某公司招聘
工作流程

编制人力资源需求计划
1. 用人部门提出人员需求申请；
2. 人力资源部汇总人员需求；
3. 总经理批准申请
4. 编制人力资源需求计划

制订招聘计划
1. 招聘目的；
2. 招聘人员和招聘对象；
3. 招聘渠道和招聘方法；
4. 招聘时间；
5. 招聘地点；
6. 招聘费用

人员招募与选拔
1. 选择招募渠道；
2. 发布招聘广告并收集简历；
3. 简历筛选；
4. 通过面试及其他选拔方法选拔人员

人员录用
1. 做出录用决策；
2. 接受应聘者资料、背景调查和体检；
3. 确定薪资待遇、签订劳动合同、办理录用手续、试用期考核等

招聘工作评估
1. 计算招聘效果指标；
2. 撰写招聘工作总结

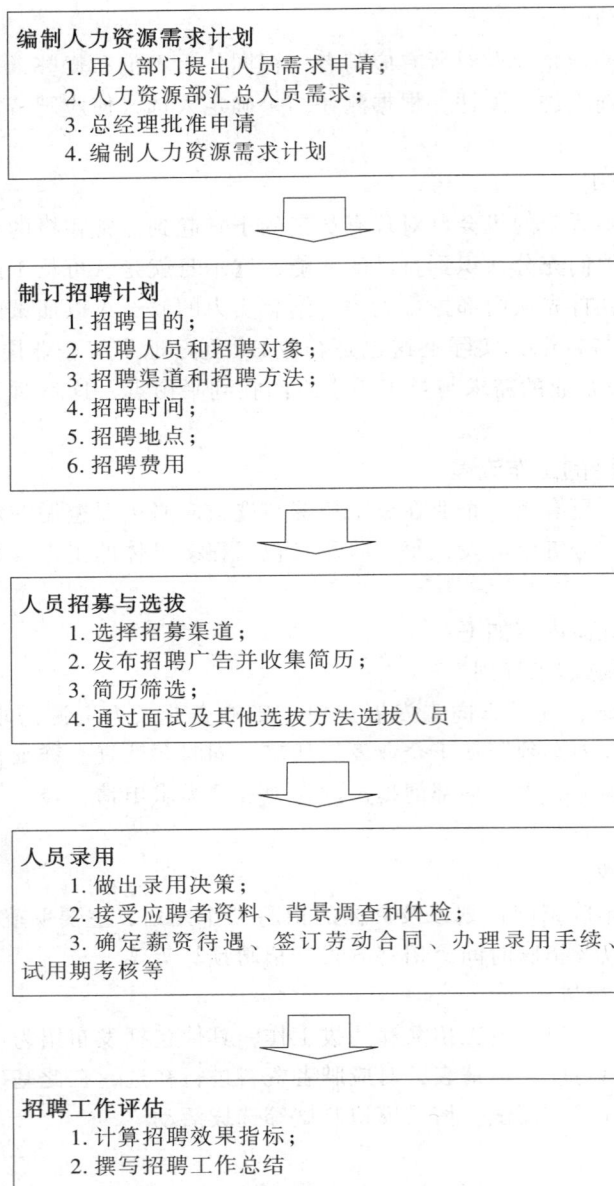

图4-1　招聘工作流程图

4.2　编制招聘计划

4.2.1　编制招聘需求计划

各部门根据用人需求情况，由部门经理填写招聘需求申请表，统一交给人力资源部，人力资源部对部门用人需求的合理性先进行审核，审核通过后报主管经理、总经理审批，由人力资源部统一组织招聘。人力资源部首先核查企业内部各部门人力资源配置

情况，检查目前企业现有人员储备情况，决定是否从企业内部解决人员需求问题，如果企业内部不能满足岗位空缺需要，再考虑从企业外部招聘。在此基础上，由人力资源部组织编制招聘需求计划。某企业招聘需求申请表见表4-1。

表4-1　　　　　　　　　　　　　　　　　**招聘需求申请表**

申请部门		岗位名称		需求人数		工作地点	
岗位需求	□离职补充　　□调动补充　　□人员储备　　□岗位扩编　　□临时用工						
需求等级	□非紧急　　　□一般紧急　　□紧急						
岗位要求	一、岗位资格（按要求重要程度由强到弱填写） 1.性别要求：□男　□女　□不限 2.年龄要求： 3.学历要求：□大专及以上 □本科及以上 □硕士及以上 □博士 □其他_____ 4.专业要求： 5.技能要求： 6.证书要求： 7.其他要求： 二、工作职责（按要求重要程度由强到弱填写） 						
薪资建议	1.试用期工资：_____；　　试用期限____个月 2.合同期工资：_____；　　合同期限____年 3.其他：						
招聘执行人			岗位复试责任人				
部门负责人意见	□同意　□不同意（说明原因） 签名：　　　日期：		人力资源部意见	□同意　□不同意（说明原因） 签名：　　　日期：			
副总经理意见	□同意　□不同意（说明原因） 签名：　　　日期：		总经理意见	□同意　□不同意（说明原因） 签名：　　　日期：			

4.2.2　制订招聘计划

1）招聘计划的内容

招聘计划是人力资源部门根据用人部门的增员申请，结合企业的人力资源规划和工作说明书，明确一定时期内需招聘的职位、人员数量及任职要求等因素，并制订具体的招聘活动的执行方案。

通常采用管理中常用的"5W1H"原则来考查招聘计划是否完整。招聘计划一般包括以下内容：

（1）招聘的目的、岗位、数量，以及任职要求等（Why）；

（2）招聘团队及分工（Who）；

（3）招聘活动内容（What）；

（4）招聘时间安排（When）；

（5）招聘地点安排（Where）；

（6）招募渠道及预算（How）。

2）制订招聘计划的操作步骤

在制订招聘计划时，可以遵循以下操作步骤：

（1）获取人员需求信息，明确招聘的目的，招聘岗位名称、数量，以及任职要求。一般来说，人员需求一般发生在以下几种情况下：①人力资源计划中明确规定的人员需求信息；②企业在职人员离职产生的空缺；③部门经理递交的招聘申请，并经相关领导批准。

（2）选择招聘信息发布渠道并确定招聘信息的发布时间。需要考虑招聘周期、新员工培训的周期以及媒体发布招聘信息的周期来选择合适的信息发布渠道以及招聘信息的发布时间。可供选择的信息发布渠道包括企业网站或专业招聘网站、媒体广告、人才市场、校园招聘、人才中介、内部公告等。

（3）组建招聘团队并做好分工。招聘团队一般由高层经理、人力资源部经理以及部门负责招聘的专员、部门经理等组成。高层经理一般是组织的主要负责人或者人力资源部的主管领导，负责在全局和整体上把握招聘计划的指导思想和原则，具体任务包括制定招聘政策、审核批准招聘计划、确定录用标准等；部门经理主要是提出用人需求，参加本部门应聘者的选拔工作；人力资源部经理及负责招聘的专员具体负责执行招聘政策和落实招聘计划，同时对相关的招聘人员进行培训。

（4）初步确定选拔方案。根据招聘岗位的实际情况和具体要求选择确定合适的选拔方案，包括初步筛选、笔试、心理测试、情景模拟及面试等甄选测试方法。

（5）明确招聘预算。招聘预算包括招聘时花费的资料费、广告费、人才交流会费等，不同的招聘渠道和测试方法需要的预算有很大的差别，制定招聘预算时必须量入而出，做好效益分析，不可盲目投入。

（6）编写招聘工作时间表。根据员工到岗时间、新员工培训时间倒推招聘活动开始和结束时间，并按照整个招聘活动的先后顺序以及每项活动所需的活动时间编写招聘工作时间表，需要提前与招聘团队成员尤其主要招聘人员，如高层经理、部门经理等进行沟通，确认好具体的时间、地点、工作内容等事项。

在编制招聘计划的同时，可以准备好招聘时可能需要的一些相关材料，如公司宣传手册、展示架、招聘广告、应聘申请表、面试记录表等。

4.3　员工招募

员工招募是指组织根据人力资源规划，为得到足够数量的合格的职位申请者，以便组织能够从中选择出最适合岗位要求与组织要求的候选人的一系列活动与过程。员工招募的工作流程包括选择招聘渠道和方式、发布招聘信息、收集应聘者资料等工作。

4.3.1　选择招聘渠道和方式

有效的招聘不仅能提高招聘效率，而且能提高招聘效果。根据应聘者来源，招聘渠道可以分为内部招聘和外部招聘两种。

1）内部招聘

内部招聘是指公司将职位空缺向员工公布并鼓励员工竞争上岗。内部招聘的方式包括职位公告、职位技术档案、员工推荐等三种。

（1）职位公告。企业在确定了空缺职位的性质、职责及所要求的条件等情况后，将这些信息以公告的形式在企业中公布，使所有的员工都能获得信息，所有拥有相应资格的员工都可以申请该职位。

（2）职位技术档案。从员工的职位技术档案了解员工的各种信息，包括教育、培训、经验、技能、绩效等方面，进而帮助用人部门或人力资源部寻找合适的人员来补充空缺的职位。

（3）员工推荐。员工推荐是由企业员工根据组织和职位的需要，推荐其熟悉的合适人员，供用人部门进行考核和选择。

一般地，内部招聘的主要来源包括：

第一，内部晋升和工作轮换。内部晋升是从企业内部提拔员工来填补高一级的职位空缺。晋升使企业的人力资源垂直流动，激发组织内其他员工的士气，促使组织的工作效率不断提高。在使用这种方法时，企业要建立良好的晋升机制，保证选拔的公开、公平、公正。

工作轮换主要是组织内人员的横向流动，一般是职务级别不变的情况下，在组织内轮换工作岗位。工作轮换有助于员工扩展自己的知识面，得到更多的实践经验。

内部晋升和工作轮换是建立在系统有序基础上的内部职位空缺补充方法。

第二，工作调换。工作调换主要是指企业内人员的横向流动，在职务级别保持不变的前提下，调换员工的工作岗位。

工作调换不仅填补了职位空缺，还使员工对不同工作有了更广泛的了解，既丰富了工作本身，又拓展了他们的知识面。知识的丰富化、系统化还能有效地激发员工的创造力，为企业的技术创新、产品创新做出业绩。

工作轮换和工作调换的区别：前者一般适用于中层管理人员，而且可能是长期的；后者则适用于一般员工，它既可以使有潜力的员工积累各方面经验，为晋升做准备，又可以减少员工因长期从事某项工作产生的枯燥感。

第三，内部人员重新聘用或返聘。有些企业由于一段时间经营效果不好，会暂时让一些员工下岗待聘，当企业情况好转时，再重新聘用这些员工。这可以节省大量的培训费用，又可以以较小的代价获得有效的激励，使组织具有凝聚力，促使组织与员工共同发展。返聘是一些有经验、有技术的员工退休后企业重新聘请他们工作。

2）外部招聘

外部招聘是根据一定的标准和程序，从企业外部的众多人选中选拔符合空缺岗位工作要求的人员。组织从外部招聘人员的来源很多，包括熟人介绍的人员、主动上门求职的人员、职业介绍所或者就业机构求职的人员、学校推荐的人员、失业人员或下岗人员、竞争者与其他公司离职人员、人才市场求职人员等。

外部招聘的方式也有很多，具体包括：

（1）现场招聘。

现场招聘是企业和人才通过第三方提供的场地，进行直接的面对面对话，现场完成招聘面试的方式。现场招聘一般包括招聘会及人才市场两种方式。

招聘会一般由各种政府及人才介绍机构发起和组织，较为正规，同时，大部分招聘会具有特定的主题，比如"应届毕业生专场""研究生学历人才专场""IT类人才专场"等，通过对毕业时间、学历层次、知识结构等的区分，企业可以很方便地选择适合的专场设置招聘摊位进行招聘。对于这种招聘会，组织机构一般会先对入会应聘者进行资格的审核，这种初步筛选节省了企业大量的时间，方便企业对应聘者进行更加深入的考核。但是目标人群的细分在方便了企业的同时，也带来一定的局限性，如果企业需要同时招聘几种人才，那么就要参加几场不同的招聘会，这也提高了企业的招聘成本。

人才市场与招聘会相似，但是招聘会一般为短期集中式，且举办地点一般为临时选定的体育馆或者大型的广场，而人才市场则是长期分散式，同时地点也相对固定。因此，对于一些需要进行长期招聘的职位，企业可以选择人才市场这种招聘渠道。

现场招聘的方式不仅可以节省企业初次筛选简历的时间成本，简历的有效性也较高，而且相比其他方式，它所需的费用较少。但是现场招聘也存在一定的局限，首先是地域性，现场招聘一般只能吸引到所在城市及周边地区的应聘者。其次，这种方式也会受到组织单位的宣传力度以及组织形式的影响。

（2）网络招聘。

网络招聘一般包括企业在网上发布招聘信息甚至进行简历筛选、笔试、面试。企业通常可以通过两种方式进行网络招聘：一是在企业自己的网站上发布招聘信息，搭建招聘系统；二是与专业招聘网站合作，如中华英才网、前程无忧、智联招聘等，通过这些网站发布招聘信息，利用专业网站已有的系统进行招聘活动。

网络招聘没有地域限制，受众人数多，覆盖面广，而且时效较长，可以在较短时间内获取大量应聘者信息，但是随之而来的是其中充斥着许多虚假信息和无用信息，因此网络招聘对简历筛选的要求比较高。

（3）校园招聘。

学校是人才高度集中的地方，校园招聘是许多企业普遍采用的一种招聘渠道。企业到学校张贴海报，举办宣讲会，吸引即将毕业的学生前来应聘；对于部分优秀的学生，可以由学校推荐；对于一些较为特殊的职位也可通过学校委托培养后，企业直接录用。

通过校园招聘的学生可塑性较强，干劲充足。但是这些学生没有实际工作经验，需要进行一定的培训才能真正开始工作，且不少学生由于刚步入社会，对自己的定位还不清晰，工作的流动性也可能较大。另外，由于受时间的限制，一般一年只能招聘一两次，当组织急需人才时，这种方法就不适用。

在校园招聘过程中要注意以下几点：企业要精心选择学校；选派能力较强的招聘人员并对其进行培训；在招聘的时候采用真实工作预览的策略。

（4）媒体广告。

广告招聘是利用各种宣传媒介发布组织招募信息的一种方法，也是宣传企业形象的常用方法。不同的广告媒体具有不同的特点，即在适当的时机，运用适当的渠道，刊登适当的广告，使应聘人数多于拟录用人数。广告招聘的优点是信息面大、影响广、可吸引较多应聘者；其缺点是广告费昂贵，其他招聘费也较多。

例如，招募一个半熟练的机器操作工，可以选择当地求职中心或在当地报纸上做广告；招募专业技术人员，选择在专业性的刊物上做广告；招募管理培训师，选择在全国性印刷品上做广告。

根据媒体广告媒介的不同，广告媒体分为传统媒体广告和新媒体广告两种。传统媒体广告是指在报纸杂志、电视和电台等载体上刊登、播放招聘信息，受众面广，收效快，过程简单，一般会收到较多的应聘资料，同时也对企业起到了一定的宣传作用。通过这一渠道应聘的人员分布广泛，但高级人才很少采用这种求职方式，所以招聘公司中基层和技术职位的员工时比较适用。另外，该渠道的招聘效果会受到广告载体的影响力、覆盖面、时效性的影响。

随着信息技术和网络技术的高速发展，数字技术广泛地应用于招聘领域，出现了新媒体招聘广告形式，如通过微信、微博、公众号、抖音等新媒体形式发布招聘信息，尤其受到年轻求职者的青睐。

企业也可以通过行业、专业网站以及特定人群（如校友群、专业人士、网络发烧友等）组织的网站或在网络社区论坛上发帖、发微博等形式发布招聘信息。

（5）职业中介机构。

职业中介机构作为职业供需双方的中介，承担着双重角色，既为组织择人，也为求职者择业。目前，我国职业中介机构的主要种类有：劳务市场、人才交流中心或人才市场、人才咨询公司、高级人才咨询公司等。

职业中介机构的作用是帮助雇主选拔人才，节省雇主的时间，特别是在企业没有设立人力资源部门或者需要立即填补空缺时，可以借助于职业中介机构。它适用于招聘一般人员。其优点是应聘者面广，很难形成裙带关系；其缺点是对应聘者情况不了解，应聘人员素质较低。

（6）猎头公司。

猎头公司是为组织寻找高级人才的服务机构，是一种与职业中介机构类似的就业中介组织。

猎头公司一般都拥有自己的人才数据库，它们通晓各种行业、组织对特殊人才的需求，同时根据市场的变动及时收集大量的人才信息，因此，利用猎头公司招聘针对性强，招聘成功率较高，被选人员可马上发挥作用，但是这种方式所需的费用也较高，猎头公司一般会收取人才年薪的 20% ~ 30% 作为猎头费用，另外，这种方式也不利于调动本单位人员的积极性。

（7）员工推荐。

企业员工可以推荐其亲戚朋友来应聘公司的职位，这种招聘方式最大的优点是企业和应聘者双方掌握的信息较为对称。介绍人会将应聘者真实的情况向企业介绍，无须企业对应聘者进行真实性的考查，同时应聘者也可以通过介绍人了解企业各方面的情况，从而做出理性选择。已经有许多企业采用这种招聘方式，如高露洁公司就鼓励员工推荐并设置了激励手段，如果应聘者被录用，介绍人将会得到一定的奖金。但采用该渠道时也应注意一些负面影响：一些公司内部员工或中高层领导为了培养个人在公司的势力，在公司重要岗位安排自己的亲信，形成小团体，这会影响公司正常的组织架构和运作。

（8）自荐。

自荐是指在没得到公司内部人员推荐的情况下，应聘者直接向招聘单位提出求职申请。求职者在某种程度上已经做好了到企业工作的充分准备，并且确信自己与空缺职位之间具有足够的匹配程度，并提交求职申请。这是一种被动的招聘形式。该方式的优点是：费用低廉，可以直接进行双向交流；求职者已经花费很长时间了解企业，也更容易受到激励。该方式的缺点是：随机性较大，时间较长，合适人选不多。

内部招聘和外部招聘各有优缺点，两种渠道的优缺点对比见表4-2。

表4-2   内部招聘和外部招聘的优缺点对比

	内部招聘	外部招聘
优点	（1）组织和员工之间相互间比较了解； （2）创造晋升的机会和防止可能的冗员； （3）招聘成本较低	（1）人员选择范围广泛； （2）有利于带来新思想和新方法； （3）节省培训费用
缺点	（1）易导致"近亲繁殖"； （2）易引发企业高层领导和员工之间不团结； （3）增加培训和开发成本； （4）过多的内部招聘可能会使组织变封闭； （5）过多的内部招聘可能导致效率降低	（1）选错人的风险较大； （2）可能会使内部员工感到被忽视； （3）费时费力

内部招聘和外部招聘都是企业不可或缺的人才招聘来源，实践中，大多数企业会两种渠道结合使用。通常情况下，会首先考虑内部渠道然后考虑外部渠道。不同的企业根据实际情况会选择不同的方法，如大规模招聘多岗位时可通过招聘广告和大型的人才交流会招聘；招聘人员不多且岗位要求不高时，可通过内部发布招聘信息，或参加一般的人才交流会招聘；招聘高级人才时，可通过网上招聘，或通过猎头公司推荐。在组织实施以稳定为主的战略、面临的外部环境威胁较小的情况下，内部招聘可能发挥更好的作用。在时间或经费有限的情况下，内部招聘可能较适宜。

3）选择招聘渠道

在选择招聘渠道时，通常会采取以下步骤：

（1）分析单位的招聘要求。

（2）分析潜在应聘人员的特点。

（3）确定适合的招聘来源。按照招聘计划中岗位需求数量和资格要求，根据对成本收益的计算来选择一种效果最好的招聘来源，是内部招聘还是外部招聘，是学校招聘还是社会招聘等。

（4）选择适合的招聘方法。按照招聘计划中岗位需求数量和资格要求，根据对成本收益的计算来选择一种效果最好的招聘方法，是发布广告还是上门招聘，或借助中介机构等。

组织要根据自身的实际情况和岗位的实际需求来决定采取哪种渠道。一般来说，组织要进行内部招聘要具备以下几个条件：组织内有充足的人力资源储备；内部的人员质量能够满足组织发展的需要；要有完善的内部选拔机制。

那些快速成长的组织要进行外部招聘则需要具备如下条件：组织为了获取内部员工不具备的技术、技能等；组织出现职位空缺，内部员工数量不足，需要尽快补充；组织需要能够提供新思想、新观念的创新型员工；组织要建立自己的人才库；与竞争对手竞争一些特殊性、战略性人才。

▶ 互动课堂4-1

A公司人力资源经理李先生近来一直困惑不已，每次从人才市场出来后，李先生都有一种沮丧的感觉，一方面是出口部总监急着要"外贸经理"人选，另一方面是李先生每次去人才市场都无功而返。这种尴尬的困境，想必很多人力资源从业者都不陌生，因为在企业的招聘实践中，发生这种情况的概率太高了，一方面严重地影响了企业的招聘效率和招聘质量，另一方面加大了企业招聘的隐性成本和显性成本。

李先生的困惑如何解决呢？

提示：应该根据岗位的要求、企业的预算以及渠道的特性等选择招聘渠道。

4.3.2　发布招聘信息

1）撰写招聘广告

根据拟招聘岗位的工作说明书以及招聘需求申请表等资料撰写招聘广告。招聘广告是企业员工招聘的重要工具之一，广告设计得如何，直接影响到应聘者的素质和企业的竞争。招聘广告主要指用来公布招聘信息的广告，要为应聘者提供一个获得更多信息的来源。招聘广告应该充分展示企业的魅力和其对人才的吸引力，广告词要求言简意赅，招聘条件一目了然，措辞既要实事求是，又要热情洋溢，充分体现出企业对人才的渴求和尊重。

拓展阅读4-2

招聘广告的
内容

2）发布招聘信息的原则

招聘信息是指利用各种传播工具发布人员招聘的相关信息，鼓励和吸引人员参加应聘。发布招聘信息的渠道有很多，常见的有报纸、杂志、电视、电台、网站、人才市场、校园招聘会、公司内部公告、新闻发布会等渠道。除此之外，还有大型广告牌、墙体广告、车体广告、印发传单以及新媒体广告等渠道。

在发布招聘信息时主要应注意信息发布的范围、时间及招聘对象的层次，招聘信息发布的原则如下：

（1）面广原则。招聘信息的发布范围是由招聘对象的范围决定的。在招聘成本一定的前提下，发布招聘信息的范围应该尽可能广，招聘范围越广，收到该信息的人越多，应聘的人越多，则企业招聘员工的选择面就越大。

（2）及时原则。招聘信息应尽早地向外界发布，这样有利于缩短招聘进程，且有利于更多的人获取招聘信息，使前来应聘的人数增加。

（3）层次原则。企业要招聘的人员都是处于社会的某一层次，企业应根据岗位的特点向特定层次的人员发布招聘信息，避免信息发布的盲目性，提高招聘效率和效果。

（4）重点突出原则。企业需要根据不同职位人员需求的轻重缓急来确定整个招聘活动的重点和核心职位，在排版上对这些职位信息进行突出显示，如放大职位需求信息、加"急聘"二字等，总之，要使这些职位信息能够达到突出、醒目的效果。

除上述原则以外，企业还需要选择合适的人才服务机构和招聘展位，这些都是招聘信息大范围传播的关键要素。

在撰写招聘广告并发布招聘信息的同时，也可以根据选择的招聘渠道的特点准备招聘宣传需要的相关资料，如公司宣传册、影像资料等，并准备好各种招聘工具表，如应聘申请表、面试评分表等。

◆◆◆◆➡ **案例分析 4-1**

NLC公司的人员招募

NLC化学有限公司是一家跨国企业，以研制、生产、销售医药、农药为主，耐顿公司是NLC化学有限公司在中国的子公司，主要生产、销售医疗药品。随着生产业务的扩大，为了对生产部门的人力资源进行更为有效的管理和开发，20××年初，子公司总经理把生产部经理于欣和人力资源部经理田建华叫到办公室，商量在生产部门设立一个处理人事事务的职位，主要负责生产部与人力资源部的协调工作。最后，总经理说希望通过外部招募的方式寻找人才。

走出总经理的办公室后，人力资源部经理田建华开始进行一系列工作，在招募渠道的选择上，他设计了两个方案：一个方案是在本行业专业媒体中做专业人员招募，费用为3 500元，好处是对口的人才比例会高些，招募成本低，不利条件是企业宣传力度小；另一个方案为通过大众媒体做招募，费用为8 500元，好处是企业宣传力度很大，不利条件是非专业人才的比例很高，前期筛选工作量大，招募成本高。拟初步选用第一方案。总经理看过招募计划后，认为公司在中国处于初期发展阶段，不应放过任何一个宣传企业的机会，于是选择了第二种方案。

其招募广告刊登的内容如下：您的就业机会在NLC化学有限公司下属的耐顿公司；1个职位：生产部人力资源主管，主管生产部和人力资源部两部门的协调性工作。抓住机会！充满信心！

请把简历寄到：耐顿公司人力资源部。

资料来源　佚名. 招兵买马之误：招聘案例分析 NLC［EB/OL］.（2017-12-05）［2023-06-20］.
https://max.book118.com/html/2017/1205/142841690.shtm.

问题：该公司的人员招聘有什么问题？如何改进？

分析提示：根据岗位的工作职责和具体要求选择合适的招聘渠道，并按照招聘广告的内容和规范撰写招聘广告。

4.3.3　收集应聘者资料

通过发布招聘信息等相关的工作，会收到应聘者的应聘资料，这些资料有些是现场获得的，有些是通过邮递或者电子邮件等方式获得的。这些应聘资料主要包括应聘者简历，应聘申请表以及其他证明应聘者身份、能力、素质及成果的资料。

简历（Resume）是用于应聘的书面交流材料，是求职者给招聘单位发的一份简要介绍，包含自己的基本信息，如姓名、性别、年龄、民族、籍贯、政治面貌、学历、联系方式，以及自我评价、工作经历、学习经历、荣誉与成就、求职愿望、对这份工作的简要理解等，以简洁重点为佳。它向未来的雇主表明自己拥有能够满足特定工作要求的技能、态度、资质和自信。

拓展阅读4-3
简历的结构

2020年12月18日人力资源和社会保障部公布《网络招聘服务管理规定》，明确要求招聘机构要对用人单位所提供材料的真实性、合法性进行审查，同时不得泄露或者非法出售、非法向他人提供其收集的个人信息，违者将被处罚。

除了传统简历以外，年轻人尤其"95后"应聘者更喜欢个性化的多媒体简历，如视频简历、信息图表简历、博客或网站式简历等。

拓展阅读4-4
简历模板

应聘申请表与简历相似，但是不同于简历，一般会要求应聘者现场填写。应聘申请表是由用人单位设计，用标准化的格式表示出来的一种初级筛选表。与简历相比，应聘申请表有以下特点：可以节省选择过程所用时间，加快预选速度；可以准确了解应聘者的相关信息，由用人单位决定填写哪些信息；提供后续选择的参考，有助于面试前设计具体或有针对性的问题。

应聘申请表的内容要根据工作说明书来设计，同时要符合当地有关法律和政策要求。其主要包括：个人基本情况：年龄、性别、住处、通信地址、电话、婚姻状况、身体状况等；求职岗位情况：求职岗位、求职要求（收入待遇、时间、住房等）；工作经历和经验：以前的工作单位、职务、工作时间、工资，离职原因，证明人等；教育与培训情况：学历、所获学位、所接受过的培训等；生活和家庭情况：家庭成员姓名、关系、兴趣、个性与态度；其他：获奖情况、能力证明（语言和计算机能力等）、未来的目标等。

拓展阅读4-5
应聘申请表模板

微课4-2
员工招聘与选拔工作流程和方法

4.4　员工选拔

员工选拔（Selecting），是指通过运用一定的工具和手段对已经招募到的求职者进行鉴别和观察，区分他们的人格特点和知识技能水平，预测他们的未来工作绩效，最终挑选出企业所需要的、恰当的职位填补者的过程。其包括资格审查、背景调查、初选、面试、其他测试、体检、个人资料核实等过程。由于这一工作阶段将直接关系到岗位最终候选人的质量，因此人员选拔是招聘过程中最关键的一步，也是技术性最强、难度最大的一步。由于选拔的方法比较多，下面主要介绍一些常用的选拔方法。

4.4.1　人员初选

简历和应聘申请表筛选是最常用的人员初选的方法。

1）简历筛选

如何筛选简历并没有严格的、统一的标准，但是通常可以通过以下几个方面来评价候选人是否符合条件：

（1）分析简历结构。简历的结构很大程度上反映了应聘者的组织能力和沟通能力。结构合理的简历一般不超过两页。应聘者为了强调自己近期的工作和教育背景，通常采取从现在到过去的排列方式，重要的经历通常也被突出描述。简历没有统一的格式，但是通常按照个人信息、教育背景、工作经历、获奖情况及取得证书、个人评价的顺序排列。

（2）审查简历的客观内容。简历的内容分为主观内容和客观内容两个部分，在筛选简历时应该重点关注客观内容。客观内容主要包括个人信息、教育经历、工作经历和个人成绩等四个方面。主观内容主要是应聘者对自己的描述，如性格、态度、兴趣爱好等评价性和描述性的内容。

在客观内容中，首先要关注个人信息和教育经历，判断应聘者的专业资格和经历是否符合岗位要求，如果不符合要求，可以直接筛掉。另外，还需关注应聘者简历中教育经历内容是否明确注明教育经历的起始时间以及毕业学校、专业等信息，以便准确判断。然后，关注应聘者的技能和经验等信息，判断其是否符合岗位要求。

（3）审查简历的逻辑性。在工作经历和个人成绩方面，要注意简历的描述是否有条理，是否符合逻辑。如简历中描述了曾就职于知名企业和高级职位，却应聘了一个普通职位；或者简历中称自己在很多领域取得了很多成绩，但是从其经历中发现很难具备这样的条件和机会，这样的简历都需特别引起注意，一旦发现有虚假信息，则可以直接将这类简历筛掉。

（4）对简历的整体印象。无论从外观还是内容上，简历是否给简历筛选人员留下了深刻的印象。

此外，如果有疑问或者感兴趣的地方还需在简历上做好标注，面试时可以深入提问。

2）应聘申请表筛选

应聘申请表由用人单位设计，由应聘者填写，筛选应聘申请表时应该考虑以下两个方面的问题：

（1）筛选应聘申请表与简历的要求基本一致，但是还有一些特别之处，如通过填写表格的字迹潦草难以辨认或者信息填写不完整，判断出应聘者态度不认真，可以直接筛掉；另外，审查应聘申请表时，需要特别关注与职业相关的问题，如求职动机、离职原因、离职频率等。

（2）筛选应聘申请表时，要特别关注应聘申请表中与招聘岗位相关的内容，包括细节问题，如上份工作离职的原因，或者应聘者上份工作薪资很高却到本企业应聘一个普通岗位，面试官就需要多加注意。

　　除此以外，也应该注明不明之处。这是因为如果对应聘者感兴趣，决定进行下一环节的甄选，就需要标出不明之处，并在当面沟通时提出，以防忘记。

　　尽管按照以上思路筛选简历或应聘申请表确保了初选的有效性和准确性，但是由于简历筛选人员的能力、经验等各种原因，难免出现将符合条件的人尤其优秀的应聘者漏选的情况，因此，如果时间和费用允许的条件下应该坚持面广的原则，尽量让更多的应聘者参加面试。

4.4.2　笔试

1）笔试的概念

　　笔试方法通常也用来进行人员初选，是基本的人员选拔方法。**笔试**是让应聘者在试卷上笔答事先拟好的试题，然后根据应聘者解答的正确程度予以评定成绩的一种选择方法。

　　这种方法主要通过测试应聘者的基础知识和能力，判断应聘者对招聘岗位的适应性。基础知识和能力包括一般知识和能力与专业知识和能力两个层次。一般知识和能力包括一个人的社会文化知识、语言理解能力、数字才能、推理能力、理解速度和记忆能力等；而专业知识和能力则是指与应聘岗位专业相关的知识和能力，如会计知识、管理知识、观察能力、人际关系能力、组织能力等。

　　笔试的优点是一次考试能出十几道乃至上百道试题，由于考试题目较多，可以增加对知识、技能和能力的考查信度与效度；可以对大规模的应聘者同时进行筛选，花较少的时间就可达到高效率；对应聘者来说，心理压力较小，容易发挥正常水平；同时，成绩评定也比较客观，且易于保存笔试试卷。正是由于上述优点，笔试至今仍是很多单位经常使用的选择人员的重要方法。

　　当然，笔试也有一定的局限性，如笔试不能全面考查应聘者的工作态度、品德修养以及企业管理能力、口头表达能力和操作能力等。因此，还需要采用其他选择方法进行补充。一般来说，在人员招聘中，笔试往往作为应聘者的初次竞争，成绩合格者才能继续参加面试或下轮的竞争。

2）组织笔试的基本步骤

　　笔试设计与应用的基本步骤如下：

　　（1）成立考务小组。这主要是为了有效推进整个过程的实施进度和实施效果，具体包括计划的制订、试题的编制、考务的组织等项工作。

　　（2）制订笔试计划。这主要包括：①笔试的目的，科目的确定，试题的设计，试卷的审定、印制与保管。②笔试的组织与安排。③笔试试卷的装订、收存以及阅卷的组织与管理。④笔试的经费预算与效果预测。

　　（3）设计笔试试题。明确笔试的目的，确定需要测试的主要内容和指标，并以此为基础确定试题的内容、项目、类型、难易程度、题量、计分方法、标准答案或参考答案等。

　　（4）监控笔试过程。为了保障测试的质量，应当加强对笔试实施全过程的监督和控制。笔试的实施包括考前通知、考场管理和考卷保管等内容。

　　（5）笔试阅卷评分。对回收的试卷，安排阅卷人员进行阅卷评分，安排工作人员审核分数，最终形成笔试成绩报告。

（6）笔试结果运用。笔试结果有两种筛选方法：一种是淘汰法；另一种是达到一定分数的人员可以进入下一轮的测试。

4.4.3 面试

面试是组织最常用的，也是必不可少的甄选测试方法之一。调查显示，99%的组织招聘都会采用这种方法。通过面试可以全方位考查应聘者的实际工作能力和发展潜力，所以面试在人员选拔环节占有非常重要的地位。

1）面试的概念和内容

面试是在特定的场景下，由组织者精心策划的，通过招聘主持者与应聘者双方面对面的接触，采用边提问边观察的方式了解应聘者素质情况、能力特征及应聘动机等信息，以确定应聘者是否符合岗位要求的一种人员甄选方法。

这里的"精心策划"使得面试与一般性的面谈、交谈以及谈话都有很大的差别，是通过设定一些"特定场景"，通过"问、听、察、觉、析、判"等方式由表及里地全面考查应聘者的知识和能力。

与其他测试方法相比，面试有一定的优缺点，面试的优点体现在以下几个方面：提供双向沟通的机会；招聘人能有效了解应聘者的知识、技能、工作经历、求职动机等；了解应聘者的外貌、风度等；观察、判断应聘者的潜在能力；可以了解应聘者的表达能力、反应能力、个人修养和逻辑思维能力。而面试的缺点主要体现在以下几个方面：对招聘者要求高；时间长、费用高；存在各种心理偏差；统计困难。

面试的具体内容包括应聘者的仪表风度、求职动机与工作期望、专业知识与特长、工作经验、工作态度、语言和文字表达能力、综合分析能力、反应能力、自我控制能力、人际交往能力、兴趣爱好等。

2）面试的分类

按照一定的标准，可以对面试进行适当分类，以便可以根据不同的目的采用不同的面试方法。

（1）从面试所达到的效果看，面试可以分为初步面试和诊断面试。

初步面试用于增进用人单位与应聘者的相互了解，在这个过程中应聘者对其书面材料进行补充，用人单位对其求职动机进行了解，并向应聘者介绍组织情况、解释岗位招募的原因及要求。初步面试比较简单、随意。通常，初步面试由人力资源部的人员主持，不适合的人员或者对组织不感兴趣的应聘者将被淘汰掉。

诊断面试是经过初步面试筛选合格的应聘者进行实际能力和潜力的测试，它的目的在于招聘单位与应聘者双方补充深层次的信息，如应聘者的表达能力、交际能力、应变能力、思维能力、个人工作兴趣与期望，以及组织的发展前景、个人的发展机遇、培训机遇等，这种面试由招聘单位的用人部门负责，人力资源部参与。对于高级管理人员的招聘，组织的高层领导也会参加，这种面试对组织的录用决策与应聘者是否加入组织的决策至关重要。

（2）根据面试的结构化程度，面试可以分为结构化面试、非结构化面试和半结构化面试。

结构化面试也称标准化面试，是根据所制定的评价指标，运用特定的问题、评价方法和评价标准，严格遵循特定程序，通过测评人员与应聘者面对面的言语交流，对应聘者进行评价的标准化过程。

非结构化面试就是没有既定的模式、框架和程序，面试官可以"随意"向被测者提出问题，而对被测者来说也无固定答题标准的面试形式。面试官提问的内容和顺序取决于其本身的兴趣和现场应试者的回答。

半结构化面试是介于非结构化面试和结构化面试之间的一种面试方式，它既兼有两种方式的优点，又可以弥补单一方式的缺点。

（3）按目的的不同，面试可分为压力面试和非压力面试。

压力面试是将应聘者置于紧张的气氛中，人为施加心理压力，测试应聘者承受压力、情绪调节及应变的能力，如提问："频繁的工作变动是否反映了自己不成熟的行为？"

非压力面试是在没有人为制造压力的情境下进行面试。

（4）按参加人员多少，面试可分为个别面试、小组面试、集体面试和依序面试。

个别面试是一对一的面试；小组面试是多对一的面试；集体面试是多对多的面试；依序面试是每一个应聘者按次序分别面对几个面试官的面试。

其他面试类型还有行为描述面试和情境面试等。

行为描述面试是基于行为连贯性原理发展起来的面试方法，即通过应试者对行为的描述来预测其未来在本组织中发展的行为模式。

情境面试是通过评价求职者在某些假设情境下的反应，对面试者进行评价。

3）面试的基本工作流程

面试是一种操作难度较高的测试形式，随意性也比较大，一般的人难以掌握，或者说由于没有掌握面试的程序和缺乏面试的技巧，可能达不到应有的面试效果，所以掌握面试的一般程序和技巧对于面试人员来说非常重要。

面试一般包括五个阶段，即面试前的准备阶段、面试开始阶段、正式面试阶段、结束面试阶段和面试评价阶段。

（1）面试前的准备阶段。本阶段包括确定面试的目的、选择合适的面试类型、设计面试评分表、设计面试问题、确定面试的时间和地点、布置面试场地等。在面试前还要详细了解应聘者的资料，如应聘者的个性、社会背景、对工作的态度及是否具有发展潜力等。

在布置面试场地时，应该注意面试的环境应是舒适、适宜、安静的，有利于营造宽松的气氛。握手、微笑、简单的寒暄，轻松幽默的开场白，舒适的座位，适宜的光线和温度都可以起到一定的作用。

（2）面试开始阶段。面试时应从应聘者可以预料到的问题开始发问，如工作经历、文化程度等，然后过渡到其他问题，以消除应聘者的紧张情绪。只有这样才能营造和谐的面谈气氛，有利于观察应聘者的表现，以全面客观地了解应聘者。

面试开始时，"寒暄"环节也很重要，如谈天气怎么样、近来比较热门的话题等，通过寒暄来凸显企业对应聘者的关爱和重视，营造一种轻松的沟通氛围，有利于拉近与应聘者的距离。

（3）正式面试阶段。采用灵活的提问和多样化的形式交流信息，进一步观察和了解应聘者。此外，还应该察言观色，密切注意应聘者的行为与反应，对所提的问题、问题间的变换、问话时机以及对方的答复都要多加注意。所提问题可根据简历或应聘申请表中发现的疑点，先易后难逐一提出，尽量营造和谐自然的气氛。

（4）结束面试阶段。在面试结束之前，面试官确定问完了所有预设的问题之后，应该给应聘者一个机会，询问应聘者是否有问题要问，是否有要加以补充或修正之处。不管录用还是不录用，均应在友好的气氛中结束面试。如果对某一对象是否录用有分歧意见时，不必急于下结论，还可安排第二次面试。同时，要整理好面试记录表。

（5）面试评价阶段。面试结束后，应根据面试记录表对应聘人员进行评估。评估可采用评语式评估，也可采用评分式评估。评语式评估的优点是可对应聘者的不同侧面进行深入的评价，能反映出每个应聘者的特征；缺点是应聘者之间不能进行横向比较。评分式评估则是对每个应聘者相同的方面进行比较，其优缺点与评语式评估正好相反。

4）面试的问题设计及提问方式

面试前，面试官往往要先准备一些基本问题，这些问题的来源主要是招聘岗位的工作说明书以及应聘者的个人资料。通过回顾工作说明书，可以全面了解该岗位的职责和任职资格条件以及该岗位所需要的主要能力，由此就可以准备一些用来判断应聘者是否具备岗位所要求能力的基本问题。另外，还可以就简历中有疑问或者感兴趣的问题以及应聘者过去经历设计面试问题。

以人力资源部总监助理这一职位为例，人力资源部总监助理职责之一：对应聘者进行面试，并将合适的候选人推荐给合适的部门。根据这一职责，可以设计以下问题：

请举一个例子说明你是怎样对应聘者进行面试的。面试前你要进行哪些准备活动？面试过程是怎样的？你是怎样做出判断的？

你是否经常向用人部门的负责人推荐人选？请讲述某一次你推荐的人选被用人部门拒绝的经历，你是怎样处理这件事情的？

你是否遇到过与用人部门的负责人对一个候选人的判断产生分歧的时候，你是怎样处理的？

你遇到过最难得出结论的候选人吗？具体情况是怎样的？你是怎样做的？

这些问题也不宜过多，而且最好是开放的问题，可以让面试官从应聘者的回答中引发出更多的问题。

另外，还可以设计一些关于应聘者求职动机、对岗位的认知程度、管理风格或行为倾向、家里支持态度、现场解决问题的能力以及困境中冷静处理问题的能力等问题。举例说明：

你为何要应聘这项工作？

你认为这项工作的主要职责是什么？你如果负责这项工作，你将如何开展工作？

你认为理想的领导应该具备哪些能力和素质？举例说明。

你来应聘此工作，家里人支持吗？

你的同事当众批评、辱骂你，你会怎么办？

你的上级要求完成某项工作，你的想法与上级不同，而你又很确信你的想法更好，你会怎么做？

进入正式面试阶段，这也是面试的实质性阶段，面试官通过广泛的话题，从不同侧面了解应聘者的心理特点、工作动机、能力、素质等，评价内容基本上是"面试评价表"中所列的各项要素。在这个阶段需要注意的是面试提问的技巧，提问时通常采用以下几种方式：

（1）封闭式问题。封闭式问题是要求应聘者对某一问题做出明确的回答，一般用"是"或"否"回答。

【举例】你是否从事过秘书工作？

（2）开放式问题。开放式问题是让应聘者就提问的问题自由地发表意见或者看法，以获取信息，一般会在面试开始时使用，用以缓解面试的紧张气氛，减少应聘者的心理压力，使应聘者充分地发挥自己的水平和能力。

【举例】请谈谈你的工作经验。

（3）假设式问题。假设式问题鼓励从不同的角度思考问题，发挥应聘者的想象力，以探求应聘者的态度和观点。

【举例】假如你的工作上级不认可或者绩效评价结果为不合格，你将如何处理？

（4）清单式问题。清单式问题鼓励应聘者在众多选项中进行优先选择，以检验应聘者的判断、分析与决策能力。

【举例】你认为影响产品质量的主要原因是什么？请对给出的选项进行优先排序。

（5）举例式提问。它又称行为描述提问，在考查应聘者的工作能力、工作经验时，可以针对其过去的行为中特定的例子加以询问。

【举例】过去半年中你所建立的最困难的客户关系是什么？当时你面临的主要问题是什么？你是怎样分析的？采取了哪些措施？效果怎样？

（6）探索式问题。探索式问题即根据某个问题打破砂锅问到底，直到问清楚为止。

【举例】你喜欢这项工作吗？为什么？

5）影响面试效果的主要心理因素

拓展阅读4-6

面试中常常因面试官自身的心理状态引起一些问题，由于很多情况下是在无意识中出现的，因此往往比较难以发现和解决。

面试提问技巧

（1）第一印象效应。第一印象效应是指面试官根据在短短的几分钟内或面试之前产生的印象对应聘者做出是否录用的判断。如果第一印象很好，面试官就会有意无意地证明应聘者确实不错；相反，面试官就会努力证明应聘者不行。

（2）晕轮效应。晕轮效应是指面试官因为对应聘者的某种特点或某方面的测评结果有清晰、强烈的观察印象，而冲淡了对其他方面测评结果的印象所产生的心理效应。面试官首先将诸多优点加到"好的人"身上，将诸多缺点加到"不好的人"身上，使应聘者某些突出的方面，可能是优点，也可能是缺点，遮盖、掩饰了其他方面的品质和特征。

（3）定式效应。定式效应是指在面试过程中，面试官因为某种主观臆断的逻辑定式而产生的心理效应。面试官往往会因为应聘者与其有相似的人生经历、社会经验、个人喜好及价值观，牵制面试官的注意力和观察点，使其围绕固有的看法去收集和分析信息，从而容易对应聘者产生好感，影响面试官的正确判断。

（4）对比效应。对比效应是指应聘者的面试排序会影响面试官的评价。面试官往往以之前一个或几个应聘者来评估正在接受面试的应聘者。例如，可能由于前面连续出现的几个应聘者的能力都一般，突然出现一个能力较强的应聘者，这时面试官就可能会错误地认为这个应聘者特别优秀突出。

（5）刻板印象。刻板印象是指在面试官的头脑中，存在关于某一类人的固定印象，这种固定印象使面试官评价应聘者时常常不自觉地按应聘者的年龄、性别、专业等特点进行归类，并根据头脑中已有的关于这一类人的固定印象来判断应聘者的个性，从而造成判断的不准确。

（6）趋中效应。趋中效应是指中国传统文化中的中庸心理在面试中的折射和反映。这种效应在面试中表现为：面试官对应聘者的评价心中无数，举棋不定，对好、中、差感觉模糊。由于思想上不够坚定，使面试官对应聘者进行评价时，用语模棱两可、似是而非，难以准确地区别应聘者的素质优劣和才能高低，结果导致面试分数相对集中于一个折中的分数段，失去了面试应有的意义。

以上可能影响面试效果的因素需要在面试过程中尽量克服，应对每一位应聘者的表现进行公平、公正的评价，为企业选拔适合岗位需要的优秀人才。

4.4.4 其他甄选测试方法

企业在招聘甄选过程中，除面试外，还可以根据不同招聘职位的需要，选择其他选拔方法结合使用，主要有心理测试、能力测试、情景模拟测试等。

1）心理测试

心理测验是通过一系列的科学方法测量被测试者的智力水平和个性差异的科学方法，包括智力测验、个性测验、心理健康测验、职业能力测验、职业兴趣测验和创造力测验等。

（1）智力测验。它是对人的一般认知功能进行测试，测验结果常用一个商数，即IQ来表示。智力测验一般包括知觉、空间意识、语言能力、数字能力和记忆力方面的内容，要求受测者运用比较、排列、分类、运算、理解、联想、归纳、推理、判断、评价等技能来解答测试题。

（2）个性测验。它亦称"人格测验"，用以了解被测试者的情绪、性格、态度、工作动机、品德、价值观等方面。通过个性测验可以寻求应聘者的性格特征和工作要求的匹配。随着现代社会中人的人性价值日益受到重视和尊重，各种测量手段也层出不穷。其中，影响较大、使用较广泛的是：国外有卡特尔的16种个性因素问卷（16PF）、DISC个性测试、爱德华的个人偏好量表（EPPS）等。

（3）心理健康测验。在竞争日益激烈的今天，紧张的工作生活节奏和强大的心理压力摧残着人们的心理健康，因此心理保健和心理治疗的重要性日益突显。能有效用于心理健康诊断的心理测验主要有：明尼苏达多相人格测验（MMPI）、罗夏墨迹测验、默里的主题统觉测验（TAT）、艾森克的情绪稳定性测验、马斯洛的安全感—不安全感问卷。

（4）职业能力测验。职业能力是一种潜在的、特殊的能力，是一种对职业成功在不同程度上有所贡献的心理因素。从内容上看，与职业活动效率有关的能力包括语言理解和运用、数理能力、逻辑推理、空间关系、知觉速度、手指关节灵巧度、人际协调、影响力、判断力、决策力等。职业能力测验可以分为两类：一类是一般职业能力测验，如一般职业能力倾向测验（GATB）；另一类是专门职业能力测验，主要用于职业人员的选拔和录用，如独立管理能力测验，我国公务员录用考试使用的行政职业能力测试，针对企业管理工作的需要开发的企业管理能力测试、管理人员胜任特征测试。

（5）职业兴趣测验。一个人职业上的成功，不仅受到能力的制约，而且与其兴趣和爱好有密切关系。职业兴趣作为职业素质的一个方面，往往是一个人职业成功的重要条件。了解职业兴趣的主要途径就是采用职业兴趣测验量表或问卷来进行。西方在第一次世界大战期间进行了最早的尝试，而我国的职业兴趣研究起步较晚，主要以引进和修订西方量表为主。现在较常用的测验量表有斯特朗–坎贝尔兴趣量表（SCII）、库德职业兴趣调查表（KOIS）、霍兰德的职业偏好量表（VPI）和自我导向测验（SDS）。

（6）创造力测验。创造力测验主要测查被测试者思维的流畅性、灵活性、独创性、精确性等几个方面。创造力的测验并不玄妙，一些简单的方法就可施测，如单词联想测验、物件用途测验、寓言测验、模型含义、远隔联想等。现在运用较多的创造力测验量表有吉尔福特的发散性思维测验、托兰斯的创造性思维测验、盖泽尔斯的创造力测验等。

2）能力测试

能力测试是用于测定从事某项特殊工作具备的某种潜在能力的心理测试方法。这种测试可以有效测量人的某种潜能，从而预测其在某职业领域中成功和适应的可能性，或者判断哪项工作更适合。能力测试的内容分为三项：

（1）普通能力倾向测试。普通能力倾向测试主要包括思维能力、想象能力、记忆能力、推理能力、分析能力、数学能力、空间关系判断能力、语言能力等。

（2）特殊职业能力测试。特殊职业能力是指从事某具体的专业性职业活动所必须具备的、区别于一般职业能力的专门能力。测试特殊职业能力的作用在于：测试已经具备工作经验或者受过有关培训的人员在某些职业领域中现有的熟练水平；选拔那些具有从事某项职业的特殊潜能，并且在很少或者不经特殊培训时就能从事某种职业的人才。

（3）心理运动技能测试。心理运动技能测试包括两大类：一是心理运动能力，如选择反应时间、肢体运动速度、四肢协调、手指灵巧、手臂稳定、速度控制等；二是身体能力，包括动态强度、爆发力、广度灵活性、动态灵活性、身体协调性与平衡性等。在人才选拔中，对这部分能力的测试一方面可以通过体检进行，另一方面可借助各种测试仪器或工具进行。

3）情景模拟测试

情景模拟测试是一种非常有效的能力测试方法，这种方法是根据被测试者可能担任的职位，编制一套与该岗位实际情况相似的题目，将被测试者安排在模拟的、逼真的工作环境中，要求被测试者处理可能出现的各种问题，用多种方法来测试其心理素质、实际工作能力、潜在能力等综合素质。这种方法在招聘高层管理人员时使用较多，主要测试应聘者的领导能力、组织能力、交际能力、沟通能力、合作能力、观察能力、理解能力、解决问题能力、创造能力、语言表达能力以及决策能力等。情景模拟的方法有很多，如公文处理测试、无领导小组讨论、决策模拟竞赛、访谈法、角色扮演、即席发言、案例分析法等，其中最常用的方法有公文处理模拟、无领导小组讨论、角色扮演法等三种。

公文处理测试，又叫文件筐测试，它将被评价者置于特定职位或管理岗位的模拟环境中，由评价者提供一批该岗位经常需要处理的文件，要求被评价者在一定的时间内和规定的条件下处理完毕，并且还要以书面或口头的方式解释说明这样处理的原则和理由。

无领导小组讨论指由一组应试者组成一个临时工作小组，讨论给定的问题，并做出决策。由于这个小组是临时拼凑的，并不指定谁是负责人，目的就在于考查应试者的表现，尤其是看谁会从中脱颖而出，但并不是一定要成为领导者，因为那需要真正的能力与信心，还需有十足的把握。

角色扮演法要求应聘者扮演一个特定的管理角色，以此观察应聘者的多种表现，了解其心理素质和潜在能力。角色扮演法还可以测出应聘者的性格、气质、兴趣爱好等心理素质，也可测出应聘者的社会判断能力、决策能力、领导能力等各种潜在能力。通过角色扮演法，面试官可以在情景模拟中，测评应聘者的心理素质，对应聘者的行为所体现出的各种潜在能力进行评价。

人员选拔环节中的所有方法都可以用来选择潜在的员工，当时选择哪些方法则需要综合考虑时间限制、信息与工作的相关性以及费用等因素，相对简单或者无须特殊技能的岗位可以考虑选择一种方法，但是对于大多数岗位来说，需要采用多种方法。

◆◆◆◆➡ 案例分析 4-2

微软如何选拔人才？

（1）智力比经验更重要。微软遵循"知识支配一切，智力高于一切，天赋中心论"的选人模式，把许多并非搞电脑的人招收进来，只是因为他们的智力超群。如1986年加盟微软的纳森·梅尔沃德，原本并非学计算机专业，但他天资聪慧，博闻广识，19岁获得加利福尼亚大学的数学学士学位和地球物理及宇宙物理学的硕士学位，23岁获得普林斯顿大学经济学硕士学位和理论物理博士学位。如今他已成为微软的首席技术官，并为微软引入了上百位优秀员工。

（2）十分重视球星。即使你不是球星，微软也会让你感觉到你可以当球星。在招聘下属时，主管最喜欢问的问题是——你什么时候能够接替我？他告诉前来应聘的员工，你必须勇挑重担，挑战极限。如果你很能干，你肯定有机会升迁；如果你不能干，那这个位置你也干不了多久，你会很快被解雇或被降为普通员工。微软的能人总是在不断寻找并努力培养能接替自己的人，使得那些身处一线、有专业、懂技术的行家里手被提拔到管理岗位上来。这与许多公司起用非技术专家——通用型工商管理专家来管理公司的做法背道而驰。

（3）奉行技术和经营不可分割的原则。微软吸引了一大批既懂技术又善于经营的人才，这种人才的高明之处就在于他们既拥有雄厚的科学技术和专门业务的知识存量，又了解和把握经营管理规则，并能运用这些知识存量和规则在市场激烈竞争中操作自如、得心应手。微软的信条是：经营和技术不可分割。在高技术产业中，经理们无论是高级的还是基层的，都应该对本公司业务领域有深厚的知识功底。聘用有活力、具有创新精神的顶尖人才，然后把权力和责任连同资源一并委托给他们，以使他们出色地完成任务，这是微软的用人策略。

（4）对刚毕业的大学生情有独钟。微软新雇员的80%是从大学招募来的。在微软看来，刚出校门的年轻人更愿意学习，更乐于提出新见解，贯彻微软开发软件的态度和方法也更彻底。

（5）专门成立"招聘人才快速反应小组"，以"挖墙脚"的方式把其他公司的优秀人才挖过来。该小组的成员负责给全世界各地的潜在人才打电话，努力寻找想与其交谈的人。如果人才招聘人员发现一个城市中有5个以上的人愿意就某一件事情进行交谈，微软公司就会马上派一名工作人员火速飞往该城市，与他们进行一系列面谈。微软公司仅用1名人才招聘员就能寻找到大量的有前途的候选人。1993年，微软"招聘人才快速反应小组"从苹果公司挖过来两名颇具影响力的人物，还从普林斯顿挖来两名数学教授和一名制图专家。尽管如此，微软仍认为还有许多优秀人才没有注意到微软，尚有大量杰出的技术人才未能加入微软，微软应该行动起来，寻找那些并没有意识到微软正热切希望吸纳他们的人才。

资料来源　佚名. 微软的人力资源案例分析［EB/OL］.（2021-12-12）［2023-06-18］. https：// wenku.baidu.com/view/6024f202876a561252d380eb6294dd88d0d23dbf? _wkts_=1688949255038.

问题：微软选拔人才的特点是什么？

分析提示：招聘最优秀的人才，通过各种激励手段使他们更优秀，并以此创造更多的竞争优势。

4.5　员工录用

员工录用是依据选拔的结果做出录用决策并进行安置的活动。其包括做出录用决策、发出录用通知、背景调查、安排拟录用人员体检、办理录用手续、签订劳动合同等工作内容。

1）做出录用决策

录用决策是企业人力资源形成和配置过程的一个重要组成部分。录用决策是依据人员录用的原则，将选拔阶段各种选拔和测验的结果进行综合评价，从中择优录用，并确定录用名单。一般来说，人员录用的主要决策模式有以下三种：

（1）多重淘汰式。在多重淘汰式中，每种测试方法都是淘汰性的，应聘者必须在每种测试中达到一定水平，方能合格。该方法是将多种考核与测验项目依次实施，每次淘汰若干低分者。对考核项目全部通过者，再按最后面试或测验的实得分数排出名次，择优确定录用名单。

（2）补偿式。在补偿式中，不同测试的成绩可以互为补充，最后根据应聘者在所有测试中的总成绩做出录用决策。如分别对应聘者进行笔试与面试选择，再按照规定的笔试与面试的权重比例综合算出应聘者的总成绩，决定录用人选。

值得注意的是，由于权重比例不一样，录用人选也会有差别。假设在甲、乙两人中录用一人，两人的基本情况与考核得分情况见表4-3。到底录用谁，这里关键要看不同项目的权重系数。如果各考核因素的权重均相同，则甲综合得分为6，乙为5.9，甲为优；如果突出技术能力与政治思想水平，则甲综合得分为4.75，乙为4.51，甲为优；如果突出学历与组织领导能力，则甲综合得分为4.57，乙为4.61，乙为优。

表4-3   各种项目的权重情况表

考核项目		技术能力	学历	政治思想水平	组织领导能力	事业心	解决问题能力	适应能力
甲的得分		0.9	0.5	1	1	0.8	0.8	1
乙的得分		0.7	0.9	0.8	0.8	1	1	0.7
权重	W1	1	1	1	1	1	1	1
	W2	1	0.5	1	0.8	0.8	0.7	0.6
	W3	0.5	1	0.8	1	0.8	0.7	0.6

（3）结合式。在采用结合式进行录用决策分析时，在全部测试中，有些测试是淘汰性的，有些是可以互为补充的，应聘者只有通过淘汰性的测试之后，才能参加其他项目的测试，某些项目的测试成绩可以互为补充。

2）发出录用通知

通知被录用者可以通过电话或者信函联系，联系时要向被录用者讲清提供的职位、待遇、报到日期、地点等信息，并同时发出录用通知书。录用通知书参考格式如下：

录用通知书

尊敬的_____先生/女士：

经我公司研究，决定录用您为本公司员工，欢迎您加盟本公司，请您于____月____日____时到本公司_____报到。

报到须知：报到时请持录用通知书；须携带本人_____寸照片_____张；须携带本人身份证；学历学位证书须原件和复印件；指定医院体检表。本公司试用期为____个月。若您不能就职，请于____月____日前告知本公司。

_____公司人力资源部

年   月   日

如果候选人没被录用，也可以发出未录用通知书，格式如下：

未录用通知书

尊敬的_____先生/女士：

　　非常感谢您应聘我公司_____职位。您应聘时的良好表现，给我们留下了深刻的印象，但此次名额有限，暂不能录用，请多谅解。

　　我们已经将您的有关资料备案至公司人才库，如有新的空缺，我们会优先考虑联系您。

　　再次感谢您对我们公司的关注，祝您早日找到理想的职位。

_____公司人力资源部

年　　月　　日

　　无论用人单位如何努力吸引人才，由于种种原因仍有接到录用通知却不来用人单位报到的情况，对于这些应聘者尤其是非常优秀的应聘者，人力资源部甚至高层管理者应该主动打电话询问原因，表示积极争取的态度，针对具体情况灵活处理，并分析应聘者拒聘的主要原因及改进措施。

　　做出录用决策后，组织拟录用人员进行体检也称入职体检，入职体检的主要作用表现在：确定应聘者身体条件是否符合岗位的要求；建立应聘者的健康记录，为未来的保险或员工的赔偿要求提供依据；发现员工可能不知道的传染性疾病。

　　3）背景调查

　　为了提高招聘效率，降低用人风险，对于一些关键岗位还需进行背景调查。通过背景调查，了解应聘者以前的真实信息，以便及早发现问题。背景调查就是用人单位通过第三者对应聘者提供的入职条件和胜任能力等相关信息进行核实验证。这里的第三者主要指应聘者原来的雇主、同事以及其他了解应聘者的人员，或是能够验证应聘者提供资料准确性的机构和个人。

　　通过背景调查，可以证实求职者的教育和工作经历、个人品质、交往能力、工作能力等信息。一般来说，由于背景调查技术的成本较高，操作难度较大，企业一般在确定了目标职位的候选人之后才使用。背景调查通常从三个方面进行：身份背景调查、学历背景调查、工作背景调查，其中工作背景调查最有价值也最有难度。

　　身份背景调查可以通过收取应聘者身份证、户口簿、护照等个人信息证件来进行；学历背景调查目前有多种途径，如审核应聘者学历证书原件、到中国高等教育学生信息网查询、电话咨询所在学校的学籍管理部门等；工作背景调查可以采取向熟人调查、电话询问调查、派人上门调查和发函调查等方式。

　　经过员工体检和背景调查后，企业即可组织符合要求的拟录用人员携带相关的材料及录用通知书到企业报到，办理相关的入职手续，并与员工在充分平等协商的基础上，签订劳动合同。

4.6　招聘工作评估

　　招聘工作评估主要指对招聘的结果、招聘的成本和招聘的方法等方面进行评估。一般在一次招聘工作结束之后，要对整个评估工作做一个总结和评价，目的是进一步提高招聘工作的效率。

1）计算招聘评估指标

招聘工作的主要评估指标如下：

（1）招聘成本效益评估指标。招聘成本效益评估指标是指对招聘中的费用进行调查、核实，并对照预算进行评价的过程。它是评估招聘效率的一个重要指标。

$$招聘单价 = \frac{总经费(元)}{录用人数(人)}$$

做招聘成本效益评估之前，应该制定招聘预算。每年的招聘预算应该是全年人力资源开发与管理的总预算的一部分。招聘预算中主要包括：招聘广告预算、招聘测试预算、体格检查预算、其他预算，其中招聘广告预算占据相当大的比例，一般来说按 4：3：2：1 比例分配预算较为合理。

（2）录用人员评估指标。录用人员评估是指根据招聘计划对录用人员的质量和数量进行评价的过程。录用人员评估指标可用以下几个数据来表示：

①录用比。

$$录用比 = \frac{录用人数}{应聘人数} \times 100\%$$

录用比越小，相对来说，录用者的素质越高；反之，则可能录用者的素质较低。

②招聘完成比。

$$招聘完成比 = \frac{录用人数}{计划招聘人数} \times 100\%$$

如果招聘完成比等于或大于100%则说明在数量上全面或超额完成招聘计划。

③应聘比。

$$应聘比 = \frac{应聘人数}{计划招聘人数} \times 100\%$$

应聘比越大，说明发布招聘信息效果越好，同时说明录用人员可能素质较高。

除了运用录用比和应聘比这两个数据来反映录用人员的质量外，还可以根据招聘的要求或工作分析中的要求对录用人员进行等级排列来确定其质量。

（3）招聘工作评估指标。

①平均职位空缺时间。

$$平均职位空缺时间 = \frac{职位空缺总时间}{补充职位数} \times 100\%$$

该指标反映平均每个职位空缺多长时间能够有新员工补充到位，能够反映招聘人员的工作效率。该指标越小，说明招聘效率越高。

②招聘合格率。该指标反映招聘工作的质量，这里的合格招聘人数是指顺利通过岗位适应性培训、试用期考核最终转正的员工。

③新员工对招聘人员工作满意度。该项评估一定程度上反映了招聘人员的工作水平。

④新员工对企业的满意度。该项评估一定程度上反映了新员工对企业的认可程度。

2）撰写招聘工作总结

招聘工作总结是针对一个招聘项目或者一定阶段的招聘工作进行回顾形成的文字材料，重点要分析某个招聘项目或者一个阶段的招聘工作的不足以及如何针对不足的地方改进下一步的招聘工作。所以，招聘工作总结对于整个单位招聘工作的改进和完善有非常重要的作用。

撰写招聘工作总结的总体原则和要求是：真实地反映招聘工作的全过程；由招聘工作的主要负责人撰写；明确指出招聘工作的成功和失败之处。

招聘工作总结的主要内容包括：招聘计划简述；招聘进程；招聘结果；招聘经费；招聘评定，这部分内容实质上是招聘综合分析的结果。

▶ 思政园地

坚持高技能人才队伍建设的正确导向

2022年10月7日，中共中央办公厅、国务院办公厅印发了《关于加强新时代高技能人才队伍建设的意见》（以下简称《意见》）。《意见》提出，技能人才是支撑中国制造、中国创造的重要力量。当前，我们正处于中华民族实现伟大复兴的战略机遇期，也是各类人才建功立业和大展宏图的绝好时期。创新是引领发展的第一动力，技能人才是人才队伍的第一方阵，是创新尖兵队伍，更需要在关键时期为国家强大和民族复兴带头发挥好作用。在科研人才自身建设方面，应注意坚持好五个导向。

坚持好正确的政治导向。政治导向是方向问题，差之毫厘、谬以千里。党的领导是中国特色社会主义制度的最大优势，是技能人才健康成长和更好发挥作用的重要保障；办好中国的事情，关键在党。因此，必须坚持党对高技能人才队伍建设的全面领导，确保正确政治方向。科研人才更要自觉接受党的领导，进一步增强"四个意识"、坚定"四个自信"、做到"两个维护"，以习近平新时代中国特色社会主义思想为统领指导科学研究。

坚持好以人民为中心的导向。人民性是马克思主义最鲜明的政治品格。马克思、恩格斯在《共产党宣言》中指出，无产阶级的运动是绝大多数人的，为绝大多数人谋利益的独立的运动。可见，人民对美好生活的向往，亦是高技能人才的奋斗目标。技能人才应始终把人民对美好生活的向往作为人生最大最高奋斗目标，将以人民为中心作为坚持正确政治导向的落脚点和出发点。

坚持好现实需求导向。坚持现实需求导向是落实以人民为中心导向的有效抓手。现实需求是时代给出的考题，是人民群众真正的需求。习近平总书记指出："我们中国共产党人干革命、搞建设、抓改革，从来都是为了解决中国的现实问题。"坚持以人民为中心，就必须要关切时代的问题和人民群众真正的需求，尤其要关切关系人民群众生产和生活的重大现实问题。越是重大的现实问题，越需要技能人才投入更多的精力和时间去研修、去解决。

坚持好大科学导向。坚持问题导向，客观需要坚持好大科学导向，为解决问题夯实坚实的知识工具基础。大科学导向是指看问题、研究问题和解决问题应立足多学科综合角度。在总的方法论上，要坚持好辩证唯物主义。哲学在更高层次上为技术创新进步提供方法论；辩证唯物主义方法论的科学性经受了人类全部认识史的检验，为知识更新与技术创新提供了科学的思维方法。因此，技能人才要始终坚持在辩证唯物主义哲学指导下创新发展，在具体问题研修上充分结合自然科学和社会科学理论视角，将理论学习与技术创新、工艺改造、产业优化有机结合。

坚持好知行合一导向。科学研究过程，不仅仅是一个知识积累和创新的过程，同时也是一个修炼灵魂、提升境界，从知识自觉到人格自觉，践行"知行合一"的过程。"山高多险峻，涧阔少玲珑。"技能研修不是唱歌跳舞，不是旅游观光，是一项攀登悬崖峭壁的艰苦活动。高技能人才要砥砺前行，着力磨炼甘于吃苦耐劳的意志品格，克服技能精进道路上的困难险阻，以不移之志苦战闯关，方能锻造出坚韧的意志品格与"匠人精神"，为增强我国核心竞争力与科技创新能力注入动力之源。

资料来源 宋圭武. 坚持高技能人才队伍建设的正确导向［EB/OL］.（2022-10-11）［2023-06-18］. http://dangjian.people.com.cn/n1/2022/1011/c117092-32542651.html.

问题：坚持高技能人才队伍建设的正确导向对国家发展和强大的重要意义是什么？

分析提示：技能人才在社会中的作用越来越凸显，只有树立正确的选拔人才的导向，才能真正使科技人才在关键时期为国家强大和民族复兴带头发挥好作用。

▶ 知识掌握

一、名词解释

员工招聘　简历　笔试　面试　招聘工作评估

二、单项选择题

1.企业在招聘时，会首先考虑（　　　）。

A.内部招聘　　　　　B.外部招聘　　　　　C.校园招聘　　　　　D.社会招聘

2.下列属于内部招聘渠道的是（　　　）。

A.员工推荐　　　　　B.猎头招聘　　　　　C.网上招聘　　　　　D.工作调换

3.下列不属于内部招募优点的是（　　　）。

A.准确性高　　　　　B.适应较快　　　　　C.激励性强　　　　　D.费用较高

4.在报纸杂志、电视和电台等载体上刊登、播放招聘信息，属于（　　　）渠道。

A.人才交流中心和人才招聘会　　　　　B.媒体广告

C.网上招聘　　　　　　　　　　　　　D.猎头招聘

5.（　　　）是一种企业和人才通过第三方提供的场地，进行直接面对面对话，现场完成招聘面试的方式。

A.现场招聘　　　　B.媒体广告　　　　C.网上招聘　　　　D.猎头招聘

6.简历筛选的目的是（　　　）。

A.留下明显符合岗位要求的人员

B.筛掉明显不符合岗位要求的人员

C.留下不确定是否符合岗位要求的人员

D.筛掉不确定是否符合岗位要求的人员

7.过去半年中你所建立的最困难的客观关系是什么？当时你面临的主要问题是什

么？你是怎样分析的？采取了哪些措施？效果怎样？这个问题是面试提问中采用的（　　）。

　　A.开放式问题　　　　B.行为式问题　　　　C.探索式问题　　　D.假设式问题

　　8."谈谈你对背景调查的认识？"在面试时采用的是（　　）问题。

　　A.开放式问题　　　　B.行为式问题　　　　C.探索式问题　　　D.假设式问题

　　9.将多种考核与测验项目依次实施，每次淘汰若干低分者。对考核项目全部通过者，再按最后面试或测验的实得分数，排出名次，择优确定录用名单。这是录用决策中的（　　）。

　　A.多重淘汰式　　　　B.补偿式　　　　　　C.结合式　　　　　D.附加式

　　10.不同测试的成绩可以互为补充，最后根据应聘者在所有测试中的总成绩做出录用决策。如分别对应聘者进行笔试与面试选择，再按照规定的笔试与面试的权重比例，综合算出应聘者的总成绩，决定录用人选。这是录用决策中的（　　）。

　　A.多重淘汰式　　　　B.补偿式　　　　　　C.结合式　　　　　D.附加式

三、多项选择题

　　1.下面属于内部招聘渠道的有（　　）。

　　A.现场招聘　　　　　B.职位公告　　　　　C.职位技术档案　　D.员工推荐

　　2.下面属于外部招聘渠道的有（　　）。

　　A.现场招聘　　　　　B.媒体广告　　　　　C.校园招聘　　　　D.职位公告

　　3.发布招聘信息应该遵循的原则包括（　　）。

　　A.面广原则　　　　　B.及时原则　　　　　C.档次原则　　　　D.层次原则

　　4.下面可以作为简历筛选依据的有（　　）。

　　A.学历　　　　　　　B.工作经验　　　　　C.性别　　　　　　D.个人品格

　　5.录用决策模式包括（　　）等几种模式。

　　A.多重淘汰式　　　　B.补偿式　　　　　　C.结合式　　　　　D.以上都对

四、简答题

　　1.简述内部招聘与外部招聘的优缺点。

　　2.简述招聘计划的内容。

　　3.如何筛选简历？

　　4.简述面试的工作流程。

　　5.如何开展招聘评估工作？

五、论述题

　　试述有效招聘对于企业发展的重大意义。

▶ 综合应用

□案例分析

阿里巴巴的校园招聘

　　阿里巴巴自2012年起开展集团统一的校园招聘，每年招聘上千名应届毕业生以储备新鲜血液。

1.建立校招网络平台

阿里巴巴为校园招聘专门建立了官方网站，无论你是在社交媒体上获知的校园招聘信息，还是经老师同学或者师兄师姐推荐，都需要登录这个网站完成简历等个人信息的注册，以及职位和工作地、面试城市的选择。后续的在线笔试、面试预约、面试结果查询、录取通知书查询确认等也都是在个人中心完成。

2.在线笔试

阿里巴巴是国内第一家进行大规模在线笔试的公司，每年都有10万以上人次通过在线笔试来尝试叩开阿里的大门。阿里于2014年开始使用在线笔试，虽然它对阿里校招团队在命题、系统、防作弊等工作方面提出了极大的挑战，但是阿里觉得不能因为时间和空间的限制而让申请人失去与他人公平竞争的机会。

阿里巴巴凭借自己在技术上的实力，终于实现了数万人同时在线进行笔试的梦想。无论你身处世界的哪个地方，只要你有电脑能上网，就能用任何姿势，哪怕躺着或趴着，在宿舍、教室、咖啡馆或者篮球场参加阿里巴巴的校网招聘笔试。

3.面试

想获得阿里的录取通知书，最少要通过三轮面试。面试的形式多种多样，如果申请人和面试官在同一个城市，就是面谈或电话面试；如果不在一个城市，可能是视频或者电话面试。除此之外，阿里还会组织线下专场面试，这样的专场面试是邀约制，只有通过了简历评估或者在线笔试的申请人才会收到邀约码参与到专场招聘流程中。面试的地点在当地的阿里办公区域或者高校集中区域的某家酒店。

当然，为了使面试官和申请人不受空间的限制，阿里校招团队联合开发团队打造出了远程视频专场面试系统，免去面试官和同学们的奔波之苦。

阿里的面试官由各个事业部推荐产生，对面试官的层级、专业能力、在阿里巴巴的工作年限、面试经验都有一定的要求。

阿里的面试官分为业务初试官、业务终试官和HR面试官三种。

业务初试官一般由业务团队的专家担任，负责考查同学们的基础知识、项目经验、动手能力、成果等，并给出是否进入业务终试的建议和原因。

业务终试官都是由各业务领域的大牛或权威人士担任，终试官们主要负责考查同学们的学习能力、发展潜力、技术热情与视野等，并对面试结果进行确认和定级，此外还要结合大家的意愿和自己的判断为同学们推荐合适的团队。

HR面试官主要观察同学们的自我认知、沟通能力、团队合作意识、行为习惯、求职动机等与人有关的特质，判断同学们的个人情况与阿里巴巴整个组织和团队的风格是否匹配，是否能顺利融入和落地，是否能迅速成长和发展等，最终与业务终试官一起做出录用或不录用的决定。

4.人才库

阿里巴巴认为校园招聘是获取优秀人才的重要途径。前来阿里巴巴参加面试的同学，无论通过面试与否，都是人才。这些人才的简历、笔试成绩和面试报告都应该保存下来。

那些未通过面试的同学的信息会被记录下来并做上标签，比如未通过面试的哪个环节。那些通过面试却拒绝录取通知书的学生，拒绝录取通知书的原因也会被记录下来。通过这些简单的记录，将为以后的社会招聘提供更好的数据支持。

资料来源 编者根据相关资料整理。

问题：阿里巴巴的校园招聘的特色是什么？

分析提示：充分运用网络平台发布招聘信息和笔试，大大提高了招聘的效率，采用科学、严谨、专业的面试流程选拔优秀的人才，另外，还针对所有前来应聘的人员建立了人才库，为将来社会招聘做好人才储备。

□实践训练

训练1

5～6个学生组成一个小组，以小组为单位，就近调查一家企业，了解一下该企业员工招聘现状，并根据公司的招聘岗位需求，帮助该公司完成一份招聘工作计划。

要求：内容翔实、格式规范、层次清晰、语句通顺、排版合理。

训练2

小王来到公司的人力资源部，对人力资源部张经理说："张经理，我可能无法适应目前的工作，我希望在这个月末试用期结束时离开公司。"张经理听了很惊讶，小王是两个月以前到公司销售部担任销售部经理助理的。人力资源部通过销售部经理及销售部其他同事了解小王试用期的工作情况，大家都反映很好，想不到小王会主动提出辞职。

三个月以前，销售部经理提出了增加经理助理职位的需求，由于销售部将加强与国外厂商的业务联系，急需熟练使用英语口语和处理英语书面文件的员工，并希望新增加的员工具有一定的计算机水平，兼顾公司对外网站的管理工作。人力资源部就所需增加的工作岗位进行了分析，经过与销售部经理协商，编写了该岗位的工作说明书。其中对岗位职责的描述是：

（1）协助经理处理国外业务的联系及英文书面文件、合同；

（2）在需要的情况下可担任英文翻译；

（3）整理销售部内部业务文档；

（4）负责在网站上发布公司的有关业务信息，并进行公司网页的更新、调整。

任职资格条件：

（1）最好是英语专业的毕业生或在国外生活过；

（2）能制作网页和进行数据库处理，最好具备计算机专业学历。

看到这样的任职资格要求，人力资源部感到这个岗位的招聘工作难度较大。当招聘信息在人才招聘渠道发布后，应聘的人员不多。小王是华南地区某商学院毕业的学生，毕业后在广告公司做过业务工作，后来到英国留学，在国外所学的专业是计算机应用，留学回国才一个月，各方面的条件完全符合招聘岗位的要求。经过两次面试后，销售部和人力资源部都觉得小王是这个岗位的最佳人选，于是通知小王来公司报到上班。

"为什么你会觉得自己不能适应这项工作呢？"张经理问小王。

小王说："工作中的文件处理、与客户的业务联系都没问题，内部文档也能按要求管理好，但是我不了解我们公司生产产品的技术参数和生产能力，在与客户联系的过程中，需要根据客户的需要为客户量身订制产品的技术参数并在合同中注明交货期限。销售部要求我向客户提供技术方案和我们能为客户量身订制的产品的规格、型号，有时还要决定我们什么时候能给客户供应哪些类型的产品。这些工作需要较多技术方面的知识，更何况我不是销售部经理，我也无法决定。目前我承担的工作与应聘时对我提出的工作要求完全不一样。"

问题：请运用所学知识说明小王辞职的原因。

提示：小王辞职的原因是他实际工作的内容与招聘简章中陈述的内容有很大差异。作为一名人力资源部经理，应该首先完善工作分析工作，然后根据工作说明书的要求撰写招聘简章并发布招聘信息。

▬▬➡ 课外拓展 ▬▬

关注新媒体平台，获取人力资源管理领域最新的观点、方法、技巧，了解人力资源管理的前沿资讯。

微信公众号"中国人力资源开发杂志"，认证主体是中国人力资源开发研究会，关注中国人力资源开发杂志，即时收取 HR 行业内热点问题、杂志活动等，快捷阅读杂志的精选文章。请在微信公众号中搜索"中国人力资源开发杂志"或"HRDC-1984"。

第5章 员工培训与开发

学习目标

通过本章学习，你应该达到以下目标：

知识目标

理解员工培训与开发的概念和意义；熟悉员工培训的分类；掌握员工培训的流程；掌握员工培训的需求分析方法；掌握编制培训计划的方法；掌握组织和实施培训工作计划的工作要点；掌握培训效果评估的方法。

能力目标

按照规范的培训工作流程组织开展培训工作；运用一定的方法开展培训需求分析；编制培训计划；组织实施培训工作；根据培训的目的，选择合适的方法进行培训效果评估。

素养目标

在组织开展培训工作的过程中，帮助学员树立远大理想和正确的世界观、人生观、价值观，坚持正确的政治方向，并引导学员端正态度，掌握必要的知识和技能，为中华民族伟大复兴贡献自己的力量。

内容架构

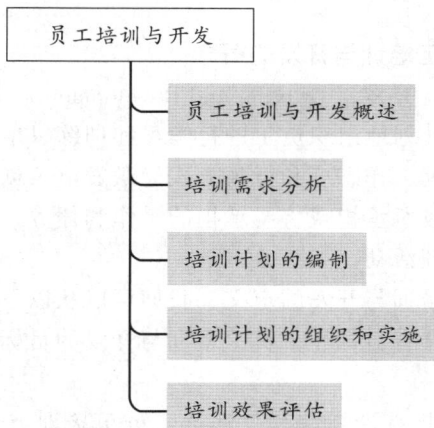

■■■■■➡ **引例**

腾讯大学开展员工培训的整体思路

腾讯大学成立于 2014 年，是腾讯公司成立的一个别具特色的学习交流平台，主要服务于员工的培训和人才的发展，为员工提供独特的学习和发展机会。从成立到现在，腾讯大学一方面成为员工个体发展的伙伴，另一方面为腾讯培养了众多的人才。人力资源管理部门还发挥着引导企业发展方向的职能，如通过大数据获取信息，了解某一个部门关注的指标维度，预判部门员工需要接受哪些方面的培训，从而制订培训计划，推动未来战略的实现。

腾讯大学开展员工培训的整体思路是"整合内部资源为主、外部培训为辅"，大学授课的内容和方式，必须由企业的管理层和相关技术人员负责制定、施行，以此保证培训课程的科学以及师资队伍的精良，把公司的实践经验作为重要内容传授给员工，突出腾讯的特色。腾讯大学主要从职业发展和提高领导力两方面制定培训策略，展开培训活动。另外，腾讯大学不会放弃外部培训的方式，在进行外部培训的选择时，特别注意防范出现外部培训理念和企业理念相冲突的情况。

企业的培训最重要的目的就是要驱动员工的自我发展意识，让员工从心底认同企业的培训不仅仅是为了提升组织绩效，也是认同自己努力的过程。腾讯大学是我国第一所由企业创办的互联网行业大学，目的是为腾讯公司的内部员工培训提供更好的服务，使培训活动持续科学地进行。

资料来源　鄢雪芳. 大数据在企业人力资源管理中的应用——以腾讯为例 ［J］. 企业改革与管理，2019（17）：49-50.

这一引例表明：腾讯大学为内部员工培训提供更好的服务，独有的培训体制促进员工的成长进步。

微课 5-1

员工培训与
开发概述

5.1　员工培训与开发概述

5.1.1　员工培训与开发的概念

员工培训与开发（Training and Development）是指企业为实现战略目标和员工个人发展目标，有计划地组织员工进行学习和训练以增加员工完成本职工作所需的基本知识、技能并改变其工作态度和行为方式，激发员工创造潜能，进而保证员工能够按照预期标准或水平完成所承担或将要承担的工作和任务，最终使企业整体的绩效得到持续提升的人力资源管理活动。

为了更好地理解员工培训与开发的定义，我们可以从以下几个方面把握其内涵：

（1）员工培训与开发具有目标性。员工培训与开发的目标是实现企业战略目标和员工个人发展目标的和谐统一。

（2）员工培训与开发具有计划性和长远性。员工培训与开发是企业实施的有计划的、连续的、系统的学习行为或训练过程，通过这种学习和训练改善员工工作态度、增加员工知识、提高员工技能、激发员工创造潜能。对企业而言，培训不仅是对现有技能的补缺，更应注重对人力资源的长远开发。

（3）员工培训与开发具有特定主体性。培训与开发的主体是企业，主要是由企业来进行培训投资、设计和组织的。

（4）员工培训与开发具有广泛性。培训与开发的对象是企业的全体员工，具有广泛性，既包括决策管理者，也包括一般员工；员工培训的内容具有广泛性，涉及企业经营活动或将来需要的知识、技能以及其他问题；员工培训的方式与方法也具有广泛性。

（5）员工培训与开发具有投资回报性。企业是营利性组织，培训与开发作为一种投资，必须有相应的回报。

培训与开发从本质上说是一致的、相同的，但从人力资源管理的实践来看，两者的侧重点略有差异。

员工培训是企业有计划地提升员工学习与相关工作能力的活动。这些能力包括知识、技能和对工作绩效起关键作用的行为能力。培训的目的是使员工在现在或未来工作岗位上的工作表现达到组织的要求。从出发点来看，员工培训具有短期目标行为的特点。

员工开发是指为员工未来发展而开展的正规教育、在职实践、人际互动以及个性和能力的测评等活动。开发活动以未来为导向，要求员工学习与当前从事的工作不直接相关的内容。从出发点来看，员工开发具有长期目标行为的特点。培训与开发的对比见表5-1。

表5-1　　　　　　　　　　　　　　　　**培训与开发的对比表**

项目	培训	开发
目的	当前工作的绩效改进	使员工在未来承担更大的责任
持续时间	相对较短而且集中	相对较长而且分散
对员工要求	强制参与	自愿参与
方法	外在的学习训练	内在的潜能开发

员工培训与开发都是由组织规划的一种学习和训练的过程，对企业来说是同样重要的，且两者都注重个人与企业当前及未来发展的需要。随着知识和技术的不断更新，培训日益重要，伴随着培训战略地位的上升，员工培训与开发的界限日益模糊，所以培训与开发有时可以统称为培训（本教材也将培训与开发统称为培训）。

5.1.2　员工培训的意义

员工培训作为促使人力资本增值的有力手段，对企业的生存和发展以及员工的成长都有着长远的意义。

1）从企业角度看

从企业角度看，员工培训的意义主要表现在以下几个方面：

（1）适应企业战略目标的调整与转变。随着科学技术的发展，面对激烈的竞争态势，为了适应市场不断变化的需要，企业要不断地进行战略目标的调整与转变。企业员工培训与开发工作可以有效地解决企业对人力资源的需要问题，即帮助员工掌握新知识、新技能、新观念以适应新战略目标的需要。

（2）提升企业竞争力。通过员工培训，可以提升企业竞争力。新员工在培训过程中可以迅速适应企业新环境，尽快掌握岗位所需的操作技能等；老员工可以利用培训补充新知识、掌握新技能等，以适应工作变化的需要。培训可以改善员工工作质量、降低工作损耗以及减少企业事故发生率；开发能够发掘员工潜力，激发员工创新的欲望，不断提高企业开发与研制新产品的能力。因此，有效的员工培训与开发会极大地增加企业的人力资源价值，提高企业的经济效益和市场竞争力。

（3）塑造良好的企业文化。培训可以让员工获得与企业要求一致的价值观和行为标准，有助于企业树立良好的企业文化。培训是塑造、传播企业文化的重要方式。IBM公司长期以来坚持对员工进行终身教育，每年的员工培训费用达数亿美元，受训者不仅有在职员工，还包括即将退休或已经离开公司的员工。终身教育活动渗透到每个员工的一言一行中，从而真正把企业文化灌输到员工心底，一方面提高了员工的素质，另一方面扩大了公司的影响力。在很多情况下，人们判断一个企业如何，往往从其员工的行为举止、待人接物、工作态度和办事能力等许多外显的方面来进行观察。

当新员工进入企业后，企业的首要任务并不一定是急于教会其工作技能，而通常是注重对其工作价值观的培养。因此，企业对新员工的培训要注重灌输经营理念、工作伦理与群体规范等，以建立共识、提高员工士气、形成强势企业文化、调动员工积极性、培养员工献身精神，从而激励员工为企业做出更多的贡献。

（4）可以有效激励员工。培训可以增强员工的责任感、成就感和自信心。当员工通过企业组织的职业培训感受到自己的价值和企业对其的重用，就会对工作满腔热情，对自己充满信心。从这个角度来看，培训本身就是一种重要的激励方式。

（5）稳定员工队伍。每个员工都有追求自身发展的欲望。这种欲望如不能满足，员工就会觉得工作无趣、生活乏味，最终导致员工尤其是优秀员工流失。对一般员工来说，大多数人都希望在企业中有成长晋升的机会，这就需要不断学习。员工不但要熟悉自己的工作，还要了解本专业的最新动态，掌握有关的新技术和新方法，使自己有比较宽的知识面和合理的知识结构。

2）从员工个人角度看

从员工个人角度看，员工培训与开发的意义主要表现在以下几个方面：

（1）使新员工尽快进入角色。培训可以使新员工及时了解工作环境，引导他们尽快进入工作状态。企业的新员工大致有两种类型：一种是刚刚走出校门的大中专等应届毕业生；另一种是来自其他企业的有一定工作经验的员工。对于应届毕业生而言，他们刚刚接触社会，社会经验不够丰富，但是可塑性很强，所以企业要通过培训使他们尽快了解企业的文化和工作环境以及工作岗位的要求，使他们尽快适应岗位；对于从其他企业进入本企业的新员工而言，他们可能面临的是两种企业文化的激烈碰撞，企业需要使他们了解本企业的经营理念和管理制度以及工作岗位所需要的知识和技能，尽快使他们转换角色，以胜任新岗位。

（2）使员工获得较高的收入。员工的收入与其在工作中表现出来的劳动效率和工作质量直接相关。为了追求更高收入，员工就要提高自己的工作技能，这也使得员工主动要求企业提供培训机会。

（3）可以提高员工的工作效率。经过培训的员工，往往掌握了新的知识结构，获得了更新的工作方法，工作技能明显提高，劳动熟练程度逐渐加强，这直接促进了员工工作质量和劳动生产率的提高，也降低了各种损耗，并且减少了事故的发生。同时，培训后的员工与周围员工的人际关系得到有效改善，在工作中合作意识增强，工作热情高涨，对组织的凝聚力和向心力也有了新认识，从而使员工工作积极性提高，其工作绩效得到改善。

（4）使员工获得更强的职业竞争力。随着技术的不断更新、组织的不断发展，要求员工不断地通过培训和学习增强自身的综合素质与职业技能。这样一方面可以使员工更胜任自己的工作岗位，另一方面可以大大增强员工的职业信心，从而不断增强自己的职业竞争力。

美国麻省理工学院彼得·圣吉博士称："未来唯一持久的优势是有能力比你的竞争对手学习得更快。"

（5）制定合适的职业发展规划。员工职业发展规划是企业协助员工面对专业性挑战及企业向员工提供实现个人专长的契机。培训与开发是一个连续不断的过程，与员工职业发展规划结合起来，能够使员工意识到培训是与自己未来发展息息相关的。这样既可以提高培训与开发的效果，又可以实现企业和员工的共同发展，使员工在培训与开发的基础上，发现自身的潜能，制定合适的职业发展规划。持续不断的员工职业发展规划将帮助每一位员工适应许多部门的工作，使员工萌生成就感和自我满足感，进而对员工起到激励作用。

面对日益激烈的竞争，每个员工都需要不断地学习和训练，提高自身的能力和素质以适应不断变化的市场需要，保持持久的职场竞争力。

◇◇◇◇➡ **互动课堂 5-1**

施乐公司原总裁戴维·凯恩斯上任之初，面临着非常严峻的形势。昔日有着"复印机之王"之称的施乐公司市场份额正急剧下滑，从 18.5% 降到了 10%。经过调查，戴维发现问题在于施乐公司的顾客服务意识和产品质量需要改进。于是，戴维实施了一项旨在改进服务意识和产品质量的培训计划。从总经理到普通员工都参与到了培训之中，而且戴维是整个培训开发项目的模范人物。这次培训虽然耗资 1.25 亿美元，并耗费了 400 万个工时，然而，培训的效果却非常好，因为员工的整个工作方式和行为风格都改变了。现在，经过系统培训的员工们早已习惯于团队合作，习惯于对质量反复检验，最终使消费者的满意度增加了 40%，而对质量有关的投诉降低了 60%。

资料来源　作者根据相关资料整理。

那么，培训为施乐公司带来了什么？

提示：高素质人才是企业获取竞争优势的必备武器，而对员工培训则是提高员工能力和素质的必要手段，员工培训对于企业和员工都具有深远的意义。

5.1.3 员工培训的分类

员工培训可以按照不同的标准进行分类，具体有以下几种：

1）按照培训对象与工作岗位的关系分类

按照培训对象与工作岗位的关系，员工培训可以分为岗前员工培训、在岗员工培训和脱岗员工培训三大类。

岗前员工培训主要是针对新员工在上岗前进行的培训与开发和企业内员工轮换到新工作岗位前进行的培训与开发。新员工培训能够给新员工指引方向，使之尽快了解新企业的要求与文化，建立起和新同事、新的工作团队的关系，建立起符合实际的期望和积极的态度，尽快融入新企业。转岗员工培训由于转岗的原因不同，培训的方式也多种多样，包括与新员工一起参加拟转换岗位的岗前培训、接受现场的一对一指导、外出参加培训、接受企业的定向培训等。

在岗员工培训是指员工不离开工作岗位，在工作进行的同时而实施的培训与开发。员工在岗培训的目的主要是发展能力、更新知识、改变态度和传递任务信息。培训的重点是管理人员和技术人员。培训形式主要采取短期学习、决策训练和竞赛、角色扮演、敏感性训练、跨文化管理训练等方式。

脱岗员工培训是指为了满足企业发展和员工个人发展的需要，让在职员工离开现任的工作岗位去进行的培训与开发。

◇◇◇◇ ➡ **互动课堂 5-2**

John：第一天我提早 10 分钟到了人力资源部，被告知"请稍坐，一会儿有人带你转转"。1 小时后，我被领到了一间会议室。几分钟后，里面的面试者发现我不是来应聘的而是新员工，然后我被领去见我的主管。主管大声地叫来一个文员，让他带我转转。在我被介绍给其他员工的同时，那个文员一直在抱怨那个主管的脾气有多坏。吃午饭时，我问能不能请求调到别的部门去，他们说 6 个月后才能调动。我想我是不是该趁早换个工作了。

Jackson：我的入职培训棒极了！我到了以后被带到休息室，喝过咖啡、吃过点心后，我拿到了一本员工手册，上面解释了公司的绝大部分福利及政策。接着放了一段有趣的电影来解释公司的历史、设施、重要人物及各部门的联系。接下来的一个小时是提问题与解答。我们沿着厂区走了一圈，然后公司请我们吃午饭。午饭时，我的主管加入进来，边吃边介绍我们的部门并回答了一些问题。饭后，主管把我介绍给我的同事们，在职培训开始了。

John 和 Jackson 的培训哪个更好？

提示：根据新员工培训内容和工作流程来分析和判断，Jackson 的培训更好。

2）按照培训层次分类

按照培训的层次，员工培训主要分为基层员工培训、初级管理层培训、中级管理层培训和高级管理层培训。

基层员工培训的目的是培养员工积极的工作心态、掌握工作原则和方法、提高劳动生产率，培训的主要内容包括追求卓越工作心态的途径、工作安全事故的预防、企业文化与团队建设、新设备操作、人际关系技能。基层员工的培训与开发应注重实用性。

初级管理层是基层员工的直接主管，包括班组长、工长等，他们是企业基层的管理干部，是在工作现场对基层员工进行指导监督的关键人物，是上下左右联系的纽带。对基层管理人员进行培训，目的是培训、开发他们的领导能力、管理能力、组织协调能力和工作技能，提高他们的观察力和想象力，培养他们诚实、正直的品格。培训的主要内容包括各职能部门的专业知识和技能、基本的监督技能、激励员工工作的方法、与员工的合作精神、员工职业生涯规划、职业道德、管理艺术等。

中层管理层是企业中第二层次的正副职管理人员及相当职务人员，其培训的目的是把握企业的经营目标、方针；培训、开发相应的领导能力和管理才能；培养良好的协调、沟通能力，形成和谐的人际关系；使未受过正规管理专业学习的管理人员掌握必要的管理技能；学习新的管理知识和先进的管理技能等。

高级管理层是企业中第一层次的正副职管理人员及相当职务人员，包括董事长、总经理、副总经理等。高级管理人员培训的主要内容包括全球经济和政治、国内经济和政治、竞争与企业发展战略、资本市场发展和运作、财务报表和财务控制、国内外市场营销、组织行为和领导艺术、创业管理、投资项目和效益评价、企业社会责任和商法等。高级管理人员培训与开发的重点是培养他们的领导素质，包括形象意识、沟通能力、社交能力、谈话技巧、领导能力、人格完善等。

◆◆◆◆➡ 案例分析 5-1

惠普的向日葵计划

惠普为了帮助年轻的经理人员顺利成长，制订了一个系统的培训方案——向日葵计划。这是一个超常规发展的计划，帮助中层的经理人员从全局把握职位要求，改善工作方式。员工进入惠普，一般要经历四个自我成长的阶段：第一阶段为自我约束阶段，不做不该做的事，强化职业道德；第二阶段是自我管理阶段，做好应该做的事——本职工作，加强专业技能；第三阶段是自我激励阶段，不仅做好自己的工作，而且要思考如何为团队做出更大的贡献，思考的立足点需要从自己转移到整个团队；第四阶段是自我学习阶段，学海无涯，随时随地都能找到学习机会。

具体来说，在惠普，一个经理人员不仅自己要学习成长，更重要的是要让团队成员成长。经理人员更注重员工培养，当一名新员工入职后，经理会和他（她）一起制定试用期工作目标及相应的能力提升培训计划。每年制定年度绩效与发展目标时，经理会就部门业绩指标与部属一起讨论，让每一位员工了解自己的工作职责与绩效，让员工更清晰自己对本部门、对公司的经营发展所起的作用，更有荣誉感和责任感。通过一对一的绩效访谈，确定绩效目标和培训发展目标。在日常工作中，经理们都要花时间对员工进行指导及听取反馈，采用灵活的培训形式对员工进行培养，以帮助员工达成绩效。惠普的经理人员有这样一句话："功归他人，过归己任。"惠普的经理人员更多地提供资源支持及协调统筹，帮助员工达成高绩效是他们的重要工作职责。

资料来源　百度百科.惠普的向日葵培训计划［EB/OL］.（2022-05-16）［2023-06-18］.https://baike.baidu.com/item/%E6%83%A0%E6%99%AE%E7%9A%84%E5%90%91%E6%97%A5%E8%91%B5%E5%9F%B9%E8%AE%AD%E8%AE%A1%E5%88%92/12744322? fr=ge_ala.

问题：中层管理人员培训的目的是什么？

分析提示：中层管理人员起到承上启下的作用，一方面需要明确公司的战略经营计划，另一方面需要将高层的战略规划以及经营计划传达给初级管理层，所以需要重点培训他们的管理能力、执行能力以及资源的合理利用能力。

3）按照培训内容分类

按培训与开发内容可以把员工培训与开发分为知识培训与开发、技能培训与开发、态度培训与开发、思维培训与开发、心理培训与开发。

知识培训与开发的主要任务是对参训者所拥有的知识进行不断更新。企业运行中，不仅要让员工具备完成本职工作所需的知识，还要让员工了解企业运营基本情况，如企业的发展目标、战略及规章制度等。知识培训与开发是企业培训与开发中最基本的也是最常用的培训与开发，其主要目标是解决"知识"的问题。

技能培训与开发的主要任务是对参训者所具有的能力加以补充，开发员工的技能潜力，提高员工的实际操作水平。培训内容包括与职业相关的专业技能，如计算机技能、生产工艺、使用特殊的系统和设备、人际交往技能等。技能培训与开发是近年来企业培训工作中发展最快的一项内容，也是为完成各项工作必须进行的培训。其主要目的是解决"应用"的问题。

态度培训与开发的主要任务是建立起企业与员工之间的相互信任，培养员工对企业的忠诚度及其适应企业文化和促进企业发展应该具备的意识和态度。培训内容包括团队精神培训、追求卓越精神培训和质量管理培训。受训员工的工作态度怎样，如何形成，怎样受影响，既是一个复杂的理论问题，又是一个实践技巧。态度培训与开发的效果和工作表现是直接相关的，态度培训与开发的主要目的是解决"勤勉"的问题。

思维培训与开发的主要任务是改变参训者固有的思维定式，培养员工的创新思维和创新意识。思维定式指人们在过去经验的影响下，解决问题的倾向性。思维培训与开发就是让参训者超越原来的思维定式，以一种更具现代意识的崭新视野来观察问题、思考问题、解决问题。培训内容包括：决策计划技能、领导艺术、与其他部门的经理交流技能、劳动关系处理等。在经济全球化趋势下，思维培训与开发还包括经济一体化战略管理、跨国经营管理、全球化经济意识和理念、跨文化管理、国际企业管理等内容。思维培训与开发的主要目的是解决"创新"的问题。

心理培训与开发的主要任务是开发参训者的潜能。通过对参训者的心理进行调整，引导他们利用自己的潜在的各种因素，开发出自己工作中的能力，主要涉及处理工作压力、增进心理健康以及建立健康的生活方式等方面，还包括预防吸毒教育等。心理培训可以使员工的意志品质得到提升，心态得到调试，悟性得到启迪，潜能得到开发，其主要目的是解决"发展"的问题。

◆◆◆◆➡ 案例分析 5-2

海尔培训体系

1.岗前培训

对所有的新人进行业务知识、企业文化、经营哲学、组织目标、价值观的培训。不确定岗位，先轮岗工作一定时间后，再定岗，以建立员工的组织归属感、集体感、合作精神，为以后的高效管理奠定基础，此项工作由集团中心负责。

2.岗位培训

员工入职半年到一年左右开展岗位培训，主要是业务能力培训，对工作中容易出现的问题及其解决方法和应尽的责任进行培训，此项工作由事业部负责。

3.个人职业规划培训

海尔所有的管理干部都有责任为下一级的干部及员工设计个性化的培训计划。根据自己的情况每人定出一个升迁、发展的个人规划，要有目标地进行工作。

4.转岗培训

为培养复合型人才，海尔采用转岗培训使员工适应新的工作岗位需要。

5.半脱产培训

对于骨干员工和管理人员，有计划安排其以半脱产的方式参加各种培训班，包括MBA培训班、高校进修、参加委培、学历教育等。

6.出国考察培训

为了掌握国际高科技发展的新动向，利用各种机会，派出有关人员到国外参加各种专业研讨会、学术会议、科技博览会等。

资料来源　佚名.海尔培训体系［EB/OL］.（2021-12-09）［2023-06-18］. https://www.taodocs.com/p-564992260.html.

问题：海尔的培训形式有何特点？

提示：海尔设计了立体化的培训体系，培训形式多样，满足了不同岗位、不同层次人员的培训需求。

5.1.4 员工培训的工作流程

员工培训工作需要培训管理部门与企业其他部门沟通，共同合作完成。不同的培训项目由于目标和内容不同，在程序设计方面可能会有所差异，但总体上来讲，一项完整的培训是由一系列工作组成的，包括培训需求调查与分析、培训计划的制订、培训计划的实施和培训效果的评估，四个部分互相制约和影响，构成培训工作的流程体系，如图5-1所示。

具体工作流程如下：

1）培训需求调查与分析

培训需求调查与分析是制订培训计划的起点，在每年最后一个季度，培训管理部门要在企业内部进行全面调查，对企业的经营管理、技术、服务等进行分析，并结合员工的实际需要，进行整理、筛选、调整，最后确定企业的培训需求。

2）培训计划的制订

根据培训需求调查与分析的结果，明确培训目标，并制订培训计划，一般包括培训目标、培训对象及类型、培训内容及方法、培训步骤及具体的安排等。

3）培训计划的实施

制订培训计划后，采用内部培训和外部培训相结合的方法，组织开展培训。在培训过程中，要注意培训的多样性和灵活性，一切要从实际出发，从本企业的需要出发，合

```
┌─────────────────────────────────────────┐
│          培训需求调查与分析                 │
│    （明确是否需要培训以及需要培训什么）        │
└─────────────────────────────────────────┘
                    │
                    ↓
┌─────────────────────────────────────────┐
│          培训计划的制订                     │
│    （明确培训目标，并制订培训计划）            │
└─────────────────────────────────────────┘
                    │
                    ↓
┌─────────────────────────────────────────┐
│          培训计划的实施                     │
│        （组织开展培训）                      │
└─────────────────────────────────────────┘
                    │
                    ↓
┌─────────────────────────────────────────┐
│          培训效果的评估                     │
│    （对学员学习成绩、行为或成果进行测试）       │
└─────────────────────────────────────────┘
```

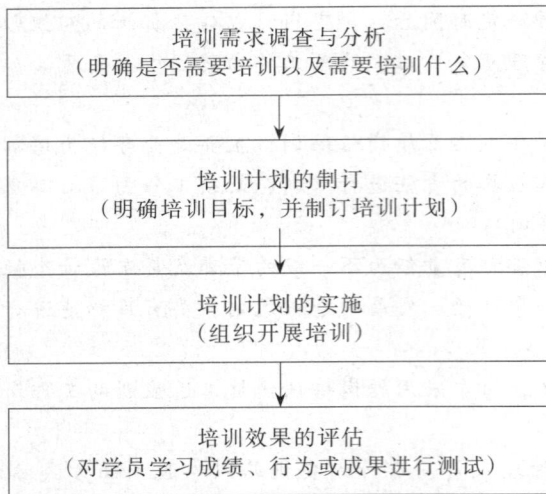

图5-1　培训工作流程图

理安排时间，区别不同对象，采用不同形式，要尽可能通过多种手段和渠道对员工进行实用、高效和迅速的培训。

4）培训效果的评估

一个培训项目结束后，公司要对培训的效果进行总结或检查，以便进行公正和客观的人事决策，如为人力资源规划提供依据，并指导晋升、岗位轮换及解聘决策。不仅让员工了解培训效果，而且要确定下一步培训计划的执行，比如培训内容的调整、培训方法的改进、培训计划的完成等。

◇◇◇◇▶ **互动课堂5-3**

胡哲是国内某知名家电企业人力资源部的培训专员，最近两年来，他觉得自己工作压力太大，总有搞不完的培训，成天忙于联系培训师、安排教室、组织培训现场，一刻也不得停歇。最让他想不通的是前几天领导还狠狠地批评了他一通，说他不知道是怎么搞的，明明花了那么高的代价，但参加培训的人员却纷纷反映培训的效果差！回来后，胡哲百思不得其解，领导可不知道，自己为了这些培训不知道花了多少心思，难道大家真的不满意吗？这到底是怎么回事，培训项目到底该如何搞？

那么，到底应该怎样做培训？

提示：开展培训工作需要采用科学的工作流程。

微课 5-2

[二维码]

培训需求
分析

5.2　培训需求分析

企业要求任职者具备的理想状态与现实状态之间的差距就是**培训需求**。

培训需求分析是指在规划与设计人力资源培训与开发活动之前，由培训部门、主管、员工等收集企业战略、组织与员工的相关数据信息，然后采用一定的分析方法和技术，对各种组织及成员的目标、知识、能力等方面进行系统的鉴别与分析，以确定企业是否需要进行培训与开发活动，以及培训内容的一种活动或过程。

培训需求分析对企业的培训工作至关重要。首先，它是真正有效地实施培训的前提条件，通过培训需求分析，可以有效地了解参加培训的员工的实际情况、对待培训的态度，同时也可以获得尽可能多的培训素材以及相关部门管理者的支持，使培训工作精准、及时和有效；其次，培训需求分析具有很强的指导性，既是确定培训目标、设计培训计划的前提，也是进行培训评估的基础，因而成为培训活动的首要环节；最后，通过培训需求分析，可以避免出现赶时髦、无效培训等情况发生，可以有效地控制培训成本支出，最大限度地提高培训收益。

5.2.1　培训需求分析的内容

培训需求分析就是要解决谁去参加培训、培训什么的问题。企业的培训需求是由各方面的原因引起的，在确定需要进行培训需求分析并收集到相关资料后，就要从不同层次、不同对象、不同阶段对培训需求进行分析，在最需要的时间选择最合适的人培训最合适的内容。

1）培训需求的层次分析

培训需求分析可以在组织分析、工作岗位分析和员工个人分析三个层面上展开。

（1）组织分析。组织分析主要是在收集与分析组织绩效和组织特质的基础上通过对组织的目标、特质、资源、环境等因素的分析，准确地找出组织中存在的问题及问题产生的根源，来判断培训是否是解决这类问题的最有效的方法。

培训需求的组织分析直接影响培训规划的组织实施，包括对组织目标的检查、组织资源的评估、组织特质的分析以及环境的影响等方面。组织分析是确定培训在整个企业范围内的需求，为培训提供可利用的资源和管理的可能以及了解企业对培训活动的支持程度。这里需要着重分析三个问题：从企业发展战略的高度预测企业未来在技术、销售市场及组织结构上可能发生的变化，以及对人力资源的数量和质量的需求状况，确定适应企业发展需要的员工能力和素质；分析管理者和员工对培训活动的支持态度，确定受训者将培训中学到的知识、技能、行为等运用到实际工作之中的概率；通过对企业的培训费用、培训时间及与培训相关的专业知识等培训资源的分析，确定是利用企业内部人员对相关员工进行培训，还是从企业外部购买培训服务。

（2）工作岗位分析。工作岗位分析主要是确定各工作岗位的员工达到理想的工作业绩所必须掌握的技能和能力。这里对工作岗位的分析，主要是研究怎样具体完成各自所承担的职责和任务，即研究具体任职人员的工作行为与期望的行为标准之间的差距，从而确定其需要接受的培训。

对工作岗位进行分析的最终结果是对有关工作活动进行详细描述，包括对员工执行任务的描述和完成任务所需要的知识、技术和能力的描述，是将来设计和编排相关培训课程的重要资料来源。工作岗位分析需要富有工作经验的员工积极参与，以便为设计培训方案提供完整的工作信息与资料。

（3）员工个人分析。员工个人分析的主要作用是帮助管理者确定培训是否合适以及哪些雇员需要培训。其要解决的问题主要是如何确定能否通过培训这种方法，来解决员工的现有绩效和企业对他们的期望绩效之间的差距。员工个人分析的主要信息来源包括员工业绩考核的记录、员工技能测试成绩以及员工个人填写的培训需求问卷等资料。员工个人分析着重关注以下几个问题：员工是否具有完成工作所具备的知识、技术、能力和态度；员工是否得到必要的指导，如应该干什么、怎样干和什么时候干等；员工是否了解工作的目标；员工的工作结果及其激励措施；员工的工作反馈，即有没有人定期向员工反馈其工作表现，让员工知道自己做得怎样。

另外，员工个人分析还要关注员工的个性特点、工作态度、工作动机和工作风格等方面。

通过组织分析、工作岗位分析、员工个人分析，就可系统地对企业的培训需求层次做出预测，并设计具有针对性的培训项目。在实际工作中，这三者并不一定需要按特定的顺序进行，一般首先进行组织分析，而工作岗位分析和员工个人分析常常是同时进行的，很难分开。

在上述三个层次分析的基础上，企业还需根据实际情况进行培训需求的战略分析，主要包括以下几个方面：组织优先权的改变、人事预测、组织态度调查。引起组织优先权改变的因素是多种多样的，主要包括：新技术的引进，财政上的约束，组织的撤销、分割或合并，各种临时性、突发性任务的出现。这就要求培训部门在进行培训需求分析时不能仅仅考虑现在的需要和建立在过去倾向基础上的服务提供，它必须是前瞻性的。它必须决定未来的需要并为其做准备，尽管这些需要同现在的需要可能完全不同。

2）培训需求的对象分析

培训通常包括新员工培训和在职员工培训，所以培训需求的对象分析包括新员工培训需求分析和在职员工培训需求分析。

（1）新员工培训需求分析。新员工的培训需求主要产生于新员工对企业文化、企业制度等不了解而不能融入企业，或是对企业工作岗位等不熟悉而不能很好地胜任新工作。对于新员工的培训需求分析，特别是对于基础性工作的新员工的培训需求分析，通常使用任务分析法来决定其在工作中需要的各种技能。

（2）在职员工培训需求分析。在职员工的培训需求主要是由于新技术在生产过程中的应用等，使得在职员工的技能不能满足工作需要而产生的，通常采用绩效分析法决定在职员工的培训需求。绩效分析法的核心是区分不能做和不愿意做的问题。首先，确定是否是不能做，如果是不能做，就要了解具体原因：员工不知道要做什么或不知道标准是什么；系统中的障碍，如缺少工具或原料；工作的辅助设备问题；人员选拔失误导致员工不具备工作所需技能；培训不够等。其次，确定是否是不愿做，如果是不愿意做，就要改变员工工作态度或公司激励制度。

3）培训需求的阶段分析

根据培训针对的是目前存在的问题还是为满足将来的需要，可以将培训需求的阶段分析分为目前培训需求分析和未来培训需求分析。

（1）目前培训需求分析是针对企业目前存在的问题和不足而提出的培训要求，主要是分析企业现阶段的生产经营目标及其实现状况、未能实现的生产任务、企业运行中存在的问题等方面，找出这些问题产生的原因，并确认培训是解决问题的有效途径。

（2）未来培训需求分析主要是为满足企业未来发展过程中的需要而提出的培训要求，主要采用前瞻性培训需求分析方法，预测企业未来工作变化、员工调动情况、新工作职位对员工的要求以及员工已具备的知识水平和尚欠缺的部分等。

◆◆◆◆➡ 案例分析 5-3

如何才能找到真正的培训需求？

孙哲是某知名软件公司开发部的高级工程师，自多年前进入公司以来，表现十分出色，每次接到任务时总能在规定时间内按要求完成，并时常受到客户的表扬。在项目进行时还常常主动提出建议，调整计划，缩短开发周期，节约开发成本。但在最近的几个月里情况发生了变化，他不再精神饱满地接受任务了，同时几个他负责的开发项目均未能按客户要求完成，工作绩效明显下降。开发部新上任的方经理根据经验判断导致孙哲业绩下降的原因是知识结构老化，不再能胜任现在的工作岗位了，立即向人力资源部提交了《关于部门人员培训需求的申请》，希望人力资源部能尽快安排孙哲参加相关的业务知识培训，让孙哲开阔一下思路。人力资源部接到申请后，在当月即安排孙哲参加了为期一周的关于编程方面的培训。一周的培训结束回到公司后，方经理发现孙哲的表现并没有任何改观。

人力资源部主动与孙哲进行了面对面的沟通，发现了问题的关键。孙哲对新上任的方经理的领导方法不满意，同时认为自己是公司的老员工，不论是工作能力还是技术能力都可以胜任部门经理的工作，但公司没有给他晋升的机会。导致孙哲工作绩效下降的真正原因是：与新任经理的关系不太融洽，并且认为自己没有得到晋升的机会，而不是知识结构的老化。

资料来源　佚名. 华师员工培训课程课件［EB/OL］.（2019-07-13）［2023-06-20］. https: //max. book118.com/html/2019/0707/8124001126002033.shtm.

问题：该公司培训有问题吗？为什么？如何解决此问题？

分析提示：该公司应该从培训需求分析着手开展培训工作。

5.2.2　培训需求分析常用的技术方法

可以用来进行培训需求分析的方法有许多种，这里主要介绍几种比较常用的培训需求分析方法：任务分析法、工作绩效分析法、问卷法、访谈法、观察法、关键事件法、头脑风暴法、文献调查法等。

1）任务分析法

任务分析法也称工作分析法或工作盘点法。对于组织中一些层次较低的工作，通常会雇用没有经验的员工，此时，需要采用任务分析法来决定工作中需要的技能。在进行任务分析时，通常会使用工作说明书。在工作说明书中，一般都会明确规定每个岗位的具体任务和职责，对上岗人员的知识、技能要求以及完成工作职责的衡量标准。显然，依据上述几个方面的信息，对比员工的实际状况，就可以找出需要培训的内容了。

该方法优点：能够较好地适合新人或无工作经验员工的培训需求分析。

该方法缺点：对岗位的工作分析要比较透彻，否则易使培训不到位。

2）工作绩效分析法

工作绩效分析法是指核验当前工作绩效与要求的工作绩效之间的差距，并确定是应当通过培训来纠正这种差距，还是通过其他途径来解决问题。培训的最终目的是改进工作绩效，减少或消除实际绩效与期望绩效之间的差距。因此，对个人或团队的绩效进行考核可以作为分析培训需求的一种方法。

该方法优点：获得的培训需求非常准确，针对性强；通常效果比较明显，见效比较快，特别适合专项技能和专项业务能力的培训。

该方法缺点：对主管人员能力要求较高；需要企业有比较系统的工作绩效标准作为参照；适用范围有限，仅适用于老员工的培训需求分析。

3）问卷法

问卷法是指运用统一的设计问卷向被选取的调查者了解培训信息和征询培训意见的一种分析方法。当需要进行培训需求分析的人较多，并且时间较为紧急时，就可以精心准备一份问卷，以电子邮件、传真或直接发放的方式让对方填写，也可以在进行面谈和电话访谈时由调查人自己填写。在进行问卷调查时，问卷的编写尤为重要。

该方法优点：适用面广、效率较高、成本较低，信息比较完整，可以大范围使用，在一定时间内即可比较全面地了解培训需求。

该方法缺点：问卷的设计有一定难度；受问卷填写人态度影响较大；持续时间较长；问卷回收率得不到保证；问卷真实性得不到保证。

通常，问卷调查法常与访谈法结合起来使用，通过访谈来补充或核实调查问卷的内容，讨论填写不清楚的地方，探索深层次的问题和原因。

4）访谈法

访谈法是指通过培训需求调研人员与被调查者面对面的谈话来收集培训需求信息资料的一种方法。这是企业目前比较常用的需求调查方法，尤其适用于对高层管理者的培训需求的了解。

访谈中提出的问题可以是封闭式的，也可以是开放式的。封闭式的访谈结果比较容易分析，但开放式的访谈常常能发现意外的更能说明问题的事实。访谈可以是结构式的，即以标准的模式向所有被访者提出同样的问题；也可以是非结构式的，即针对不同对象提出不同的开放式问题。一般情况下把两种方式结合起来使用，并以结构式访谈为主，非结构式访谈为辅。

该方法优点：可以对目标群体整体的需求进行信息收集；通过谈话方式，直接面对员工，准确地了解员工的培训需求；方法灵活；信息直观；能挖掘出真实的培训需求；容易得到支持和配合。

该方法缺点：结构性问题的设计有一定难度，一份问卷中好的问题序列是结构式采访成功的关键；信息主观性强；处理难度增大；对访谈人员要求较高，需要一个有经验的采访者，采访者是该领域的专家，才能保障采访过程可控、结果可信。

5）观察法

观察法是指培训需求调研人员在工作现场对被调查者的工作情况进行直接观察、记录，以便发现问题，从而获得培训需求信息的一种方法。使用观察法做培训需求分析，应保证观察者标准的一致性，并将结果做出记录。观察记录表可以帮助培训人员更好地分析和汇总所看到的事实，并使调研工作有据可依。一份具体的观察记录表见表5-2。

表5-2 观察记录表

观察项目：＿＿＿＿＿＿ 员工姓名：＿＿＿＿＿＿

所属部门：＿＿＿＿＿＿ 工作岗位：＿＿＿＿＿＿

观察时间：＿＿＿＿＿＿ 观察人：＿＿＿＿＿＿

工作状况记录：

工作完成情况：

存在不足：

需要改进的地方：

观察法最大的一个缺陷是，当被观察者意识到自己正在被观察时，他们的一举一动可能与平时不同，这就会使观察结果产生偏差。因此，观察时应该尽量隐蔽并进行多次观察，这样有助于提高观察结果的准确性。当然，这样做需要考虑时间上和空间条件上是否允许。

该方法优点：比较直观，可以获得相关工作环境的信息，可以了解关键性任务完成情况，比较适用于操作技能方面的调研，对管理类工作具有一定的参考价值。

该方法缺点：需要较长的时间才能发现被观察者的缺陷；观察到的只是表面现象；对观察人员要求较高，要求在非正式情况下进行，要与被观察者一起工作，否则会造成被观察者的紧张和不适，影响观察结果；可能会影响被调查者的正常工作。

观察法是收集培训需求的最基本方法，也是比较有效的方法，运用好此方法可以得出比较准确的培训需求，多数情况下此方法和其他方法配合运用。

6）关键事件法

关键事件法与观察法相似，它可以考查工作过程和活动情况以发现潜在的培训需求。被观察的对象通常是那些对组织目标起关键性积极作用或消极作用的事件。确定关键事件的原则是：工作过程中发生的对企业绩效有重大影响的特定事件，如系统故障、获取大客户、大客户流失、产品交货期延迟或事故率过高等。关键事件的记录为培训需求分析提供了方便而有意义的信息来源。关键事件法要求管理人员记录员工工作中的关键事件，包括导致事件发生的原因和背景、员工特别有效或失败的行为、关键行为的后果，以及员工自己能否支配或控制行为后果等。

该方法优点：这种方法关注的是工作中比较有难度的环节，通过解决关键环节的问题，来提高员工的工作技能和业务能力，可以节约培训时间，提高工作效率；如果对某一目标群体做完调查之后，在目标群体的工作内容不发生大的变化时，调查的培训需求可长期使用。

该方法缺点：时间较长，要在一段时间内多次记录难度较大的工作环节或项目，最后才能找到真正的关键点和难点；需要员工本身有一定的工作素养，能发现并记录相关信息提供给培训需求调研部门。

7）头脑风暴法

在实施一项新的项目、工程或推出新的产品之前需要进行培训需求分析时，可将一群合适的人员集中在一起共同工作、思考和分析。在公司内部寻找那些具有较强分析能力的人并让他们成为头脑风暴小组的成员，还可以邀请公司以外的有关人员参加，如客户或供应商。

头脑风暴法的主要步骤如下：

（1）将有关人员召集在一起，通常是围桌而坐，人数不宜过多，一般十几人为宜。

（2）让参会者就某一主题尽快提出培训需求，并在一定时间内进行无拘无束的讨论。

（3）只许讨论，不许批评和反驳。观点越多、思路越广越好。

（4）所有提出的方案都当场记录下来，不得出结论，只注重产生方案或意见的过程。

事后，对每个培训需求的迫切程度与可培训程度提出看法，以确认当前最迫切的培训需求信息。

该方法优点：全面分析，有利于确定共性需求；利于发现问题的解决方法。

该方法缺点：持续时间较长；对讨论小组的组织者要求较高。

8）文献调查法

文献调查法是通过对专业期刊、业内资料、企业内部文件等的分析、研究，以了解企业的发展目标、各项工作的中长期计划、行业与市场发展动态与趋势等信息，以此安排培训主题，一般是为前瞻性课程确定培训需求。文献调查法要求调查者具有较强的敏感性和较高的分析问题的能力。

该方法优点：利于更全面收集信息。

该方法缺点：对调查者要求较高。

5.3 培训计划的编制

5.3.1 明确培训目标

一旦明确了培训需求，就应据此确定具体的培训目标。培训目标应清楚地说明受训者通过培训所需掌握的知识、技能以及所需改变的态度和行为。良好的培训目标应能向受训者清楚地说明他们在培训结束后应做些什么。培训目标为培训计划的制订提供了明确的方向和依据。

培训目标应具有确切性、可检验性和均衡性。对培训目标的陈述方式主要有三种：①知识目标：培训后受训者将知道什么；②行为目标：他们将在工作中做什么；③结果目标：通过培训组织要获得什么样的最终结果。

例如，一个安全培训项目的目标可以阐述为：①知识目标：使受训者能够精确地描述把重物吊离地面的正确程序；②行为目标：观察到的违反安全程序的情况发生频率应低于每人每年一次；③结果目标：工厂中造成时间浪费的事故减少30%。

培训目标为接受和实施培训的人员提供了共同的努力方向，也为评价培训计划是否成功提供了依据。

5.3.2　培训工作计划的内容

培训计划是对一定时间内的培训目标，完成培训任务的措施、办法和实施步骤等按照一定逻辑顺序做出的先导性记录。它是在全面、客观的培训需求分析基础上做出的对培训时间、培训地点、培训师、培训对象、培训方法及培训内容等的预先设定。

培训计划在整个培训体系中占有比较重要的地位。可以根据6W1H的原理，确定企业培训计划的架构及内容，一个完整的培训计划必须包括：培训目标、培训负责人和培训师、培训对象、培训内容、培训时间和培训期限、培训地点、培训方法等。

1）培训目标（Why）

确定培训目标会给培训计划指出明确的方向。

2）培训负责人和培训师（Who）

负责培训的人员和机构，依企业的规模、所处行业及经营者的经营方针、策略不同而归属不同部门。大体上，规模较大的企业，一般都设有负责培训的专职部门，如培训中心等，对公司的全体员工进行有组织、系统的持续性培训；规模比较小的企业一般也有专人负责培训方面的事务。

培训师是培训的执行者，培训师是可以根据课程的目标和内容要求进行选择的。"能者为师"是一个基本原则，一般应优先聘请内部人员做培训师，如内部无适当人选时，再考虑聘请外部培训师。内部资源包括企业的领导、具备特殊知识和技能的员工，外部资源是指专业培训人员、公开研讨会或学术讲座等。受聘的培训师必须具有广博的知识、丰富的经验及专业的技术，才能受到受训者的信赖与尊敬；同时，还要有卓越的培训技巧和对教育的执着、耐心与热心。

3）培训对象（Whom）

培训对象是培训计划的主体，在组织、策划培训项目时，首先应该明确培训的对象及其培训需求，然后决定培训内容、时间和期限、培训场地以及授课讲师等。培训对象可依照垂直的阶层及水平职能加以区分。阶层大致可分为普通操作员级、主管级及中高层管理级。职能可以分为生产系统、营销系统、质量管理系统、财务系统、行政人事系统等。只有充分调动培训对象积极参与培训计划的设计，才有可能让培训的效果更佳、效益更大。

4）培训内容（What）

一般来说，培训内容包括三个层次，即知识培训、技能培训和素质培训。在确定培训内容前，应先进行培训需求分析调查，了解企业及员工的培训需求，然后研究员工所担任的职务，明确每项职务所应达到的任职标准，再考查员工个人的工作实绩、能力、态度等，并与岗位任职标准相互比较，如果某员工尚未达到该职位规定的任职标准，其不足部分的知识或技能便是培训内容，需要通过企业的内部培训迅速补足。

5）培训时间和培训期限（When）

培训管理者要巧妙地利用有限的培训时间，培训师要使培训对象在整个培训期间积极地参与学习活动，把课堂时间看成是最有价值的时间。布置课后作业也是一种合理利用时间的方法。一般新进人员的培训可在实际从事工作前实施，培训期限可以是1周至10天，甚至1个月；在职员工的培训则可以根据培训者的工作能力、经验为标准来决定培训期限的长短，培训时间的选定以尽可能不过分影响工作为宜。

6）培训地点（Where）

培训地点主要就是指培训教室。另外，还有一些特殊空间可以利用，如图书馆、实验室、研讨室、运动场等。若以技能培训为内容，最适宜的场所为工作现场，因为培训内容的具体性，许多工作设备是无法搬进教室或会议室的。

培训场地一般可分为利用内部培训场地及利用外部专业培训机构和场地两种。利用内部培训场地的培训项目主要有工作现场的培训（即工作中培训）和部分技术、技能或知识、态度等方面的培训，主要是利用公司内部现有的培训场地实施培训。其优点是组织方便，节省费用；缺点是培训形式较为单一，受外来环境影响较大。利用外部专业培训机构和场地的主要是一些需要借助专业培训工具和培训设施的培训项目，或是利用其优美安静的环境实施一些重要的专题研修等的培训项目。其优点是可利用特定的设施、离开工作岗位而专心接受训练，应用的培训技巧比内部培训场地多样化；缺点是组织较为困难，费用较高。

7）培训方法（How）

培训的方法有很多种，如讲授法、演示法、案例分析法、讨论法、视听法、角色扮演法等。各种培训方法都有其自身的优缺点。为了提高培训质量，达到培训目的，往往需要在制订培训计划时与培训师共同研讨将各种方法配合起来灵活运用，以达到培训效果的最大化。

5.3.3　编写培训工作计划

培训项目计划是关于培训活动内容和顺序的指南，包括整个项目周期内将要进行的各项活动先后次序以及管理细节，一般来讲，一份培训计划书由培训背景、培训对象、培训将解决的问题、培训时间安排、评估方案、项目预算、培训将达到的目标和预期的收益构成。

按照培训的时间，培训项目计划可以分为近期计划、中期计划和长期计划。近期计划是1个月~1年的计划，以更好地观察培训项目运营的效果。中期计划通常是1~3年的计划。长期计划一般是3年以上的计划，要根据公司的目标具体制订。

在培训项目实施之前，培训管理人员还必须把培训评估的方案确定下来，包括培训评估的目的、培训评估的范围、培训评估的层次、培训评估的方法和标准，以便保证培训结束后能及时对培训效果做出评价，并设计员工培训计划表，见表 5-3。

表 5-3   **员工培训计划表**

培训编号：　　　　　　制表人：　　　　　　制表时间：　　年　　月　　日

培训名称				培训开发对象/人数			
培训与开发内容				培训与开发时间			
课程	培训时间	培训地点	培训机构	培训师	培训方法	预期效果	费用预算
		姓名		职位		部门	
参加人员名单							
备注							
人力资源部经理				总经理			

填写说明：

（1）培训机构可以是内部部门，也可以是外部培训企业。

（2）培训方法有课堂讲授、研讨、案例分析、角色扮演、工作指导、拓展训练、试听法等。

（3）员工培训计划表需报人力资源部经理和总经理审批。

5.4　培训计划的组织和实施

5.4.1　甄选和培养培训师

1）优秀的企业培训师应具备的条件

一个优秀的企业培训师对培训效果有非常大的作用，要想成为一名优秀的企业培训师需要具备相当多的条件，具体如下：

（1）具有管理类、经济类等相关专业知识，通常需要研究生以上学历，如有海外留学或受训经历最佳。

（2）对主讲的课程有丰富的相关工作经验，特别是有著名大公司的任职资历。

（3）具有专业的培训或授课经验，良好的沟通、表达能力，以及组织教案、充分运用各种现代教学设备的能力。

（4）学习能力强，能不断更新知识和观念，在课程中充实新的理论与案例。

微课 5-3

企业内部培训师的能力要求

（5）特别需要有调动气氛的能力和案例分析能力，能够设计并运用课堂讨论、案例分析、模拟游戏、角色扮演等方法，最好有过专门的培训师受训经历。

（6）有从事咨询顾问方面的工作经历，接触过大量的实务案例，从而使授课的思路开阔，更加贴近实务。

2）内部讲师甄选和培养

（1）内部讲师甄选。人力资源部应制定切实可行的内部讲师选拔与培养制度，明确内部讲师的选拔对象、选拔流程、选拔标准、上岗认证、任职资格管理、培训与开发以及激励与约束机制等具体工作，而且每一项内容都应具体、可操作。

（2）内部讲师激励。对于内部讲师的激励，应该以精神激励为主，物质激励为辅。对某些有着个人成就需求的员工，内部讲师制度为其职业生涯发展开辟了更广阔的道路，免费提供更多的外培机会以及授予荣誉证书是比较有效的激励方式。

（3）内部讲师培养。对培训者进行培训（Training the Trainer to Train，TTT），也就是说找出那些精通培训内容但缺乏培训技能的内部人员，对他们进行培训，把他们培养成优秀的培训者。可以采用邀请专门的培训师、参加外部培训、做外部讲师"助手"、定期组织内部讲师队伍模拟授课等方式提升内部讲师的培训能力和技巧。

3）外部讲师的甄选

外部讲师的选拔也要受申请、试讲、TTT培训、资格认证、评价、续聘或晋级等流程的管控。

5.4.2　选择培训方法

1）常用的培训方法

企业培训的方法众多，在企业的培训实践中，常用的培训方法如下：

（1）讲授法。讲授（Lecture）法是人们最熟悉的培训方法，因为它是学校最基础、最主要且最重要的教学手段。讲授法是由培训师向受训者讲授知识，是最传统的培训方式。

讲授法最大的优点就是可以系统地将知识教给受训者，只要教材选得恰当、讲授主次分明，就可以清晰地传授知识，尤其是可以将大量的知识在短时间内传授给受训者，也可以将深奥难懂的理论知识讲解清楚。培训师还可采取提问和讨论等方式活跃气氛，引导受训者主动思考。

但是，过于依赖讲授法，确实会让知识流于形式，难以转化到实际工作中。同时，培训的效果会在很大程度上受到培训师自身能力的影响。

（2）案例法。在案例法（Case Method）中，向受训者提供关于某个问题的书面描述，这个问题可以是现实的，也可以是虚拟的。受训者根据提供的资料分析问题，并且提出解决方案。受训者可以通过讨论得出方案，也可以自己独立思考。案例法并不是要教给受训者一个"正确"的解决方案，而是培养受训者分析问题和解决问题的能力，并且提供一些有益的思路。

这种方法的好处在于可以大胆地尝试解决某个问题，而不需承担风险，因此，可以多次分析案例，在不同角度的案例分析中培养分析问题和解决问题的能力，并且通过相互交流，可以激发灵感、打开思路，从而完善思维模式。

　　由于案例分析不存在唯一的正确答案，也没有评价方案优劣的标准，并且也看不到方案真实的效果，所以培训效果很大程度上依赖于培训者和受训者自身的素质。

　　（3）在职培训。在职培训（On the Job Training，OJT）是先让受训者对熟练员工进行观察和提问，然后模仿他们的行为进行学习。

　　OJT是一种有效的培训方法，很多工作技能都是通过这种方法掌握的，几乎所有的新员工都会接受不同形式的在职培训。通过在职培训可以观察到最真实的工作情景，随时发现学习点，可以迅速地让受训者掌握新的技巧和熟悉工作环境；受训者边干边学，不耽误正常工作，培训成本低；培训者还能及时反馈受训者的学习情况。

　　在职培训的局限性在于：由于熟练员工本身不是专业的培训师，没有什么培训技巧，不容易抓住关键点讲授，所以很大程度上要靠受训者自己观察和提问。对于陌生的工作，受训者的观察很难发现一些重要的操作行为，往往只看到了表面现象，难以深入了解。还有一些受训者由于心理因素或性格原因，不喜欢提问，即使喜欢提问的受训者也不一定能问到"关键点"上，都可能影响培训效果。

　　（4）角色扮演。角色扮演（Role Playing）是在设计的一个接近真实情况的场景中或情景下，指定受训者扮演特定的角色，借助角色的演练来让受训者体验该角色，从而提高其解决该类问题的能力。

　　由于受训者扮演特定角色进行即兴表演，受训者亲身参与并共同决定着"剧情"发展，因此受训者有极大的兴趣投入，并主动从中学习。角色扮演提供了观察和感受不同方式处理问题的机会。培训者、受训者和其他参与者都可对表演给予评价和建议，相互讨论，信息及时反馈，有助于提高受训者解决问题的能力。

　　在角色扮演中，培训者的指导非常重要，培训者可以事先准备好关于受训者可学到什么内容的概括性说明，受训者在完成表演后得到应有的反馈，就可以收到预期的培训效果。这种方法对受训者的参与度以及表演水平都有一定的要求，另外，角色扮演法需要的时间长，比较耗时。

　　（5）行为模仿。行为模仿（Behavior Modeling）是先向受训者展示正确的行为，再要求他们在模拟环境中扮演角色进行模仿，根据他们的表现，培训者不断地提供反馈，受训者在反馈的指导下不断重复行为直至能熟练完成。

　　这种方法的优点是，受训者可以学习并实践正确的行为。在这种培训中，受训人一开始就清楚什么是正确的行为，并在实践中不断地模仿正确行为，通过不断强化，让这种行为自然而然地在将来的工作中体现出来。因此，行为模仿适用于那些能明确识别正误的、有规范操作程序的、简单且程序化的行为。

　　这种培训方法最大的缺点就是，从一开始就限制了受训者的思维。受训者首先看到了正确的行为方式，潜意识中会努力地向其靠拢，并且也被鼓励模仿，而现实情况是复杂的，所教授的正确方法不一定在任何情况下都适用。

　　（6）多媒体培训。多媒体培训是利用幻灯片、电影、录像、录音等视听材料进行培训。由于多媒体培训调动了人的多种感官，所以易引起受训者的兴趣，让受训者印象深刻。

　　视听材料最大的一个优点是，可以跳过某个片段或是重复某个片段，培训者可以方便地根据培训需求进行选择；另外，视听材料作为永久保存的资料，可以重复使用。

视听材料也会有很多局限性，可能会使一些培训师过于依赖这些材料；一些重要的内容不一定出现在视听材料中，需要培训者额外讲解；视听材料还需不断地进行更新；视听材料不能结合现场的氛围和学习的需要转变，培训者有责任根据培训情况进行补充和说明。

（7）电脑化指导。电脑化指导（Computer-based Instruction，CBI）指使用电脑，通过操练、游戏、模拟训练、网络培训对受训者进行指导。

运用电脑有很多优点，可以实现交互式培训；可以实现自我调适式的学习；不需承担任何风险，降低培训成本；可以融入声音、图像等，丰富学习内容，增加学习的趣味性；通过网络学习，还可消除地域限制和时间限制；电脑的快速、精准等特性可以提高培训的质量。

电脑化指导有一定的局限性，一套电脑化的指导系统是比较昂贵的；在使用电脑后，容易对电脑化指导形成依赖，受训者与培训者交流的机会减少，如果通过网络学习，甚至没有机会与培训者交流；无论电脑如何智能、程序设计得如何完善，也无法取代人的作用。

（8）拓展训练。拓展训练以外化型体能训练为前导，同时触及人的深层心理，以达到心理素质的改善与拓展；在精心设计的各项活动中，学员将被置身于大自然和各种刺激、困惑及艰难的情景之中，在面对挑战、克服困难和解决问题的过程中，使人的心理受到磨炼，人格得到升华。拓展训练的课程内容主要有五种：拓展体验课程、回归自然课程、挑战自我课程、领导才能课程、团队建设课程。

（9）自我指导培训法。自我指导培训法指受训者不需要指导者，而是按自己的进度学习预定的培训内容，即员工自己全权负责学习。培训者不控制或指导学习过程，只负责评价受训者的学习情况及解答其所提出的问题。自我指导培训法使员工可以较为灵活地安排接受培训的时间，鼓励员工积极参与学习，是一个十分有效的方法。它只需少量的培训工作人员，减少了与交通、培训教室安排有关的成本，其培训的内容与知识来自于专家的知识，培训员工能轮流接触到培训材料与培训内容。该方法使员工能在多个地方接受或进行培训，能让受训者自行制定学习进度，接受有关的学习效果反馈。但是，自我指导培训法也存在不足，即它要求受训者有学习的动力，而且会产生较高的员工开发成本，员工开发时间也比其他的培训方法长。

随着互联网技术的高度发展，新兴的培训方式层出不穷，比如云端课堂、平台在线直播、全场景教学、社群学习等方式，通过构建多元化课程体系和培训方式，满足员工多元化需求。

不同的培训方法具有不同的特点，其自身也是各有优劣。要选择到合适有效的培训方法，还需考虑影响培训效果的相关因素。

2）影响培训方法选择的主要因素

在人力资源管理实践中，究竟选用何种培训方法，需要考虑的因素主要有：

（1）学习的目标。学习目标对培训方法的选择有着直接的影响。一般说来，学习目标若为认识或了解一般的知识，那么，程序化的教学、多媒体教学、演讲、讨论、个案研读等多种方法均能采用；如果学习目标为掌握某种应用技能或特殊技能，则示范、实习、模拟等方法应列为首选。

（2）所需的时间。由于各种培训方法所需要的时间长短不一，所以，培训方式的选择还受到时间因素的影响。有的训练方式需要较长的准备时间，如多媒体教学；有的培训实施起来时间较长，如自我学习，这就需要根据企业组织、学习者以及培训师个人所能投入的时间来选择适当的培训方式。

（3）所需的经费。有的培训方式需要的经费较少，而有的则花费较大。如演讲、头脑风暴、小组讨论等方法，所需的经费一般不会太高，差旅费和食宿费是主要的花费；而影音互动学习和多媒体教学则花费惊人，如购买各种配套设备等需要投入相当多的资金。因此，选择培训方法需考虑到企业组织与学员的消费能力和承受能力。

（4）学员的数量。学员人数的多少还影响着培训方式的选择。当学员人数不多时，小组讨论或角色扮演将是不错的培训方法；但当学员人数众多时，演讲、多媒体教学、举行大型的研讨会可能比较适合。因为学员人数的多少不仅影响着培训方式，而且影响着培训的效果。

（5）学员的特点。学员所具备的基本知识和技能的多少，也影响着培训方式的选择。例如，当学员毫无电脑知识时，电脑化训练或多媒体教学就不太适用；当学员的受教育水平较低时，自我学习的效果就不会很好；当学员大多数分析能力欠佳且不善于表达时，辩论或小组讨论的方式将难以取得预期的效果。因此，培训方式的选择还应考虑到学员本身的知识状况和应对能力。

（6）相关科技的支持。有的培训方式还需要相关的科技知识或技术工具予以支持。如电脑化培训自然需要电脑的配合；影音互动学习至少需要会用电脑和影碟机；多媒体教学则需要更多的声光器材的支持。所以，培训单位或组织能否提供相关的技术和器材，将直接影响高科技训练方式的采用。

5.4.3　培训前的准备工作

1）组建培训项目小组

在准备阶段成立项目小组，主要是协调培训中的各项工作安排，确保培训如期圆满地进行。

2）召开培训动员会

成立项目小组后，就需要组织相关人员召开动员会，进行项目总动员，主要是强调培训的意义，总结培训规划阶段工作，同时对所有培训准备事项进行具体安排，把工作落实到每一个人的身上，这是培训前非常重要的一个步骤。

3）落实培训经费开支

提前做好各项培训预算，包括培训师的课时费、交通费、场地租用费、餐饮招待费、学员教材费等的落实。如果是聘请外部培训师授课，需要课程结束时马上给予课酬的，要提前申请预借经费。合理充足的经费是培训得以顺利开展的重要保障。如果企业的培训经费预算有限或者需要缩减，则直接影响到培训场地和培训师选择等各项后续工作的落实。

4）确定培训的时间、场地、培训师

（1）确定培训时间。培训时间的确定，首先，要结合企业工作业务繁忙程度，充分考虑到参加培训的学员能否顺利出席，特定的培训师能否到位，培训场地和各项设施设备能否得到充分利用等。

其次，应结合学员和培训师的学习、休息、就餐、路途往返正常规律，确定合理的开始和结束时间、课堂间歇时间、就餐时间、自由安排时间。一般来讲，每节课上课时间以45~60分钟为宜，就餐时间以1~1.5个小时为宜。

（2）确定培训场地。培训场地既包括传统的教室，也包括培训中心、专门的培训基地、酒店会议厅、工作车间、虚拟教室以及户外场地等。培训场地合适与否对培训效果有影响，需结合参训人数、培训内容、培训目的等综合考虑和选择。理论培训或操作性不强的培训选择常规教室即可，游戏活动多的培训需要活动教室，方便桌椅移动；而实践操作性培训则需选择在操作现场或者能够实施操作的地方进行；在面授培训条件有限的情况下，还可以采用虚拟教室培训，如直播培训，通过直播将分散在各地的学员集中，进行在线学习或混合式学习。

（3）确定培训师并沟通联络。培训师资质量的高低在整个培训中起着十分关键的作用，培训能否成功，很大程度取决于培训师的素质和能力。

培训师资既可以是来自企业外部，也可以是来自企业内部。企业外部可以聘请高校学者、管理咨询机构或专业培训机构的培训师、其他企事业单位的专家等；企业内部有人力资源部门的专职培训师，以及由各部门经理或有丰富经验的老员工构成的兼职培训师队伍。

挑选培训师应当从培训师的专业性和权威性、知名度和授课经验、授课风格和教学技能、工作态度、授课费用、受邀可能性等多方面进行考查和权衡。尤其外部培训师的确定应当及早进行，因为很多优秀师资往往工作繁忙，需要提前准备、预约。

微课5-4

5.4.4 培训现场组织

对企业培训管理和组织者来说，整个培训现场的有序组织和管理是培训活动取得理想效果的前提条件。

培训计划的实施与管理

1）课前现场管理

（1）确认设施、资料到位。为确保培训准备工作万无一失和培训课程顺利开始，培训组织人员一般要在培训课程开始之前到达培训现场，再次确认和落实现场环境、各项设施设备、教学资料等准备到位。对于档次较高、经费充裕的培训项目，培训组织者可以在教室外围准备课间休息时享用的茶点，帮助学员补充体力，并应当在课前查看茶点准备情况。

（2）确认学员、培训师到位。应当提前在培训现场或者现场附近摆好签到台，做好学员的签到准备工作。签到桌与签到表的数量要根据参加培训的人员数量来安排，如果参加培训的人员数量过多，最好在培训现场准备多套，以便提高签到的效率。如果是在宾馆会议厅举办并且需要住宿的培训，更应当提前做好准备工作，并与宾馆前厅部门衔接安排好学员的入住登记，尽量简化流程，为远道而来的学员提供方便，使他们做好培训前的休整。

在培训师方面，应当提前几天至半天确认其出发时间、交通方式。如果有需要，还要安排专人专车去机场或车站迎接。在开课前至少半小时内，应再次确认培训师是否抵达现场。如果培训师提前到达，条件允许的，应当为其准备休息房间或休息室，并根据需要，安排培训组织人员向培训师介绍培训有关进展情况，协助培训师做好课前准备工作。

（3）介绍课程、培训师和培训安排。在培训课程正式开始前，一般由培训负责人或组织者对学员进行情况介绍，以便学员心中有个大致了解，并做好心理准备，一般包括向学员简单介绍培训课程的安排、本次培训主题和内容、培训师背景，必要时宣布和重申培训课程的有关纪律，提出培训效果的期望，引导学员树立积极的学习心态。

2）课中现场管理

（1）培训组织者的现场管理。在培训课程正式开始、培训师进行授课的过程中，对培训组织者来说，并非已经事不关己了。为保证培训顺利和高效地进行，还应当在培训现场全程跟踪，扮演好以下四种角色：主持人角色、培训师助手角色、学员服务者角色、培训监控员角色。

（2）培训师的现场管理。课程进入具体的实施阶段，对培训师来说，一个良好的开端加上有效的课堂掌控，对课程的顺利进行十分重要。

培训课程开始后，培训师的首要任务是激发学员的学习热情，使其轻松自如，并消除受训前的疑虑不安。"破冰"和"开场"这两种方法都有助于培训师顺利引导学员进入培训角色。破冰用于打破学员与培训师之间、学员与学员之间的陌生感和隔阂，往往与培训主题无关，特别适用于学员彼此不熟悉的情况。开场往往与培训主题密切相关，使学员很快适应将要进行的培训项目。

课堂教学是一个互动、复杂多变的过程，可能遇到各种各样的参训学员甚至问题学员，出现预想不到的突发状况。作为优秀的培训师，除了做好充分的企业背景资料研究、针对性的课程设计、符合课程内容和学员特点的培训方法、周密的各项准备工作之外，还需要有掌控课堂效果、有效管理学员反应的能力。

对于培训现场出现的各类问题，培训组织者应在充分了解情况的基础上，与培训师进行必要的沟通，及时采取适当的补救措施，下面列举了一些培训中可能出现的情况以及应急补救措施，见表5-4。

表5-4 培训课堂上常出现的情况及应急补救措施

出现的情况	应急补救措施
培训师填鸭式灌输	转换为由学员提问
学员反应冷淡	让学员相互解答，调动学员的积极性
培训师讲解干巴、不生动	借助多媒体课件、相关视频片段、板书、培训实物道具等图文并茂的形式来渲染气氛，并引导学员交流互动
安排不周，时间空余	采取问题测试、学员填写问卷等形式让时间能被充分利用，或缩短培训时间，延长休息时间

3）课后现场管理

（1）安排测试评估和颁发结业证书。在培训课程结束时，根据需要和计划安排，做好反应层和学习层的评估测评工作，及时检验培训效果，主要包括学员对培训师、课堂效果及培训组织安排的评估问卷填写（可在最后一次课间休息时或者课程开始前将电子问卷二维码发布在大屏幕上或将纸质问卷放置在学员座位上）、培训课程所学内容的当堂试卷测试等。

另外，如果是技能类或专项培训项目，根据企业培训有关政策要颁发结业证书的，则应将事先准备好的结业证书颁发给通过考核或达到一定标准的学员。在颁发证书的仪式上，可邀请公司领导、培训师或者培训负责人进行结业式致辞和担任证书颁发人。在颁发的过程中，可播放节奏较为轻快和喜庆的音乐。

（2）致谢和送别培训师、学员。培训师讲课结束时，培训组织者对培训师的授课应进行简要的归纳，并对培训师的辛苦和付出表示感谢。课下就培训师通过讲课与学员的接触，以及在上课期间对本企业的感受，虚心听取培训师对本企业工作的意见，并做好记录。最后，将课酬、交通费用等与培训师结清后，再次致谢并送别。

培训组织者也应当对学员在此期间的努力和合作表示感谢，希望学员将学习所得运用到实际工作中去，并为学员送别。

（3）清理检查各类设施设备和物品。在课程结束，送走培训师和学员，准备撤离会议场所前，培训组织人员应当整理培训场地、教师休息室、资料储藏室等，将企业自己的培训设施设备、各类资料文档整理并妥善保管好。如果场地是租借的，则要办妥有关手续并致谢。

5.5　培训效果评估

微课 5-5

培训效果评估

培训效果评估即运用科学的理论、方法和程序，收集有关培训活动信息，依照一定的标准，对培训项目的优劣势、质量、价值等方面进行评价与估量，包括员工对培训效果的反应、学习成果、工作绩效改变、培训成本效益分析等。

5.5.1　培训效果评估层次

目前，国内外运用最为广泛的培训评估标准来自威斯康星大学柯克帕特里克（D.L. Kirkpatrick）教授提出的评估四层次标准模型。

1）反应评估标准

反应评估标准用于对表面效果的评估。评估受训者对培训项目的反应，包括对材料、讲师、设施、方法和内容等的兴趣、受激励程度和看法等。

反应评估通常是在培训实施过程中或培训刚结束时，以培训主管观察、问卷或访谈的形式向受训者征询有关对讲师培训技巧、课程内容设计、课程组织、教材挑选及内容、将来应用可能性等方面的反应。该层次标准下的评估应尽量避免评估结果的主观性。

2）学习评估标准

学习评估主要评估受训者在课程内所获得的知识、技能和态度等的改变。学习标准下的评估强调对学习效果的评价，有利于增强受训人员的学习动机。

培训组织者可以通过笔试、技能操练、工作模拟、绩效考核等方法来了解受训者培训前后在知识及技能的掌握方面有多大程度的提高。该层次标准下的评估应尽量避免给参训人员带来过大压力。

3）行为评估标准

培训的目的是要改变员工工作中的不正确操作或提高他们的工作效率。该层次标准评估受训者是否改变了工作行为，是否将所学真正应用到工作中。

因为所学知识转化为行为改变需要一个过程，因此行为标准下的评估往往发生在培训结束后的一段时间，由上级、同事、下属或顾客观察受训者的行为在培训前后是否有差别，他们是否在工作中运用了培训中学到的知识。另外，行为标准下的效果评估要求人力资源部门与职能部门建立良好的关系，以便不断获得员工的行为信息。

4）结果评估标准

结果评估主要是在部门和组织的大范围内了解因培训而带来的组织上的改变效果。通俗地讲，就是评估培训给企业带来了什么影响，是否有助于企业业绩的提高。

结果评估具体可以通过培训结束半年或一年后企业的产品产量、销量、事故率、产品合格率、客户投诉率、成本、利润、离职率等指标进行测定。该标准下的培训效果评估费用、时间要求和难度都比较高，但对企业的意义相当重要。

以上四个标准体现出培训效果显现由先到后、评估由易到难、费用从低到高的四个层次。一般较常用到的是反应评估标准和学习评估标准，而最有用的是结果评估标准和行为评估标准。是否评估，评估到哪个层次，应根据培训的重要性、评估的可行性等综合考虑决定。

5.5.2　培训效果评估的分析方法

一般来说，培训效果评估采取的主要是定性和定量两种方法。定性评估是建立在经验、逻辑推理基础上的；而定量评估是建立在数学、统计学、系统论、控制论、信息论、运筹学、计量学等学科基础上的。我们在评估培训效果时，既需要采用定量法进行客观测量，又需要采用定性法进行主观判断。培训效果评估的具体实施必须根据培训课程的内容选择适当的方法。

1）定性评估方法

定性评估方法有很多，包括问卷调查法、笔试（测验）法、观察法、访谈法、座谈法、内省法、操作性测验、工作合同评估等。

（1）问卷调查法。问卷调查法可以说是最常见的方法，既可在线调查，也可发放纸质问卷，可以贯穿在培训的全过程中。这种方法易于操作，信息易于收集整理，并且得到的样本量大。问卷调查法主要用于对培训师、培训场地、培训教材等的调查，更多涉及的是反映标准层次的培训效果评估。受训者课程评价问卷见表5-5。

（2）笔试（测验）法。对受训者参加培训前和培训结业时的学识、技能进行测验，如果培训后测验的成绩高于培训前，则表明培训有成效。

表5-5	受训者课程评价问卷

姓名（可不签名）：____ 课程：____评价时间：____

（1）到目前为止，您已经参加了多少次饭店业务培训活动？

请圈出：1 2 3 4 5 6 7 8

（2）对本培训课程，您觉得怎样？

优 ___良 ___ 中 ___差 ____

（3）您觉得本课程最有效的一点是什么？

_____

（4）您认为本课程哪一点最没有帮助？

_____

（5）请在下列项目上填上优、良、中、差：

教室设施 ___   所用资料___

教师水平 ___   您的参与___

学员讨论 ___   课程计划方式___

（6）您觉得是否应再次开设本课程？

是___   否___

（7）请在您同意的描述前打√（您不一定只选一个）。

□我学到了许多对我有帮助的东西

□我学到了许多东西，但是本课程的设计方法对学习者的帮助不会持久

□内容太难，不过我正尽力吸收

□我觉得本课程过于简单，不过还是学到了一些东西

□我不想一直学下去

□教师讲得认真，不过我似乎没有学到什么东西

□教师讲得一般，不过我总算学到了一些东西

□学员发言太多

□学员没有机会发言

□对本课程我很满意

（8）教师对课程内容的掌握

优 ___ 良___ 中 ___差 ___

（9）教师授课水平

优 ___ 良___ 中 ___差 ___

（10）课程的方式和组织水平

优 ___良___ 中 ___差 ___

（11）您最喜欢课堂上的哪一点？最讨厌哪一点？

_____

（12）您为什么学习本课程？

_____

（13）您认为您从本课程学到了什么？

_____

（14）本课程是否满足了您的愿望？如果是的，达到了何种程度？如果没有，为什么？

_____

（15）请写下您认为对本课程有帮助的建议和批评。

_____

（3）观察法。经过几个月或半年以上，以书面调查或实地访问的方式，根据受训人员工作量有无增减、工作素质有无提高、处理工作是否比以前熟练等方面进行评估。如果受训后的员工在工作积极性、工作态度、责任心、工作成绩等方面的表现有所改善，则表明培训有成效。

（4）访谈法。有些培训的效果无法通过问卷调查或者日常观察得到，需通过当面交谈来获得受训者的想法。与问卷调查法相比，访谈法更适用于调查面窄、以开放式问题为主的调查。比如，直接和学员面谈，了解学员在人格、行为特性、学习程度等方面的变化情况，如果受训后的学员在以上各方面均有明显的变化，培训则有成效。再比如，访问受训员工的主管或下属，主管是否认为受训后员工的工作能力、工作态度有了提高和改变，或者所属员工是否觉得受训后的主管领导的素质有了提高和改变。为节省时间成本，面谈组织者最好经过系统培训，并且在面谈中能够根据面谈情况适当运用一些技巧。

（5）座谈法。在培训结束一段时间后，将受训者召集到一起开会讨论，让受训者讲述自己通过培训得到了哪些收获，是否把所学应用到了工作中，遇到哪些障碍以及需要哪些方面的帮助等，从中获取关于培训效果的信息。

（6）内省法。内省法又称自我观察法，可以使个人清楚地了解自己的观念，让个体可以用一面"镜子"照出自己对世界的看法，能够预测调查对象对事务认识的变化，可以用来评估学员态度改变情况。具体做法是：对参加培训人员于培训期间和结束时，用同样的调查表让学员内省自己的工作态度，如果两次调查的结果相比，结束时工作态度显然大有改变，则表示培训有成效。

（7）操作性测验。操作性测验是指通过对真实或者模拟真实的操作过程进行观察和评价来完成评估的方法。这种方法具有较高的表面效度，能加强学习效果，鼓励对培训内容的应用，也能让培训讲师和学员及时了解教学效果。

（8）工作合同评估。工作合同建立在相互目标设置的原则上，是受训者和主管人员之间的书面协议。受训者同意在双方感兴趣的方面有所改进。协议采取要完成的项目或要达到的目标的形式达成，在协议里说明将完成什么，在什么时候完成，以及获得怎样的结果。

定性评估方法的优点显而易见：简单易行，综合性强，需要的数据资料少，可以考虑到很多因素，评估过程中评估者可以充分利用自己的经验。而定性评估也存在以下劣势：评估结果受评估者的主观因素、理论水平和实践经验的影响很大；不同评估者的工作岗位不同、工作经历不同、掌握的信息不同、理论水平和实践经验存在差异，以及对问题的主观看法不同，因此不同的评估者对同一问题很可能做出不同的判断。

2）定量评估方法

定性评估只能对培训活动和受训者的表现做出原则性的、大致的、趋势的判断，而定量评估能对培训作用的大小、受训者行为方式改变的程度即企业收益多少做出数据解释，通过调查统计分析来发现和阐述行为规律。企业培训评估的定量方法主要指培训的经济效益分析。

培训的经济效益分析，就是计算培训的投资收益率，来分析企业开展培训活动是否值得。计算公式如下：

$$培训投资收益率=\frac{培训收益}{培训成本}\times100\%$$

根据上述公式，首先要分析培训收益，其次要分析培训成本。

（1）培训收益，包括两部分：产量或销售量增加的价值、成本和费用减少的价值。

①产量或销售量增加的价值。

因培训而增加的产量或销售量的价值，实际上就是增加的这部分产量或销售的利润。利润的增加额等于产量或销售量的增加额与单位产量或销售量的平均利润的乘积。

②成本和费用减少的价值。

A. 原材料、燃料消耗减少的价值。

B. 人工成本节省的价值。

C. 因生产的残次品减少而节省的费用。根据估算，在实施一项有效的培训之后，总的残次品可下降10%。如某企业在生产领域，残次品的年度成本为145 000元，那么该项成本下降10%就可为企业节省14 500元。

D. 因员工流失率降低而节省的费用。根据估算，实施有效的培训至少可将员工的流失率降低2%。假如某企业每月流失20名员工，每年就要流失240名，每个员工流失的成本约800元，那么企业每年员工的流失成本为192 000元（240×800）。如果培训使流失率下降20%，每年就可为企业节省38 400元。

E. 生产事故的减少而节省的费用。假如某个企业一年因生产事故而发生的费用为34 000元，在实施一项强调安全生产的有效培训之后，生产事故发生的比例减少了25%，仅此一项每年就可为企业节省8 500元。

F. 因机器设备维修费用的减少而节省的费用。许多机器的突发故障与新员工不恰当的操作有关，实施了一项有针对性的培训之后，机器的维修费用每年可减少10%，假如某企业每年设备维修费用为97 500元，那么每年可为企业节省9 750元。

（2）培训成本。培训成本包括直接成本和间接成本：间接成本主要指在培训期间，员工如果不参加培训，在工作岗位上为企业创造的价值总额。直接成本包括：

A. 受训者的工资。如果是脱产培训，受训者的工资全部要计入培训成本，如果是半脱产或在职培训，受训者工资的一部分应计入培训成本。

B. 其他人工开支。包括培训教师、培训组织管理人员、培训后勤服务人员的工资及外聘教师的费用等。

C. 培训设施、设备的折旧费、日常维护与修理费，培训教材、辅导资料的费用及外租培训场地的费用。

D. 一切因培训而发生的交通费、水费、电费、通信费等。

以上是对培训收益和培训成本的分析，通过这些分析，我们根据公式可以计算出某一培训项目的投资收益率。

假如某企业一年培训的各项成本之和为150 000元，各项收益之和为375 000元，那么该企业该年的培训投资收益率就为250%（375 000÷150 000×100%）。

要精确地核算出培训的成本与收益十分困难，培训的成本与收益在很大程度上是估算出来的，因此培训的投资收益率也不会是一个十分精确的数字。这里主要从理论上阐述了企业进行培训经济效益分析的一些基本方法和思路。

5.5.3　撰写培训评估报告

评估的总结和反馈可以更好地使员工认识到培训对自己的提高，使培训师认识到培训规程还有哪些不足，使公司培训主管通过培训评估认识到某次培训成功与否、对公司参训人员工作能力的提高有多大帮助、对公司的未来发展有多大影响、以后的培训项目要汲取的经验等。

培训评估报告主要由三个组成部分：

（1）培训项目概况，包括项目投入、时间、参加人员及主要内容等。

（2）受训者的培训结果，包括受训者的成绩分析，对于成绩不合格者还应提出处置建议，如对不合格员工应进行再培训，如果仍不合格者，应实施转岗等。

（3）培训项目的评估结果及处置，效果好的项目可保留，没有效果的项目应取消，对于有缺陷的项目要进行改进。

培训评估报告完成后，应及时在公司相关内部部门和人员间进行传递和沟通，以免造成培训评估与实际工作脱节。培训评估报告应首先传递给受训员工，使他们了解培训的效果，以便在工作中进一步学习和改进；其次是受训员工的直接领导，他们负责培训项目的管理，并拥有员工人事聘用建议权；最后是组织管理层，他们可以决定培训项目的未来。培训评估报告传递后，重要的是采取相应的纠偏措施并不断跟踪。

▰▰▰▰▰▶ **思政园地** ▰▰▰▰

国务院关于印发"十四五"就业促进规划的通知（节选）

1.大规模多层次开展职业技能培训

完善职业技能培训政策体系。面向市场需求加强职业技能培训，健全终身职业技能培训制度，制定"十四五"职业技能培训规划，深入实施职业技能提升行动。稳步扩大培训规模，重点加强高校毕业生和城镇青年、退役军人、农村转移就业劳动者、脱贫人口、失业人员、个体工商户、就业困难人员（含残疾人）等技能培训，支持企业开展职工在岗培训，突出高技能人才培训、急需紧缺人才培训、转岗转业培训、储备技能培训、通用职业素质培训，积极开展养老、托育、家政等生活服务业从业人员技能培训，广泛开展新业态新商业模式从业人员技能培训，确保"十四五"期间开展补贴性职业技能培训7 500万人次左右。强化安全生产技能培训，提高劳动者安全生产素质。完善职业技能竞赛体系，推动职业技能竞赛科学化、规范化、专业化发展。

实现培训供给多元化。构建以公共实训基地、职业院校（含技工院校）、职业技能培训机构和行业企业为主的多元培训载体。推动培训市场全面开放，采取优化审批服务、探索实行告知承诺等方式，激发培训主体积极性，有效增加培训供给。充分发挥企业职业技能培训的主体作用和职业院校培训资源优势，政府补贴的职业技能培训项目全部向具备资质的职业院校开放。新建一批公共实训基地，并优化功能布局、提高开放性，完善企业利用公共实训基地开展实训有关制度。实施职业技能培训共建共享行动，健全职业技能培训共建共享机制，开展县域职业技能培训共建共享试点。

切实提升职业技能培训质量。引导培训资源向市场急需、企业生产必需等领域集中，动态调整政府补贴性培训项目目录。采取政府按规定补贴培训、企业自主培训、市场化培训等多样化的培训方式，广泛开展订单式、套餐制培训，探索"互联网+职业技能培训"。统筹各级各类职业技能培训资金，加强集约化管理和使用，健全分层分类的培训补贴标准体系，畅通培训补贴直达企业和培训者渠道。健全职业技能培训监督评价考核机制。探索建立个人培训账户，形成劳动者职业技能培训电子档案，实现与就业、社会保障等信息联通共享。

提高劳动者职业素养。大力弘扬劳模精神、劳动精神、工匠精神，营造劳动光荣的社会风尚和精益求精的敬业风气。鼓励劳动者通过诚实辛勤劳动、创新创业创造过上幸福美好生活。加强职业道德教育，引导劳动者树立正确的人生观、价值观、就业观，培养敬业精神和工作责任意识。推进新型产业工人队伍建设，提高产业工人综合素质。

2.构建系统完备的技术技能人才培养体系

推动职业技术教育提质培优。突出职业技术教育类型特色，深入推进改革创新，优化结构与布局。完善职业技术教育国家标准，推行"学历证书+职业技能等级证书"制度，实施现代职业技术教育质量提升计划，建设一批高水平职业技术院校和专业。健全职普融通机制，稳步发展职业本科教育，实现职业技术教育与普通教育学习成果双向互通互认、纵向流动。支持和规范社会力量兴办高质量职业技术教育，增强职业技术教育适应性。大力发展技工教育，建设一批优质技工院校和专业。探索中国特色学徒制，深化产教融合、校企合作。

提高人才培养质量。强化人才培养就业导向，健全人才培养与产业发展联动预警机制，增强人才培养前瞻性。深化教育教学改革，实施教育提质扩容工程，着力培养创新型、应用型、技能型人才。优化高校学科专业布局，推进专业升级和数字化改造，及时减少、撤销不适应市场需求的专业。加快重点领域急需紧缺人才培养，实施专业技术人才知识更新工程。加强重点专业学科建设，研究制定国家重点支持学科专业清单，大力发展新兴专业。加大数字人才培育力度，适应人工智能等技术发展需要，建立多层次、多类型的数字人才培养机制。

完善终身学习体系。建设学习型社会，构建服务全民终身学习的教育体系。推动高水平大学开放教育资源，完善注册学习和弹性学习制度。健全终身教育学习成果转换与认证制度，推进"学分银行"试点，探索学分积累转换制度。促进继续教育高质量发展，建立统一的高等学历继续教育制度，畅通在职人员继续教育与终身学习通道。规范发展非学历继续教育。积极发展在线教育，完善线上、线下课程学分认定和转换机制。创新发展城乡社区教育。

深化技能人才管理制度改革。实施"技能中国行动"，完善技能人才培养、使用、评价、激励机制。推进职业资格制度改革，压减准入类职业资格数量。完善职业技能等级制度，建立职业技能等级认定与相关系列职称评审贯通机制。推行社会化职业技能等级认定，鼓励企业在国家职业技能等级框架范围内增加技能岗位等级层次。加快构建国家资历框架，畅通管理人才、专业技术人才及技能人才的职业发展通道。

资料来源 国务院. 国务院关于印发"十四五"就业促进规划的通知（国发〔2021〕14号）〔EB/OL〕.（2021-08-27）〔2023-06-20〕. http://www.gov.cn/zhengce/content/2021-08/27/content_5633714.htm .

问题：职业技能人才培训对国家发展和强大的重要意义是什么？

分析提示：职业技能人才在社会中的作用越来越凸显，只有通过培训才能最大限度地提升技能型人才的整体竞争力，进而提升整体国力水平。

知识掌握

一、名词解释

员工培训与开发 培训需求 培训需求分析 培训计划

二、单项选择题

1.（　　）是现代培训活动的首要环节。

A.培训需求分析　　　　　　　　　　B.培训效果评估

C.培训计划设计　　　　　　　　　　D.培训方法选择

2.（　　）是指培训需求调研人员在工作现场对被调查者的情况进行直接观察、记录，以便发现问题，从而获得培训需求信息的一种方法。

A.访谈法　　　　B.观察法　　　　C.测验法　　　　D.问卷法

3.（　　）是指通过培训需求调研人员与被调查者面对面的谈话来收集培训需求信息资料的一种方法。

A.访谈法　　　　B.观察法　　　　C.测验法　　　　D.问卷法

4.（　　）是公司培训中最传统的方法。

A.案例分析法　　　B.在职培训法　　　C.讲授法　　　D.试听法

5.（　　）是围绕一定的培训目的，把实际中真实的情景加以典型化处理，形成供学员思考分析和决断的案例，通过独立研究或者相互讨论的方式，来提高学员分析及解决问题的能力的一种培训方法。

A.课堂讲授法　　　B.案例分析法　　　C.讨论法　　　D.角色扮演培训法

6.（　　）只能对培训活动和受训者的表现做出原则性的、大致的、趋势的判断。

A.定量评估　　　B.定性评估　　　C.高层评估　　　D.经验评估

7.从培训师资的来源来讲，企业内部有人力资源部门的专职培训师，以及由（　　）构成的兼职培训师队伍。

A.高校学者　　　　　　　　　　　B.各部门经理或丰富经验老员工

C.其他企事业单位的专家　　　　　　D.管理咨询机构的培训师

8.培训后使受训者能够精确地描述把重物吊离地面的正确程序，这是安全培训的（　　）目标。

A.知识　　　　B.行为　　　　C.结果　　　　D.以上都不是

9.观察到的受训者违反安全程序情况的发生频率应低于每人每年一次，这是安全培训的（　　）目标。

A.知识　　　　B.行为　　　　C.结果　　　　D.以上都不是

10.确定各工作岗位的员工达到理想的工作业绩所必须掌握的技能和能力。这是培训需求分析中的（　　）分析。

　A.企业　　　　　　　　　B.岗位　　　　　　　　C.个人　　　　　　　　D.部门

三、多项选择题

1.按照培训对象与工作岗位的关系不同，员工培训与开发可以分为（　　）三大类。

　A.员工在岗培训　　　　　　　　　　B.员工脱岗培训

　C.员工岗前培训　　　　　　　　　　D.员工离岗培训

2.按照培训与开发的层次，员工培训与开发主要分为（　　）。

　A.基层员工的培训与开发　　　　　　B.中级管理层培训与开发

　C.高级管理层培训与开发　　　　　　D.初级管理层培训与开发

3.一项完整的培训是由一系列工作组成的，包括（　　），这几个部分互相制约和影响，构成培训工作的流程体系。

　A.培训需求的分析　　　　　　　　　B.培训方案的实施

　C.培训效果的评估　　　　　　　　　D.培训计划的制订

4.选用何种培训方式与方法，经常需要考虑的因素主要有（　　）。

　A.学习的目标　　　B.所需的时间　　　C.所需的经费　　　D.学员的数量

5.美国威斯康星大学柯克帕特里克（D.L.Kirkpatrick）教授提出的评估标准模型包括（　　）。

　A.反应评估标准　　　B.行为评估标准　　　C.学习评估标准　　　D.结果评估标准

四、简答题

1.如何正确理解员工培训与开发的含义？

2.培训计划包括哪些内容？

3.简述员工培训与开发的分类。

4.如何通过组织分析、工作岗位分析和员工个人分析进行培训需求分析？

5.如何甄选和培养企业内部的培训讲师？

五、论述题

试联系实际阐述员工培训与开发对于企业生存和发展的重要意义。

▬▬▬➡ 综合应用 ▬▬▬

□案例分析

阿里巴巴的员工培训

阿里巴巴全球领导力学院是阿里巴巴的内训部门，负责为阿里巴巴集团内的各个层次人群开发独特的人才培训计划，致力于培养业务增长所需的技能和思维方式。在阿里，培训绝对不是照搬咨询公司的方案，不管这个方案是麦肯锡出的，还是波士顿写的，来到阿里都会再审一遍。阿里还进一步要求HR的培训要适应企业的变化。阿里坚信每个人都是自己的讲师，因此阿里员工培训的一个基石是允许员工有不同于培训的观点，鼓励员工思考，但相应地需要员工拿出论据、拿出行动，不能光说不练假把式。

应用到具体的培训项目上包括：

（1）培训前向员工展示团队目前的业务状态。

（2）培训前向员工展示团队领导觉得完成下一阶段的业务目标所需的行为和能力。

（3）培训前向员工展示他当前的绩效表现以及主管认为可以提高的点和具体路径。

（4）收集员工关于培训的反馈（不同意领导的看法、补充的部分、自己的困难、更好的想法）。

（5）HR做培训需求分析并与业务部门沟通（更多时候是政委在做，也就是HRBP来完成这个步骤）。

（6）向员工反馈调整后的培训设想。

这样层层递进的前期准备，让培训的展开少了很多阻力。部门领导在参与，HR也在了解业务，员工建立了团队方向的认知，每个人都能在培训前期培训自己。

资料来源　甜薪工场. 阿里的员工培训，有什么值得借鉴的地方？［EB/OL］.（2020-02-20）［2023-06-20］. https://zhuanlan.zhihu.com/p/107930861.

问题：阿里巴巴的培训有什么特色？

分析提示：从案例中我们可以看出，优秀的企业在加强人力资源培训的过程中不仅有重视的态度，而且能够根据企业实际需要，建立有特色的员工培训体系，采用科学的方法进行人力资源培训，从而达到培训目的，取得较好的培训效果。

□实践训练

训练1

5～6个学生组成一个小组，以小组为单位，就近调查一家企业，了解一下该企业员工培训现状，帮助该企业完成一份员工培训满意度调查问卷。

要求：内容翔实、格式规范、层次清晰、语句通顺、排版合理。

训练2

某公司是上海的一家股份制公司，按计划，该公司人力资源部3月份要派人去深圳某培训中心参加一次培训。当时人力资源部的人员都想参加，不仅是因为培训地点在深圳，可以借机会到特区看一看，而且据了解，此次培训内容很精彩，培训讲师都是一些在大公司工作且有实际工作经验的专家。但是很不凑巧，当时人力资源部特别忙，所以主管权衡再三，最后决定由手头工作比较少的小刘和小钱去参加。人力资源部主管把培训时间、费用等事项跟小刘和小钱做了简单交代。培训期间，小刘和小钱听课很认真，把老师所讲的内容做了认真记录和整理。但是课间和课后小刘和小钱总在一起，很少与其他学员交流，也没有跟讲师交流。培训回来后，主管只是简单地询问了一些培训期间的情况，小刘和小钱也没有详细地与同事讨论过培训的情况。过了一段时间，同事都觉得小刘和小钱培训后并没有什么明显的变化，小刘和小钱本人也觉得听课时很精彩，但是对实际工作并没有什么帮助。

问题：小刘和小钱的培训效果令人满意吗？为什么？

分析提示：要科学地开展培训需求分析，确定参加培训的人选，严格按照培训的工作流程开展员工培训，并做好培训效果的转化和评估工作。

课外拓展

微信公众号"培训杂志"由新华报业传媒集团主管主办，着重于企业培训与人才发展前沿资讯、实践案例、实用方法的报道和分析，探求中国企业高素质人才培养与发展的方法和途径。请在微信公众号中搜索"培训杂志"或"trainingmagazine"。

第6章　员工职业生涯管理

▶ 学习目标

通过本章学习，你应该达到以下目标：

知识目标

明确职业生涯管理相关的概念；了解员工职业生涯规划的分类和原则；熟悉职业生涯规划的相关理论；熟悉员工职业发展路径和职业发展通道；掌握职业生涯规划的方法和基本流程。

能力目标

运用职业生涯规划和管理的方法，能够做好个人的职业规划，并能为员工提供咨询和指导，在兼顾个人目标和组织目标的基础上，帮助员工制定职业生涯规划。

素养目标

树立正确的择业观，运用掌握的知识和技能做好职业生涯规划，把国家、社会、公民的价值要求融为一体，努力实现自我价值，回报社会。

▶ 内容架构

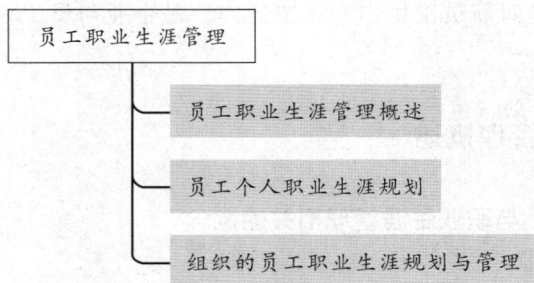

▶ 引例

华为新员工职业生涯规划

华为作为全球领先的信息与通信技术公司，其对公司员工的职业生涯规划的协助也别具一格，且有着具体的员工职业发展手册。从其公布的《华为员工职业发展手册》来看，我们可以对员工进行初步分类：从从业经历角度，可分为新员工与老员工；从职务角度，可分为知识型员工和技能型员工。

新员工作为刚刚进入企业的员工，其身上必然存在着企业所需要的某种特质，但也必然存在着一定的缺陷。部分新员工有着丰富的学术知识与较开放的思维，例如应届毕业生；还有一部分员工则是具有一定从业经验与职场能力，例如跳槽至公司的员工。应届毕业生和有从业经验的新员工都面临着同样的困境，即对华为的了解尚有不足，因此，华为对新员工进行有的放矢的职业生涯规划协助。在试用期，华为以适应性培训的方式助力员工进行职业生涯规划。在培训中，华为将对以上两类员工进行侧重点不同的培训。针对应届毕业生或无工作经验的新员工，主要侧重工作的基础知识的培训；针对有工作经验的新员工，则侧重华为工作程序的培训。二者的相同点是都需接受华为企业文化的培训。

在新员工的职业生涯管理方面，在组织层面上，新员工多为对职位的指定性求职，且职业生涯信息多为员工自行提供，华为在组织职业生涯管理方面主要以"主管角色"这一因素为主要特色，形成了思想导师、主管的双级考核管理，由一级考核者对员工进行反馈；在个人层面上，新员工在试用期了解华为员工发展路线与华为企业文化，在一定程度上会影响个人的职业生涯信念与生涯探索道路，结合企业特定环境进行新的自我认知，明确"我能为企业带来什么"与"企业能为我带来什么"，最终通过与上级沟通，对自身职业生涯规划进行管理。总的来说，在新员工的职业生涯管理方面，华为与新员工形成"思想导师-主管-员工"的三级管理体系。通过这个体系，对考评进行管理者与员工的双向反馈，共同制订未来计划与工作目标。在试用期结束时，对合格员工进行转正，结合员工与公司的双重目标，初步确定员工的职业生涯发展序列与级别。

资料来源 吕延德，李晴. 浅析华为员工的职业生涯规划与管理 [J]. 企业科技与发展，2021 (6)：159-160.

这一引例表明：华为公司作为行业龙头，其壮大离不开对职工的良好培育，新员工职业生涯规划与管理是对新员工培训的重要导向，是企业与员工相联结并共同发展的重要推动力。

6.1　员工职业生涯管理概述

6.1.1　与职业生涯管理相关的概念

1）职业

职业，是参与社会分工，利用专门的知识和技能，为社会创造物质财富和精神财富，获取合理报酬作为物质生活来源，并满足精神需求的工作。社会的发展和文明的进步为人们提供了越来越多的职业选择，而人们通过职业活动又推动了包括企业组织在内的社会发展。从微观角度看，职业不仅是人们谋生的手段，也是个人在社会上存在的意义和价值的体现。人的一生绝大部分时间是与职业活动密不可分的，选择一个合适的职业，拥有一个成功的职业生涯，是每个人的理想和追求。对企业而言，组织的目标要靠个人通过职业活动来实现。现代人力资源管理的一个重要职责，就是把合适的人安排在适合其能力的职业岗位上，这样才能充分调动员工的积极性，发挥其潜能，使其在职业上获得成功的同时，企业组织也能获得发展。

职业的内涵包括以下四个方面：①职业是社会分工体系中劳动者所获得的一种劳动角色。②职业是一种社会性活动。③职业具有连续性和稳定性。④职业具有经济性。

2）职业生涯

职业生涯是指一个人一生在职业岗位上与工作相关的连续经历。人的一生会经历不同的生命周期，如生物生命周期、家庭生命周期和职业生命周期等。职业生命周期是一个人生存和发展的主导条件，也是我们所说的职业生涯。

拓展阅读 6-1

新职业的三大基本特征

严格来说，职业生涯有广义和狭义之分。广义的职业生涯，是指人的一生中所有与工作相联系的行为与活动，以及相关的态度、价值观、愿望等连续性的经历过程。因此，其上限从出生开始，下限到失去劳动能力时为止。狭义的职业生涯，仅指直接从事职业工作的这段时间，即就职的这段时间。两种含义的职业生涯角度不同，但有共同的规律，包含一些共同的内容：①职业生涯是个体行为经历，而不是群体行为经历；②职业生涯是指一个人一生之中的有偿劳动经历；③职业生涯是一个时间概念，指职业生涯期。④职业生涯是一个包含着具体职业内容的动态发展的概念。它一方面反映了人们参加工作时间的长短，另一方面涵盖了人的职业发展、变更的经历和过程。

3）职业生涯发展

职业生涯发展简称职业发展，指个体经过努力，遵循一定的道路或途径，不断地制定和实施新的职业规划，逐步实现其职业生涯目标的过程。职业生涯发展是员工在对自己职业理想的追求中所发展和经历的由一系列不同阶段而构成的整体过程，员工和组织在每个阶段都有不同的开发任务、开发关系和开发活动内容。它实质上是在个人和组织的共同作用下，员工个人追求理想和抱负，在职业生涯中不断进步，提升个人地位和价值，获得事业发展与成功的相关活动内容。

4）职业选择

职业选择是劳动者依照自己的职业期望和兴趣，凭借自身能力挑选职业，是自身能力素质与职业需求特征相符合的过程。在人的整个职业生涯中，职业选择是极其重要的环节，选择职业就是选择自己的将来。

拓展阅读 6-2

影响个人职业生涯选择的工作价值观

5）职业规划

职业规划就是对职业生涯乃至人生进行持续的、系统的计划过程，包括个人的职业规划与企业的职业规划。前者是指个人为了不断地追求理想的职业，使自己在职业生涯中得到顺利成长和发展而制订的一个满意的计划；后者是指企业为了不断地增强员工的满意度而制订的，使员工个人成长、发展与组织需要和发展目标相结合的计划。

6）职业生涯管理

职业生涯管理是企业帮助员工制定职业生涯规划和帮助其职业生涯发展的一系列活动。当个人目标与组织目标有机结合起来时，职业生涯管理就会意义重大。因此，职业生涯管理就是从企业人力资源管理角度出发的职业生涯规划和职业生涯发展。大体可以从三个方面理解职业生涯管理：

（1）职业生涯管理是企业为其员工设计的职业发展、援助计划，有别于员工个人制订的职业计划。

（2）职业生涯管理必须满足个人和企业的双重发展需要。要实行有效的职业生涯管理，必须了解员工在实现职业目标过程中碰到的各种问题，并制定相应的政策和措施帮助员工找到内部增值的需要。

（3）职业生涯管理形式多样、涉及面广。凡是企业对员工职业活动的帮助，均可列入职业生涯管理之中。

6.1.2　职业生涯管理的相关理论和方法

1）职业生涯管理的相关理论

（1）金兹伯格的职业发展理论。美国著名的职业指导专家、职业生涯发展理论的先驱和典型代表人物金兹伯格首先提出了职业发展理论，主要包括两大方面，即职业决策论和职业成熟论。

① 职业决策论。在职业决策论方面，金兹伯格认为：第一，职业决策是一个发展过程。职业选择是一个发展过程，它不是一个某一时刻一下子就完成的"决定"，而是基于人们的选择观念所做出的，这种观念要经过若干年才能形成。在职业选择的过程中包含一连串的决定，每一个决定都和童年、青年个人的经验和身心发展有关。第二，职业选择是一个优化决策。职业选择的实现是个人意识与外界条件的折中、调适。个人的最后职业决策是寻求个人所喜爱的职业和社会所提供、个人能获得的机会之间的最佳结合。

② 职业成熟论。在职业成熟论方面，金兹伯格以美国富裕家庭的白人作为自己的研究对象。他们具有相当高程度的选择自由，通过比较他们在从儿童期到成年早期的教育和成熟过程中的各个关键点上有关职业选择的想法和行动，金兹伯格把人的职业选择心理的发展分为三个主要时期——空想期（Fantasy Period）、尝试期（Tentative Period）、现实期（Realistic Period），在尝试期和现实期中又进一步划分为几个阶段。

A.空想期（11岁之前）。空想期，即幻想期。这一时期实际上是人的少年时期。该时期以少年儿童"早日长大成人，成人后干某种工作"的空想或幻想为特征。这种空想不受个人能力与现实的社会职业机会所限制，似乎想干什么工作，将来就能干什么工作。实际上，这种职业想象往往是幼儿的一种模仿行为，单纯由自己的兴趣爱好决定，并不考虑也不可能考虑自身条件、能力水平和社会需要与机遇，完全处于幻想之中。

B.尝试期（11~17岁）。尝试期，也称试验期或暂定期。尝试期的特征是人已经脱离了少年时期盲目、随意性的幻想，开始考虑未来个人需求的满足和职业选择。但在这一时期，人们依据兴趣、智力、价值观这些主观因素对待职业选择的目标调节等问题。尝试期又可以分为兴趣阶段、能力阶段、价值观阶段和过渡阶段：

a.兴趣阶段（11~12岁）：与幻想期相联系，兴趣是一个人职业选择心理主要的甚至是唯一的基础，但随着时间的推移，新的兴趣也出现了。这一阶段的少年开始注意培养其对某些职业的兴趣。

b.能力阶段（13~14岁）：这一阶段开始以个人的能力为核心，衡量并测验自己的能力，并将其表现在各种相关的职业活动上。

　　c.价值观阶段（15～16岁）：逐渐了解自己的职业价值观，并能兼顾个人与社会的需要，根据职业的价值选择职业。

　　d.过渡阶段（17岁）：尝试期的最后一个阶段——过渡阶段和现实期的第一个阶段——探索阶段，给年轻人提供了一个重新开始职业选择的机会。在这个阶段中，一个人开始从考虑非常主观的个人兴趣、能力和价值观转向不断关心现实所提供的机会和限制。

　　C.现实期（17岁以后）。17岁以后的青年期和成年期是职业生涯的现实期。这一阶段即人们正式的职业选择决策阶段。上两个时期的"选择"是主观的选择，而这个时期的选择是将主观选择与个人客观条件、外界客观条件、社会需要相结合的选择。这种承认客观、从现实出发的选择是一种折中和调适。现实期的特征是缩小个人选择的范围。具体来说，现实期又可以分为三个小的阶段：探索阶段，青年人试图把自己个人的选择与社会的职业岗位需要等现实条件联系起来。结晶阶段，青年人对一种职业目标有所专注，并努力推进这一选择。专业化阶段，青年人为了特定的职业目的，进入更高一级学校学习或接受专业训练。已有工作但不满意者，想重新进修，再找工作，也属于这个阶段。

　　（2）萨帕的职业发展理论。

　　①萨帕职业发展基本主张。职业是一个连续不断、循序渐进且不可逆转的过程；职业发展是一个有秩序、有固定形态且可以预测的过程；职业发展是一个动态的过程；自我概念在青春期之前就开始发展，至青春期逐渐明朗，并于成年期转化为职业概念；自青少年期至成人期，随着时间及年龄的增长，现实因素如人格特质及社会因素对个人职业选择的影响变得更加重要；对父母的认同，会影响个人角色的发展、各个角色间的一致与协调、对职业规划和结果的解释；职业升迁的方向和速度与个人的聪明才智，父母的社会地位，本人的地位需求、价值观、兴趣、人际关系技巧以及经济社会中的需求情况有关；个人的兴趣、价值观、需求、对父母的认同、社会资源的利用、个人的学历及职业结构、社会趋势、态度等均会影响个人职业的选择；虽然每种职业均有特定要求的能力、人格特质，但这些要求却颇具弹性，因此允许不同类型的人从事相同的职业或一个人从事不同类型的工作；工作满意度主要同个人能力、兴趣、性格特征和价值观有关，并依据个人在某一工作中取得的绩效和生活地位等进行评估，还与以往的工作经验和生活习惯有关；工作满意度与个人在工作中实现自我价值的程度成正比；对大多数人而言，工作及职业是个人人格组织的重心，但对少数人而言，这种机会是不重要的，甚至是不存在的，社会活动及家庭才是他们人格组织的重心。

　　②萨帕的职业生涯阶段理论。萨帕对职业生涯的分析，围绕着职业生涯的不同时期而进行，这构成了他的职业生涯阶段理论。他将职业生涯分为五个主要阶段，每个阶段有其独特的发展任务：

　　A.成长阶段（Growth Stage，0～14岁）。个人在这一阶段，自我概念发展成熟起来。初期，个人欲望和空想起支配作用，其后逐渐关注社会现实，个人的能力与趣味是次要的。成长阶段又可以分为"空想期"、"兴趣期"和"能力期"三个小的阶段。

a.空想期（Fantasy，10岁之前），以需求为主，情境性较强，主要是通过幻想中的角色扮演与经验尝试来选择职业。

b.兴趣期（Interest，11～12岁），以兴趣为中心，理解、评价职业，开始做职业选择。

c.能力期（Capacity，13～14岁），开始考虑自身条件与喜爱的职业是否相符，并且有意识地进行能力培养。

B.探索阶段（Exploration Stage，15～24岁）。在这一阶段，个人将认真地探索各种可能的职业选择，对自己的能力和资质进行现实性评价，并根据未来的职业选择做出相应的教育决策，完成择业及最初就业。探索阶段是人生道路上非常重要的转变时期，可以分为暂定期、过渡期和试行期。

a.暂定期（Tentative，15～17岁），在这一时期，个人在空想、议论和学业中开始全面考虑欲望、兴趣、能力、价值观、雇用机会等，做出暂时性的选择。

b.过渡期（Transition，18～21岁），在这一时期，个人正式进入劳动力市场或进一步接受专业训练，由一般性的选择转变为对特定目标的选择，着重考虑现实，在现实和环境中寻求"自我"的实现。

c.试行期（Trial-little Commitment，22～24岁），在这一时期，个人找到似乎适合自己的职业，并想把它当作终身职业。

C.确立阶段（Establishment Stage，25～44岁）。就职以后，个人发现真正适合自己的领域，并努力试图使其成为自己的永久职业。这一阶段初期，有些人在岗位上"试验"，若不合适就转行从事其他职业，以后便在某种职业岗位上稳定下来。这一阶段可以分为尝试期、稳定期和中期危机阶段。

a.尝试期（25～30岁），对最初就业选定的职业和目标进行检讨，如有问题则需重新选择、变换职业，重点是寻求职业及生活上的稳定。

b.稳定期（31～44岁），最终确定稳定的职业目标，并致力于实现这些目标。

c.中期危机阶段，是指在30～40岁中的某一时期可能会发现自己并没有朝着职业目标靠近或发现了新的目标，因而需重新评价自己的需求和目标，这时处于一个转折期。

D.维持阶段（Maintenance Stage，45～64岁）。在这一阶段，人们在某一职业或在该领域已占有一席之地，一般已经达到了常说的"功成名就"，大多数人不再考虑更换职业，而是要保住现有的职业位置，按既定方向发展。重点是维持家庭和工作间的和谐关系，传承工作经验，寻求接替人选。极少数人会冒险探索新领域或寻求新的发展。

E.衰退阶段（Decline Stage，65岁之后）。该阶段是人的精力、体力减退时期，也是人们逐步退出职业劳动领域的时期。这一阶段又分为两个次阶段：

a.衰退期（Deceleration，65～70岁），工作的步骤变缓慢，责任转移，适应能力正在下降，开始以部分时间工作来代替全日制工作。

b.退休期（Retirement，71岁之后），工作活动完全停止或转移到部分时间工作、志愿工作或闲暇性活动上。在这一阶段，人们要学会接受权利和责任的减少，学习接受一种新的角色，适应退休生活，如参加老年大学、从事公益活动等，以减缓身心上的衰退。

萨帕以年龄为依据，对职业生涯阶段进行了划分，但现实生活中职业生涯是个持续的过程，各个阶段的时间并没有明确的界限，经历时间的长短，常因个人条件的差异及外在环境的不同而有所不同。有的人每个阶段发展顺利，有的人则在不停地转换工作或变动职业，有时还可能出现阶段性反复。

（3）施恩的职业锚理论。职业锚理论，又称"职业系留点"理论，产生于美国麻省理工学院斯隆管理学院施恩教授领导的专门研究小组，是对该学院44名MBA毕业生长达12年的职业生涯研究演绎而成的。**职业锚**（Career Anchor）是指当一个人面临职业选择的时候，他无论如何都不会放弃的职业中至关重要的东西或价值观。正如"职业锚"这一名词中"锚"的含义一样，职业锚实际上就是人们选择和发展自己的职业生涯时所围绕的中心，是企业和个人进行职业生涯决策时的核心因素。

1978年，施恩教授提出了技术/职能型、管理型、自主/独立型、安全/稳定型和创业型五种类型的职业锚，随后大量的学者对职业锚进行了广泛的研究，并在20世纪90年代增加了服务型、挑战型和生活型三种职业锚。

①技术/职能型（Technical/Functional Competence）。这一类型的个体追求在技术/职能领域的成长和技能的不断提高，以及应用这些技术/职能的机会，这些领域包括财务分析、工程技术、营销和系统分析等。个体对自己的认可来自他们的专业水平，他们喜欢面对专业领域的挑战，通常不喜欢从事一般的管理工作，因为这意味着他们不得不放弃在技术/职能领域的成就。

②管理型（General Managerial Competence）。这一类型的个体追求并致力于工作晋升，独立负责一个部分，可以跨部门整合其他人的努力成果。与不喜欢甚至惧怕全面管理的技术/职能型的人不同，他们倾向全面管理，掌握更大权力，肩负起更大的责任，具体的技术/职能工作仅仅被看作是通向更高、更全面管理层的必经之路。他们认为自己具备以下三个方面的能力：分析能力（在信息不完全以及不确定的情况下发现问题、分析问题和解决问题的能力），人际沟通能力（在各种层次上影响、监督、领导、操纵以及控制他人的能力），情感能力（在情感和人际危机面前只会受到激励而不会受其困扰和削弱的能力，以及在较高的责任压力下不会变得无所作为的能力）。

③自主/独立型（Autonomy/Independence）。自主/独立型的人追求的主要目标是随心所欲地安排自己的工作方式、工作习惯和生活方式，追求能施展个人能力的工作环境，最大限度地摆脱企业的限制和制约。他们宁愿放弃提升或工作发展机会，也不愿意放弃自由与独立。

④安全/稳定型（Security/Stability）。安全/稳定型的个体追求工作中的安全与稳定感，如工作的安全、体面的收入、满意的退休方案和津贴等。他们因为能够预测到稳定的将来而感到放松。安全型的人依赖企业对其能力和需要的识别和安排，为此，他们会冒险，也愿意以高度服从企业的价值观和准则作为交换。他们的安全取向主要有两种：一种是追求职业安全，如大公司组织安全性高，其成员稳定系数高；另一种是注重情感的安全稳定，如定居，使家庭稳定并使自己融入团队。

⑤创业型（Entrepreneurial Creativity）。创业型的人希望用自己的能力去创建属于自己的公司或创建完全属于自己的产品（或服务），而且愿意去冒风险，并克服面临的障碍。在某种程度上，创业型职业锚同其他类型的职业锚有重叠。追求创造性的人要求有自主权、管理能力，能施展自己的才干。但是，这些不是他们的主要动机或价值观，创造性才是他们的主要动机和价值观。他们可能正在别人的公司工作，但同时他们在学习并寻找机会，一旦时机成熟，他们便会创立自己的事业。

⑥服务型（Service/Dedication to a Cause）。服务型的人一直追求他们认可的核心价值，如帮助他人、保障人们的安全、利用新的产品消除疾病等。他们一直追寻这种机会，这意味着即使变换公司，他们也不会接受不允许他们实现这种价值的变动或工作提升。

⑦挑战型（Pure Challenge）。挑战型的人喜欢解决看上去无法解决的问题，战胜强硬的对手，克服难以克服的困难、障碍等。对他们而言，参加工作或选择职业的原因是工作允许他们去战胜各种不可能，如攀登科学高峰、侦破重大案件、参与南极考察等。他们需要新奇、变化和困难，如果事情非常容易，会马上变得非常厌烦。

⑧生活型（Lifestyle）。生活型个体的价值观中把享受生活看得非常重要，职业对他们而言只不过是生活的一部分，工作只是为了更好地提高生活质量。他们希望将生活的各个主要方面整合为一个整体，寻求个人、家庭和职业三者间的平衡和结合。生活型的人需要一个能够提供"足够弹性"的工作环境来实现这一目标。他们将成功定义得比职业成功更广泛。相对于具体的工作环境、工作内容，生活型的人更关注自己如何生活、在哪里居住、如何处理家庭事务等。

经过多年的发展，职业锚已经成为职业发展、职业生涯规划的必选工具。职业锚实际上是个人能力、动机、需要、价值观和态度等相互作用和逐步整合的结果。在实际工作中，通过不断审视自我，逐步明确个人的需要与价值观，明确自己擅长的领域及今后发展的重点，最终在潜意识里找到自己长期稳定的职业定位，即职业锚。

2）职业生涯管理的方法

（1）职业能力倾向测量法。能力倾向就意味着学习的能力，好像说，"我现在还不具备这项技能，但我有潜力去掌握它"。为了探索某个特定的职业领域对某些员工是否适合，有必要借助职业能力倾向测验。

职业能力倾向测验是选贤任能的一种科学方法和手段，它综合利用心理学、行为学、管理学、测量学、计算机技术等多种学科和技术，通过严密的测评过程和客观的评分标准，对人的知识水平、能力结构、个性特点、职业倾向、发展潜能等进行综合测评，为企事业单位招聘、选拔、培养各类人才提供参考依据，同时也为个人的发展提供咨询服务。

（2）霍兰德职业兴趣测量法。霍兰德根据性格与职业兴趣的关系，将人的兴趣及社会职业划分为6种基本类型，即社会型、企业型、传统型、实际型、研究型和艺术型，并以此为基础建立了目前世界上应用最广泛的霍兰德职业兴趣测验。该测验可以帮助个人了解哪种类型的工作对自己比较适合，同时也协助个人了解工作内容及环境。

①社会型（Social）。社会型的共同特点：喜欢与人交往，不断结交新的朋友，善言

谈，愿意教导别人，关心社会问题，渴望发挥自己的社会作用，寻求广泛的人际关系，比较看重社会义务和社会道德。

适合的典型职业：喜欢与人打交道的工作，能够不断结交新的朋友，从事信息、启迪、帮助、培训、开发或治疗等事务，并具备相应能力，如教育工作者（教师、教育行政人员）、社会工作者（咨询人员、公关人员）等。

②企业型（Enterprising）。企业型的共同特点：追求权力、权威和物质财富，具有领导才能。喜欢竞争，敢冒风险，有野心，有抱负。为人务实，习惯以利益得失、权力、地位、金钱等来衡量做事的价值，做事有较强的目的性。

适合的典型职业：由于具备优秀的主导性和说服、沟通的能力，这一类型的人特别适合从事领导工作或企业经营管理的职业，如项目经理、销售人员、营销管理人员、政府官员、企业领导、法官、律师等。

③传统型（Conventional）。传统型的共同特点：尊重权威和规章制度，喜欢按计划办事，细心、有条理，习惯接受他人的指挥和领导，自己不谋求领导职务。喜欢关注实际和细节情况，通常较为谨慎和保守，缺乏创造性，不喜欢冒险和竞争，富有自我牺牲精神。

适合的典型职业：喜欢注意细节、精确度，有系统、有条理，依据特定要求或程序组织数据和文字信息的职业，如秘书、办公室人员、记事员、会计、行政助理、图书馆管理员、出纳员、打字员、投资分析员等。

④实际型（Realistic）。实际型的共同特点：愿意使用工具从事操作性工作，动手能力强，做事手脚灵活，动作协调。偏好具体任务，不善言辞，做事保守，较为谦虚。缺乏社交能力，通常喜欢独立做事。

适合的典型职业：喜欢使用工具、机器，需要基本操作技能的工作，如技术性职业（计算机硬件人员、摄影师、制图员、机械装配工）、技能性职业（木匠、厨师、技工、修理工、农民）。

⑤研究型（Investigative）。研究型的共同特点：思想家而非实干家，抽象思维能力强，求知欲强，肯动脑，善思考，不愿动手。喜欢独立的和富有创造性的工作。知识渊博，有学识才能，不善于领导他人。考虑问题理性，做事喜欢精确，喜欢逻辑分析和推及经济目标的工作。

适合的典型职业：喜欢有难度的、抽象的、分析性的、独立的定向任务，要求具备丰富知识或分析才能，并将其用于观察、估测、衡量，形成理论，最终解决问题的工作，如科学研究人员、教师、工程师、电脑编程人员、医生、系统分析员等。

⑥艺术型（Artistic）。艺术型的共同特点：有创造力，乐于创造新颖、与众不同的成果，渴望表现自己的个性，实现自身的价值。做事理想化，追求完美，不切实际，具有一定的艺术才能和个性，善于表达、怀旧，心态较为复杂。

适合的典型职业：喜欢要求具备艺术修养、创造力、表达能力和直觉的工作，并将其用于语言、行为、声音、颜色和形式的审美、思索和感受，不擅长事务性工作，如音乐方面（歌唱家、作曲家、乐队指挥）、文学方面（小说家、诗人、剧作家）、艺术方面

（导演、演员、艺术设计师、雕刻家、建筑师、摄影家、广告制作人）。

拓展阅读6-3

霍兰德职业
兴趣测量
问卷

6.2 员工个人职业生涯规划

6.2.1 员工个人职业生涯规划的概念

员工个人职业生涯规划是员工个人对自己一生职业发展道路的设想和规划，它包括选择什么职业、在什么地区和什么单位从事这种职业，以及在这个职业队伍中担任什么职务等内容。一般来说，个人希望从职业生涯的经历中不断得到成长和发展。个人通过职业生涯规划，可以使自己一生的职业有个方向，从而努力地朝着这个方向充分地发挥自己的潜能，使自己走向成功。

6.2.2 员工个人职业生涯规划的分类和原则

1）员工个人职业生涯规划的分类

职业生涯规划按照时间的长短，可分为人生规划、长期规划、中期规划与短期规划四种类型：

（1）人生规划，是整个人一生职业生涯的规划，时间长至40年左右，设定整个人生的发展目标。如规划成为一个有数亿资产的公司的董事长。

（2）长期规划，是5～10年的规划，主要设定较长远的目标。如规划30岁时成为一家中型公司的部门经理，规划40岁时成为一家大型公司的副总经理等。

（3）中期规划，一般是3～5年内的目标与任务。如规划到不同业务部门做经理，规划从大型公司部门经理到小公司做总经理等。

（4）短期规划，是2年以内的规划，主要是确定近期目标，规划近期完成的任务。如对专业知识的学习，2年内掌握哪些业务知识等。

2）员工个人职业生涯规划的原则

员工在做个人职业生涯规划时，应该遵循以下几个方面的原则：

（1）实事求是地自我认识和评价。自我认识和评价是对自己做出全面的分析，主要包括对个人的兴趣、能力、需求、气质、性格等做分析，以确定自己具备哪些能力以及什么样的职业比较适合自己。实事求是地自我认识和评价是成功制定职业生涯规划的基础。

（2）与工作适应性相结合。一个人在工作中有自身的需要，既需要成就感和安全感，也必须具有相关的技能以胜任自己的工作，同时工作环境也要满足雇员的要求，以强化其工作热情。个人与环境相匹配，不仅使个人满意，也能使领导满意，进而出现晋升、调动、离职等多种可能性。

（3）切实可行。根据自身的知识以及工作技能，并充分考虑环境因素制定切实可行的职业目标。

（4）与企业目标协调一致。员工是借助企业来实现自己的职业目标的，其职业规划必须要在为企业目标而奋斗的过程中实现，离开企业目标，便没有个人的职业发展。所以，员工在制订职业生涯规划时，应该积极主动地与企业沟通，获得企业的指导和帮助。

6.2.3 员工职业发展路径

在确定职业和职业发展目标后，就面临着职业生涯路径的选择问题。在设计职业生涯时必须做出抉择，以便为自己的学习、工作以及各种行动措施指明方向，使职业沿着预定的路径及预先设计的职业生涯发展。

1）职业生涯发展方向

个人的职业生涯发展方向可分为横向发展和纵向发展。

（1）横向发展。横向发展是指跨越职能边界的工作变换，是一种"水平的"职业成长，即在同一层级上不同职务之间的工作变换，如从生产制造部门转到销售部门。这种变换能够扩大个人的知识面，增加对企业的了解，积累多方面的工作经验，为将来晋升为高层管理人员在宏观管理方面奠定基础。但是，由于横向调动并不一定提升职级，待遇未必会有所提高，却要花费更多的时间和精力学习新的知识和技能以适应新的岗位，因此有些人对横向发展缺少兴趣。

（2）纵向发展。纵向发展是比较传统的职业发展方向，是指在组织的某个职能领域里按等级或层次逐步向上发展，是一种"垂直的"工作成长。如技术员发展到助理工程师，再发展到工程师，或者从科长晋升到处长。纵向发展往往伴随着工资和待遇的提高，但只有少数人才有机会如愿地得到职务的晋升。

2）职业生涯发展轨迹

美国著名组织行为学家施恩描述了组织内部员工职业生涯发展的轨迹，按照他的观点，员工的职业生涯发展呈现为圆锥形。有的员工的职业生涯发展是向上的，在所从事的职业领域内不断地向上纵向发展。有的员工则是水平发展，不断地变换工作岗位，获取新的知识和技能。但是，不管是纵向发展还是水平发展，两者都逐步向组织的中心发展，成为组织的核心成员，从而对组织做出更大的贡献，如图6-1所示。

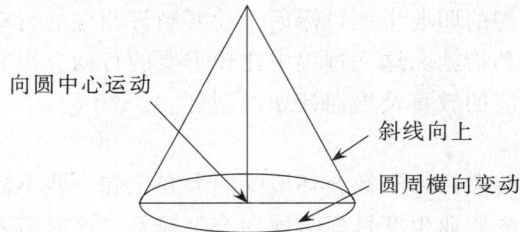

向圆中心运动
斜线向上
圆周横向变动

图6-1 施恩的职业生涯发展轨迹示意图

这种朝核心方向发展的轨迹，具体是指员工经过一段时间的工作之后，工作才能和技术熟练程度都有所提高，其表现为他人所了解，并逐渐得到组织中的老成员甚至高层管理者的信任和器重，虽然其在工作职务和组织等级上没有什么正式的变化，却能够接近组织的核心层人物，可以获得更多有关组织的核心信息或参与企业的有关核心决策，对组织的影响也很大。这种职业发展轨迹对员工个人职业生涯的发展会起到更为重要的影响。

6.2.4　员工个人制定职业生涯规划的步骤

1）自我评估

自我评估是对自己做出全面的分析，主要包括对个人的需求、能力、兴趣、性格、气质等方面的分析，以确定什么样的职业比较适合自己和自己具备哪些能力。

2）组织与社会环境分析

组织与社会环境分析是对自己所处的环境的分析，以确定自己是否适应组织环境或者社会环境的变化，以及怎样来调整自己以适应组织和社会的需要。短期的规划比较注重组织环境的分析，长期的规划则更多地注重社会环境的分析。

3）职业生涯机会评估

职业生涯机会评估包括对长期机会的评估和对短期机会的评估。通过对社会环境的分析，结合本人的具体情况，评估有哪些长期的发展机会；通过对组织环境的分析，评估组织内有哪些短期的发展机会。通过职业生涯机会的评估可以确定职业和职业发展目标。

4）职业生涯目标的确定

职业生涯目标的确定包括人生目标、长期目标、中期目标与短期目标的确定，它们分别与人生规划、长期规划、中期规划和短期规划相对应。一般情况下，我们首先要根据个人的专业、性格、气质和价值观以及社会的发展趋势确定自己的人生目标和长期目标，然后把人生目标和长期目标进行分解，根据个人的经历和所处的组织环境制定相应的中期目标和短期目标。

5）制订行动方案

在确定以上各种类型的职业生涯目标后，就要制订相应的行动方案来实现它们，把目标转化成具体的方案和措施。这一过程中比较重要的行动方案有职业生涯发展路线的选择、职业的选择和相应的教育及培训计划的制订。

6）评估与反馈

在人生不同的发展阶段，由于社会环境的巨大变化和一些不确定因素的存在，会使目前的状况与原来制定的职业生涯目标与规划产生偏差，这时需要对职业生涯目标与规划进行评估和做出适当的调整，以更好地符合自身发展和社会发展的需要。职业生涯规划的评估与反馈过程是个人对自己的不断认识过程，也是对社会的不断认识过程，是使职业生涯规划更加有效的有力手段。

6.3　组织的员工职业生涯规划与管理

6.3.1　职业发展通道

组织提供的职业生涯发展通道，是新员工实现个人目标的必要条件。员工职业发展通道包括纵向发展通道、横向发展通道和双重发展通道三种类型。

1）纵向发展通道

纵向发展通道，简单来说，就是依据职务的等级由低至高晋升，这是目前多数组织为员工提供的主要发展通道。不同性质的组织，职务的性质差异比较大，大致可以划分为专业技术类和管理类两大类。在许多组织内部，传统的职业发展模式是本职工作业绩突出、综合能力强的员工会被提升进入管理层，实现纵向的提升。这种上升通道标准明确，相对公平，要求员工的能力和素质达到相当的水平。纵向发展具有较大的诱惑力，有助于激励员工努力工作，而且晋升的员工凭借出色的业务能力，容易获得组织内部其他员工的认可。为此，组织需要设立相应的标准并提供与晋升职位配套的培训。

2）横向发展通道

横向发展通道，是指同等行政级别的不同职务之间的调动，比如传统意义上的轮岗。横向的职业发展可以弥补纵向发展的不足，在纵向发展通道上，等级越高，空间越小。大多数员工都位于金字塔的底部，构筑组织存在的基础。如何激发金字塔底部员工的工作热情，推动他们的职业发展，这是横向发展通道需要承担的使命。

对于技术人员，组织应根据他们的意愿，帮助他们在两个或多个技术部门之间轮换，为他们提供更多的学习不同技术的机会，提升他们的专业能力，从而为未来纵向的职业成长提供更多的机遇和公平的竞争环境。对于管理人员，组织可以让他们在相同行政级别上进行岗位轮换，丰富他们的工作内容，更好地掌握组织的内部结构，提高协调能力，为未来的发展打下基础。

3）双重发展通道

现在已经进入知识经济时代，科技是第一生产力，技术人员、专家、专门的市场开发人才在组织内部的重要性越来越大，并不是所有员工都愿意放弃专业从事管理工作，尤其是热爱专业研究的技术人员；而优秀的专业人员如果晋升到管理岗位，被事务性工作所纠缠，失去在专业技术、市场领域的开发能力，对企业而言是巨大的损失，所以有必要为他们创造其他能够实现其工作价值的发展通道。通道越多意味着职务设置越复杂。选择何种通道要从组织自身的特点和战略发展方向出发，并不是越多越好。职业发展双重通道如图6-2所示。

管理类和专业技术类是职业生涯发展的双重通道，组织需要为这两种发展通道赋予相同的待遇和相同的地位机制，相同层次的两者之间存在着对应关系。管理类和专业技术类岗位的差异较大，但不能厚此薄彼，许多单位存在重管理类岗位而轻专业技术类岗位的现象。

企业建立职业发展双重通道，应充分考虑员工能力、性格、职业目标的差异，满足不同员工的职业发展需求。员工可以向管理层努力，也可以向专业技术方向发展，"术业有专攻"。两条路都能够提升个人的地位和待遇，获得认同。同时，建立职业发展双重通道也有利于组织的长远发展，特别是能够保留并激励专业技术人员，适应时代发展的趋势。

6.3.2　制定员工职业生涯发展规划的方法

制定员工职业生涯规划时，通常会根据实际情况选择比较合适的方法，比较常见的方法有以下几种：

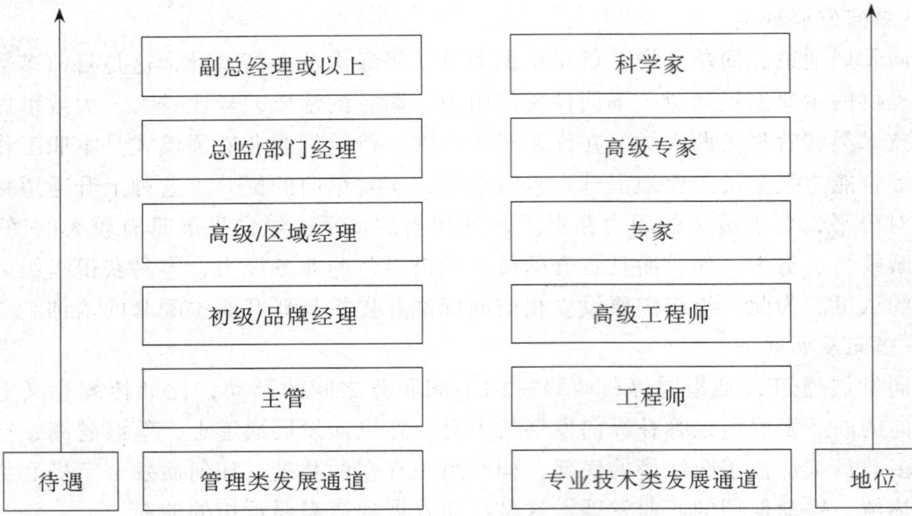

图6-2 职业发展双重通道

微课6-2

制定员工职业生涯规划的方法与个人发展规划

1）建立员工职业发展信息系统

在建立人力资源信息系统的同时，应该建立有关职业发展的信息系统。职业发展信息系统的内容包括职业的性质、职业在社会中的地位和发展方向、从事该职业必备的资格条件、职业的收入水平、职业生涯发展要求的知识结构与素质、职业晋升通道等。

2）提供职业咨询

组织应提供适当的指导和咨询，具体包括：帮助员工分析自身的特性、长处和短处；帮助员工学习职业生涯发展的知识，使其能够更积极地管理职业生涯；提供组织内外部的可选择的职业；帮助员工克服职业发展中的各种问题。

3）制定职业生涯通路

职业生涯通路是对前后相继的工作岗位和经验所做的客观描述，表现为在一种职业中个人发展的一般路线或理想路线。它建立在将职业角色放在一个不断变化和发展状态的基础上，为员工的能力拓展提供各种机会。

4）向员工开放工作岗位

将组织内每个工作岗位的信息向员工开放，要求员工或求职者根据自己的条件和职业期望选择适当的岗位，使工作建立在自愿的基础上。

5）制订教育、培训计划

组织针对员工职业发展的要求和员工能力与素质的缺陷，进行有计划的教育和培训。

6）强调职业自我管理

职业自我管理是一种跟上组织以及所在行业变化的速度并对未来做好准备的能力。这个概念强调了个人不断学习的必要。因为今天还存在的工作可能明天就发生变化了，或者完全消失了。组织强调员工要进行职业自我管理，可以得到具备高超技能及高度灵活性的员工。

7）职业道路引导

职业道路引导可定义为一系列包括正式的与非正式的教育、培训以及工作经验的开发活动，这些开发活动有助于员工获得从事更高一级职位所需要的知识和技能等。职业道路引导指明了组织内员工可能的发展方向和发展机会，组织内每个员工可能沿着本组织的职业道路变换工作岗位。

6.3.3 员工个人发展计划与员工培训和开发

组织利用培训和开发为员工职业发展提供支持。由于产业结构的变化直接引起就业结构的变化，使得传统的就业岗位越来越少，而技术性、信息性、智力性的就业岗位逐渐增多，因此对员工的专业知识和技术更新提出了发展要求。

1）员工在组织中的职业生涯发展阶段

员工在组织中的职业生涯发展大致分为前期、中期和后期三个基本阶段，企业在为员工开展职业生涯规划时，需要依据新员工、中期员工和老资格员工的不同特点，采取相对应的规划思路和方法，实行动态整合管理。在每个阶段中，个人的状态与企业的管理要求都会存在不尽相同之处。

（1）前期阶段。企业需要帮助新员工适应企业生活，安排相应培训，以相应的仪式接纳新员工的加入，或者通过师傅帮带等方式，引领他们融入企业内部，知晓企业文化、历史和规章制度，熟悉组织的业务等。这样有助于新员工加快入职过程，迅速完成职业适应。

对于新员工的首份工作，管理层既要充分考虑新员工的目标，尽可能为他们提供具有挑战性的起步工作，帮助他们获得信心和自我肯定，从而迅速找到自己的位置和确定以后的发展目标，增加对优秀人才的吸引力，促进企业的发展，又要预防新员工的能力、经验有限，无法承担挑战性的工作的情况。

（2）中期阶段。完善和畅通的职业发展通道对中期员工而言，具有较大的吸引力，也是促使他们不断进取的动力。职业前途成为吸引人才的主要因素已是不争的事实。进入中期的员工，是关系到企业能否稳定发展的核心群体，他们已经度过最初的适应期，企业的内部环境和外部因素使他们的工作目标和心理状态变得复杂。企业在这个阶段，不仅要尊重和掌握员工的职业发展方向，更重要的是帮助他们分析未来的职业前景，激励他们确立符合企业发展战略和趋势的职业目标，并从企业角度帮助他们实现个人目标。

（3）后期阶段。企业不可避免地要面临员工退休、工作动力衰竭等问题。企业需要设计相应的退休步骤和计划，帮助老员工逐步适应工作量的削减、工作和生活状态的调整，肯定他们的职业贡献，让他们保持成就感，走完在企业内最后的职业生涯。

2）个人发展计划

个人发展计划是针对个体而言的，员工在制订个人发展计划时可以结合企业以及部门的计划目标。个人发展计划主要由每位员工与其上级一起根据个人的发展需要而制订。企业可以建立职业发展辅导的导师制度，上层的直接主管或资深员工可以成为员工的职业发展导师。职业发展导师在新员工试用期结束后，与新员工沟通交流，必要的时候还可以使用测评工具对新员工进行个人特长、技能评估和职业倾向调查，帮助新员工根据自己的情况，如职业兴趣、资质、技能、个人背景等，明确职业发展意向、设立未来职业目标、制定发展计划表。员工职业生涯规划表示例见表6-1。

表6-1 **员工职业生涯规划表**

填表日期： 年 月 日 填表人：

姓名：	年龄：	部门：		岗位名称：
教育状况	最高学历：	毕业时间： 年 月		毕业学校：
	已涉足的主要领域：			
参加过的培训	1.		5.	
	2.		6.	
	3.		7.	
	4.		8.	
目前具备的技能/能力	技能/能力的类型		证书/简要介绍此技能/能力	

其他单位工作经历简介

	单位	部门	职务	对此工作满意的地方	对此工作不满意的地方
1					
2					
3					

你认为自己最重要的三种需要是：

□弹性的工作时间 □成为管理者 □报酬 □独立 □稳定 □休闲

□和家人在一起的时间 □挑战 □成为专家 □创造

请详细介绍一下自己的专长

结合自己的需要和专长，你对目前的工作是否感兴趣，请详细介绍一下原因

请详细介绍自己希望选择哪条晋升通道（或组合）

请详细介绍自己的短期、中期和长期职业规划设想

3）员工培训

设计好了员工的职业生涯体系，还需要以相应的个人与企业的培训计划作为辅助，确保员工能得到长期的保护与培养，给每位员工提供不断成长、挖掘个人潜力的机会，这也是企业人力资源管理部门的另一个重要任务。

员工勤奋工作除了可以获得薪金、享有福利以外，还可以得到企业适时提供的大量培训和发展机会。设置培训项目的宗旨是：为了提升企业全员的素质，适应企业不断发展的要求；为企业人力资源战略规划与发展提供有力的支持；充实员工的专业知识和岗位技能，提高工作质量和绩效；构建符合企业策略和发展方向的培训体系，形成"学习型组织"，提升企业整体的绩效及竞争力。培训项目的统筹规划、组织协调、具体实施和控制等工作由人力资源管理部门主要负责。其他各部门经理及相关人员负责协助人力资源管理部门进行培训的实施、控制，并同时负责组织部门内部的培训。培训项目主要包括：

（1）新员工培训。新员工培训指对新入职的员工进行的培训，主要内容包括企业文化、组织结构、基本产品知识、相关人事制度以及职业发展教育等方面的培训。

（2）部门培训。部门培训包括部门内部培训和部门交叉培训。前者指各部门根据实际工作需要，利用内部培训资源对员工开展的有关业务知识和岗位技能培训以及经验的交流与分享等；后者指利用企业内部培训资源，在相关业务部门之间开展与工作内容相关的知识、技能等的交流培训。部门培训人员可以由企业内部在某些特定领域有专长、具备一定讲解能力的员工来担当。

（3）外部培训。为开拓思维，触发灵感，进一步提高管理水平和业务能力，还可以进行外部培训。外部培训包括通用类和专业类两种。前者指利用外部培训资源组织开展的全员适用的通用类知识、技能和态度等培训；后者指利用外部培训资源开展的与业务、技术等相关的知识和技能等培训。

4）员工开发

员工开发的方法有正规教育项目、评价法、工作实践及开发性人际关系的建立等几种。

（1）正规教育项目是企业专门为员工设计的脱产和在职培训计划，如在职 MBA、由咨询公司和专家提供的短期课程、住校学习大学课程等。

（2）评价法是收集关于员工行为、沟通方式及技能等方面的信息，然后向他们提供反馈，使员工明确自己的特质、性格类型及能力结构特点。评价法通常用来衡量员工的管理潜能及评价现任管理人员的强项和弱项，还可以用来确认经理人员的晋升潜能。

（3）工作实践的主要对象是高级经理和其他管理人员，要求他们指出在职业生涯中哪些关键事件使得自己的管理风格与众不同，从中总结出经验教训。常见的开发途径有扩大现有工作内容、工作轮换、工作调动、晋升、降级以及临时安排其他工作等。

（4）开发性人际关系的建立是通过与组织中富有经验的员工之间的互动来开发自身技能，以及增加对企业和客户的认识，主要有导师指导和教练辅导两种方式。导师是经验丰富、卓有成效的高级员工，他通过为受助者提供职业支持和心理支持，帮助缺乏工作经验的人进行技能开发。教练就是同员工一起工作的同事或经理。教练可以鼓励员工，帮助其开发技能，并能提供激励和反馈。教练可以扮演两种角色：一种角色是为员工提供一对一的训练并进行反馈；另一种角色是帮助员工学习，包括协助他们找到专家并指导他们如何从他人那里获得信息反馈，以及向员工提供资源。员工能力开发需求表示例见表6-2。

表6-2　　　　　　　　　　　　　　　**员工能力开发需求表**

填表日期：　　　　年　月　日

姓名：			所在部门：			岗位名称：
所承担的工作	自我评价			上级评价		上级评价的事实依据
	完全胜任	胜任	不能胜任	完全胜任	胜任	不能胜任	
1							
2							
3							

我对工作的希望和想法	目前实施的结果如何
1. 2. 3.	1. 2. 3.

达到目标所需的知识和技能

1.
2.
3.

需要掌握但目前尚欠缺的知识和技能	所需培训的课程名称
1. 2. 3.	1. 2. 3.
通过培训已掌握的知识和技能	已培训的课程名称
1. 2. 3.	1. 2. 3.

对培训实施效果的意见

需要公司提供的非培训方面的支持	上级意见及依据

6.3.4 促进员工职业生涯成功

1）职业生涯成功的概念

职业生涯成功是个人职业生涯追求目标的实现。职业生涯成功的含义因人而异，具有很强的相对性，对于同样的人在不同的人生阶段也有着不同的含义。每个人都可以也应该对自己的职业生涯成功进行明确界定，包括成功意味着什么，成功时发生的事和一定要拥有的东西、成功的时间、成功的范围、被承认的方式、想拥有的权势和社会的地位等。对有些人来讲，成功可能是一个抽象的、不能量化的概念，例如感觉愉快，在和谐的气氛中工作，有工作完成后的成就感和满足感。在职业生涯中，有的人追求职务晋升，有的人追求工作内容的丰富化。对于年轻员工来说，职业生涯的成功主要在于获得满足感与成就感，而不是一味地追求快速晋升；在工作设计上，设法增加其工作内容，使工作更具挑战性。

2）职业生涯成功的意义和方向

职业生涯成功能使人产生自我实现感，从而促进个人素质的提高和潜能的发挥。当前，职业生涯成功的标准与方向具有明显的多样性。职业生涯成功与否，个人、家庭、企业、社会判定的标准都存在一定的差异。目前有五种不同的职业生涯成功方向：

进取型——达到集团和系统的最高地位。

安全型——追求认可、工作安全、尊敬，成为"圈内人"。

自由型——在工作过程中得到最大的控制而不是被控制。

攀登型——得到刺激、挑战、冒险等机会。

平衡型——在工作、家庭关系和自我发展之间取得有意义的平衡，以使工作不至于变得太耗精力或太乏味。

3）职业生涯成功的标准和评价体系

（1）职业生涯成功的标准。职业生涯成功的标准具有多样性。国外一些学者在对多个公司的经理和人事专家进行调查后，系统地阐述了四种职业生涯成功的标准：

攀登型——一些人将成功定义为一种螺旋型的东西，不断上升和自我完善。

安全型——一些扎实的人需要长期的稳定和相应不变的工作认可。

自由型——还有一些人视成功为经历的多样性。

进取型——一些人视成功为升入企业或职业较高阶层。

学者们假设这些职业生涯观念来自个人的思维习惯、动机和决策类型，并成为指导人们长期职业生涯选择的根据。

职业生涯成功与家庭生活之间也有着非常密切的关系。个人与家庭发展遵循着并行发展的逻辑关系，职业生涯的每个阶段都与家庭因素息息相关，或协调，或冲突。职业生涯与家庭责任之间的平衡，对于年轻雇员特别是女性雇员来说尤为重要。每个人在社会生活中都扮演着多种社会角色，我们作为子女、父母的角色是不可逆的，我们能放弃一项职业，却不能放弃这些角色，我们要设法完成这些角色。因此，家庭成员的意见对雇员的工作成效有重大影响。

（2）职业生涯成功的评价体系。要对职业生涯成功进行全面的评价，必须综合考虑个人、家庭、企业、社会等各方面的因素。有人认为职业生涯成功意味着个人才能的发挥以及为人类社会做出贡献，并认为职业生涯成功的标准可分为"自我认为"、"社会承认"和"历史判定"。对于企业管理人员来说，按照人际关系范围，可以将其职业生涯成功标准分为自我评价、家庭评价、企业评价和社会评价四类评价体系，见表6-3。如果一个人能在这四类体系中都得到肯定的评价，则其职业生涯必定成功无疑。

表6-3 职业生涯成功的评价体系

评价方式	评价者	评价内容	评价标准
自我评价	本人	（1）自己的才能是否充分施展； （2）对自己在企业发展、社会进步中所做出的贡献是否满意； （3）对自己的职称、职务、工资待遇等方面的变化是否满意； （4）对处理职业生涯发展与其他人生活动的关系的结果是否满意	根据个人的价值观念及个人的知识、水平、能力
家庭评价	父母、配偶、子女等家庭成员	（1）是否能够理解和肯定； （2）是否能够给予支持和帮助	根据家庭文化
企业评价	上级、平级、下级	（1）是否有下级、平级同事的赞赏； （2）是否有上级的肯定和表彰； （3）是否有职称、职务的晋升或相同职务责权利范围的扩大； （4）是否有工资待遇的提高	根据企业文化及其总体经营结果
社会评价	社会舆论、社会组织	（1）是否有社会舆论的支持和好评； （2）是否有社会组织的承认和奖励	根据社会文明程度、社会历史进程

资料来源 徐娅玮. 职业生涯管理［M］. 深圳：海天出版社，2002.

由于职业生涯成功方向和标准的多样性，企业应根据员工的具体情况制定个性化的职业生涯开发与管理战略，这是对员工人格价值的尊重；同时，企业也应根据自身的特点制定职业生涯开发与管理工作的战略目标和措施。通过两者之间的平衡，找到企业发展和个人发展之间的最佳结合点，促进企业和雇员的共同发展。

▶ 思政园地

国务院关于印发"十四五"就业促进规划的通知（节选）

聚焦高校毕业生等重点群体，坚持市场化社会化就业与政府帮扶相结合，促进多渠道就业创业。

拓宽高校毕业生市场化社会化就业渠道。结合国家重大战略布局、现代产业体系建设、中小企业创新发展，创造更多有利于发挥高校毕业生专长和智力优势的知识技术型就业岗位。健全激励保障机制，畅通成长发展通道，引导高校毕业生到中西部、东北、艰苦边远地区和城乡基层就业。围绕乡村振兴战略，服务乡村建设行动和基层治理，扩大基层教育、医疗卫生、社区服务、农业技术等领域就业空间。为有意愿、有能力的高校毕业生创新创业提供资金、场地和技术等多层次支持。

强化高校毕业生就业服务。健全校内校外资源协同共享的高校毕业生就业服务体系，完善多元化服务机制，将留学回国毕业生及时纳入公共就业人才服务范围。加强职业生涯教育和就业创业指导，加大就业实习见习实践组织力度，开展大规模、高质量高校毕业生职业技能培训，提高高校毕业生就业能力。实施常态化高校毕业生就业信息服务，精准组织线上线下就业服务活动，举办行业性、区域性、专业性专场招聘，加强户籍地、求职地、学籍地政策服务协同，提高供需匹配效率。对离校未就业高校毕业生开展实名制帮扶，健全困难高校毕业生就业援助机制。强化择业就业观念引导，推动高校毕业生积极理性就业。开展"最美基层高校毕业生"学习宣传活动。

资料来源　国务院. 国务院关于印发"十四五"就业促进规划的通知（国发〔2021〕14号）〔EB/OL〕.（2021-08-27）〔2023-06-20〕. https://www.gov.cn/zhengce/content/2021/08/27/content_5633714.htm.

问题：如何做好高校毕业生的职业生涯教育和就业指导？

分析提示：聚焦高校毕业生等重点群体，坚持市场化社会化就业与政府帮扶相结合，促进多渠道就业创业，强化高校毕业生择业就业观念引导，推动高校毕业生积极理性就业。

▰▰▰▰▰▶ 知识掌握 ▰▰▰▰

一、名词解释

职业　职业生涯　职业锚　职业规划　职业生涯管理

二、单项选择题

1.在职业（　　），组织需要帮助新员工适应组织生活，安排相应培训，以相应的仪式接纳新员工的加入，或者通过师傅帮带等方式，引领他们融入组织内部，知晓组织文化、历史和规章制度，熟悉自己的业务等。

A.前期阶段　　　　　B.预备阶段　　　　　C.中期阶段　　　　　D.后期阶段

2.（　　）是指同等行政级别的不同职务之间的调动，比如传统意义上的轮岗。

A.纵向发展　　　　　B.横向发展　　　　　C.越级发展　　　　　D.斜向发展

3.（　　）是对自己做出全面的分析，主要包括对个人的需求、能力、兴趣、性格、气质等的分析，以确定什么样的职业比较适合自己和自己具备哪些能力。

A.生涯机会的评估　　　　　　　　　　B.组织与社会环境分析

C.评估与反馈　　　　　　　　　　　　D.自我评估

4.霍兰德职业兴趣测量法中（　　）的共同特点：喜欢与人交往、不断结交新的朋友、善言谈、愿意教导别人。关心社会问题、渴望发挥自己的社会作用。寻求广泛的人际关系，比较看重社会义务和社会道德。

A.实际型　　　　　B.研究型　　　　　C.艺术型　　　　　D.社会型

5.霍兰德职业兴趣测量法中（　　）的共同特点：愿意使用工具从事操作性工作，动手能力强，做事手脚灵活，动作协调。偏好于具体任务，不善言辞，做事保守，较为谦虚。缺乏社交能力，通常喜欢独立做事。

　　A.实际型　　　　　　B.研究型　　　　　　C.艺术型　　　　　　D.社会型

6.（　　　）开始考虑自身条件与喜爱的职业是否相符合，并且有意识地进行能力培养。

　　A.暂定期　　　　　　B.能力期　　　　　　C.尝试期　　　　　　D.稳定期

7.（　　　）是企业专门为员工设计的脱产和在职培训计划，如由咨询公司和专家提供的短期课程、在职 MBA 计划，以及住校学习的大学课程计划及其实践过程。

　　A.正规教育项目　　　　　　　　　　　　B.评价法

　　C.工作实践　　　　　　　　　　　　　　D.开发性人际关系的建立

8.（　　　）是通过与组织中更富有经验的员工之间的互动来开发自身技能，以及增加对企业和客户的认识，主要有导师指导和教练辅导两种方式。

　　A.正规教育项目　　　　　　　　　　　　B.评价法

　　C.工作实践　　　　　　　　　　　　　　D.开发性人际关系的建立

9.职业锚是指当一个人面临职业选择的时候，他无论如何都不会放弃的职业中至关重要的东西或价值观。这一理论是（　　　）提出来的。

　　A.金斯伯格　　　　B.萨帕　　　　　　C.格林豪斯　　　　　D.施恩

10.职业生涯管理的本质是（　　　）。

　　A.组织不断发展　　　B.员工不断成长　　　C.留住员工　　　D.创造效益

三、多项选择题

1.职业生涯管理必须满足（　　　）的双重需要。

　　A.社会　　　　　　B.企业　　　　　　C.个人　　　　　　D.家庭

2.霍兰德根据性格与职业兴趣的关系，将人的兴趣及社会职业划分为 6 种基本类型，即（　　　）、企业型和传统型。

　　A.实际型　　　　　B.研究型　　　　　C.艺术型　　　　　D.社会型

3.个人在职业生涯发展中的方向可分为（　　　）。

　　A.纵向发展　　　　　　　　　　　　B.双重通道发展

　　C.横向发展　　　　　　　　　　　　D.斜向发展

4.职业生涯的发展常常伴随着年龄的增长而变化，因此可以将一个人的职业生涯划分为（　　　）和下降阶段。

　　A.成长阶段　　　　B.探索阶段　　　　C.确立阶段　　　　D.维持阶段

5.职业生涯成功与否，个人、家庭、企业、社会判定的标准都存在一定的差异。目前有五种不同的职业生涯成功方向：（　　　）以及平衡型。

　　A.进取型　　　　　B.安全型　　　　　C.自由型　　　　　D.攀登型

四、简答题

1.如何正确理解职业生涯规划的含义？

2.职业生涯规划的原则是什么？

3.员工个人制定职业生涯规划的步骤有哪些？

4.什么是职业生涯成功？

5.简述霍兰德职业兴趣测量法 6 种基本类型。

五、论述题

试论述制定员工职业生涯规划有哪些方法。

━━▶ 综合应用 ▰▰▰

□案例分析

3M公司的职业生涯体系 重员工潜力数据

3M公司的管理层始终尽力满足员工职业生涯发展方面的需求。从20世纪80年代中期开始，公司的员工职业生涯咨询小组一直向个人提供职业生涯问题咨询、测试和评估服务，并举办个人职业生涯问题公开研讨班。通过人力资源分析过程，各级主管对自己的下属进行评估。公司采集有关职位稳定性和个人职业生涯潜力的数据，通过电脑进行处理，然后用于内部人员的提拔。

公司的人力资源部门对员工职业生涯发展中的各种关系进行协调。公司以往的重点更多地放在评价和人力资源规划上，而不是员工职业生涯发展的具体内容。新的方法强调公司需求与员工需求之间的平衡，为此，3M公司设计了员工职业生涯管理体系。

（1）职位信息系统。根据员工民意调查的结果，3M公司于1989年年底开始试行了职位信息系统。员工们的反应非常积极，人力资源部、一线部门及员工组成了专题工作小组，进行为期数月的规划工作。

（2）绩效评估与发展过程。该过程涉及各个级别（月薪和日薪员工）和所有职能的员工。每一位员工都会收到一份供明年使用的员工意见表。员工填写自己对工作内容的看法，指出主要进取方向和期待值。然后，员工们与自己的主管一起对这份工作表进行分析，就工作内容、主要进取领域和期待值以及明年的发展预期达成一致。在第二年中，这份工作表可以根据需要进行修改。到年底时，主管根据以前确定和讨论的业绩内容及进取方向完成业绩表彰工作。绩效评估与发展过程促进了3M公司主管与员工之间的交流。

（3）个人职业生涯管理手册。公司向每一位员工发放一本个人职业生涯管理手册，它概述了员工、领导和公司在员工职业生涯发展方面的责任，还明确提出公司现有的员工职业生涯发展资源，同时提供一份员工职业生涯关注问题的表格。

（4）主管公开研讨班。为期一天的公开研讨班有助于主管们理解自己所处的复杂的员工职业生涯管理环境，同时提高他们的领导技巧及对自己所担任的各类角色的理解。

（5）员工公开研讨班。提供个人职业生涯指导，强调自我评估、目标和行动计划，以及平级调动的好处和职位晋升的经验。

（6）一致性分析过程及人员接替规划。集团副总裁会见各个部门的副总经理，讨论其手下管理人员的业绩情况和潜能。然后，管理层逐级召开类似会议，与此同时开展人员接替规划项目。

（7）职业生涯咨询。公司鼓励员工主动去找自己的主管商谈个人职业生涯问题，也为员工提供专业的个人职业生涯咨询。

（8）职业生涯项目。作为内部顾问，员工职业生涯管理人员根据员工兴趣开发出一些项目，并将它们在全公司推出。

（9）学费补偿。这个项目已实行多年，它报销与某一工作或个人职业生涯相关的学位项目的全部学费和费用。

（10）调职。职位撤销的员工自动进入个人职业生涯过渡公开研讨班，同时接受具体的过渡咨询。根据管理层的要求，还为解除聘用的员工提供外部新职介绍。

资料来源　张岩松，李健. 3M公司的职业生涯体系　重员工潜力数据［EB/OL］.（2022-11-01）［2023-06-20］. https://wenku.baidu.com/view/d828599c1a5f312b3169a45177232f60ddcce72e.html?

问题：3M公司的员工职业生涯管理体系对于公司的发展有何意义？

分析提示：可以根据员工的需求帮助员工找到合适的职业方向，可以深度挖掘员工的潜能，最大限度地提高组织人力资源的利用效果。

□实践训练

训练1

每位学生结合所学习到的关于个人职业生涯规划的方法和步骤，完成一份个人职业生涯规划。

要求：内容翔实、格式规范、层次清晰、语句通顺、排版合理。

训练2

晓梅研究生毕业后，被一家外企录用。文化背景的差异，让晓梅很不适应。她看到在另一家企业工作的同学常常能够出国，几个月的时间里就先后去了欧洲、美洲的多个国家，十分羡慕。实习期刚满，晓梅就提出辞职，很快更换了东家。

第一次辞职，晓梅还算是如意，新的单位也确实成全了她的出国梦想。但是很快，晓梅发现常常出国并没有想象中的快乐。最为突出的问题就是本来就积蓄不多的钱袋空空如洗，国是出了，但只能是眼看着喜欢的商品却无力购买，心情很是郁闷。在每次的出国行程中，工作时间与逛街时间严重失调，有几次甚至是刚刚结束工作，就要赶往机场踏上返程，当时她的心情真的是郁闷至极。

紧跟着，晓梅又换了东家，实现了高一些的收入的愿望，但是出国的机会没有了，工作环境也远远不如第一家企业。就这样，晓梅不断地换着工作，每次为了一个简单的目的，但往往失去的更多。凭借着自己的高学历，每次换东家也还算是顺利。一路走下来，两年的时间里，晓梅竟然换了5次工作，"我现在都不知道自己为什么又要换工作了。每次熟悉了新的岗位我就想换工作，我不知道自己是不是得了什么病。"

问题：请运用所学知识为晓梅提些建议。

提示：根据职业生涯规划的步骤，在分析个人的兴趣、能力、需求的基础上，结合外部环境确定个人的职业锚，并制订比较清晰的培训计划，通过努力达到个人的职业发展目标。

■■■➡ 课外拓展 ■■■

关注新媒体平台，获取人力资源管理领域最新的观点、方法、技巧，了解人力资源管理的前沿资讯。

　　微信公众号"人力资源杂志社"，认证主体是《人力资源》杂志社。《人力资源》杂志以关注人与组织的协同发展为办刊宗旨，力推"如何思考（看法）""如何操作（干法）""如何生活（活法）"三大主题栏目，竭诚为有品质的HR经理人服务，用心打造职场管理者的心灵读本。请在微信公众号中搜索"人力资源杂志社"或"chinahrmo"。

第7章 绩效管理

▶ 学习目标 ◀

通过本章学习，你应该达到以下目标：

知识目标

理解和掌握绩效的概念；理解绩效管理的概念和意义；掌握绩效管理的基本流程；掌握绩效计划的制订方法；掌握绩效考核的方法；掌握绩效面谈的方法。

能力目标

正确选择绩效考核方法；设计绩效考核方案；设计绩效考核量表；进行绩效面谈。

素养目标

树立科学的绩效管理理念，通过绩效计划的制订、实施、考核以及反馈等过程提高绩效；运用正确的价值观和理念做好绩效考核工作，尤其注重思想道德方面的考核，可以在考核指标中适当提高其考核比重，通过绩效考核，引导员工不仅重视业务能力和水平的提升，还需不断提升思想道德修养水平。

▶ 内容架构 ◀

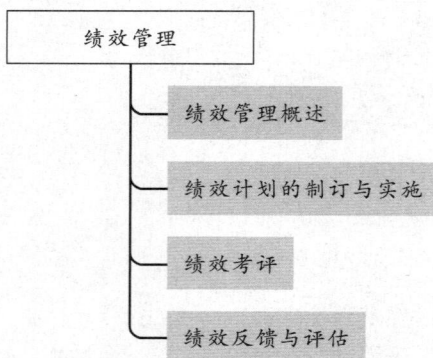

▶ 引例 ◀

腾讯公司的绩效管理

绩效考核对于企业来讲是一项系统性的工程。它主要的目的是对员工过去工作行为及取得的工作业绩进行评估，并运用评估的结果对员工将来的工作行为和工作业绩产生正面的引导。腾讯公司是如何对员工进行考核的呢？

一、绩效考核原则

腾讯公司在进行员工绩效考核时，遵循以下原则：

1. "三公"原则，"公正、公开、公平"。绩效管理各环节目标公正，过程公开，评价公平。

2. 团队倾向性原则。团队中所有人员都对部门的 KPI（关键绩效指标）和涉及的业务流程负责。领导者要通过绩效辅导帮助下属提高绩效，各个任职者有责任帮助流程相关周边人员提高绩效。

3. 客观性原则。主管在评价下属时以绩效为主，以日常管理中的观察、记录为基础，各部门要逐步规范对员工日常工作计划与总结的管理，以此作为考核的主要依据。

4. 绩效考核责任结果导向原则。突出业绩，以在正确时段达成正确绩效结果为依据，兼顾能力或者关键行为以及个人态度对工作和团队的价值贡献。

5. 动态与发展原则。绩效管理保持动态性和灵活性，绩效标准、实施标准将随着公司和管理对象的成长以及战略的变化而变化。

二、绩效考核周期

腾讯公司的整体考核分为半年考核与季度考核两种模式。每次考核由公司 HR 统一组织，各部门分头实施。半年考核的结果将应用于职级评定、干部晋升评估，同时作为薪酬调整与年度绩效奖金分配的基础依据。季度考核仅作为引导员工进行总结、上级了解下级工作的手段。

三、考核结果应用

腾讯公司的绩效考核分为 S、A、B、C 四个等级，依次对应为优秀、良好、合格、待改进四个等级。各等级的比例分别为 5%、40%、50%、5%。

对考核结果为 S 级的普通员工和基层干部，将授予"腾讯优秀员工""腾讯优秀基层管理干部"荣誉称号。相应激励方式包括通报表彰、召开表彰大会进行颁奖、发放奖金与奖品等。

对考核结果为 C 级且部门评估为"不合格"的普通员工，将进行辞退处理；对考核结果为 C 级且部门评估为"待改进"的员工，部门将制订强制的"绩效改进计划"，并根据情况给予培训、转岗、降薪等处理；同时，对连续两次考核结果为 C 级的员工，将进行辞退处理。

对考核结果为"待改进"的基层管理干部，将根据绩效差距制订"绩效改进计划"，并纳入管理辅导和专项培养计划；同时，对连续两次考核结果为"待改进"的员工，将根据情况建议给予免职的处理。

四、绩效考核申述

如果员工对考核结果不认同，或认为评估有失公正、违反公司规定的，可在考核结果反馈后 10 个工作日内提出申诉。

资料来源　编者根据相关资料整理。

这一引例表明：腾讯公司完善的绩效考核体系能有效地引导各级员工按照公司总体目标完成各项任务。

7.1 绩效管理概述

7.1.1 绩效的概念和特征

微课 7-1

绩效管理
概述

关于绩效的含义有很多说法，如绩效就是完成工作任务，如生产线等；绩效就是工作结果与产出，如责任、目标、指标、任务、关键绩效指标等；绩效就是行为，如销售人员销售过程中的表现；绩效是结果与过程的统一体，即绩效=结果（做什么）+行为（如何做）；绩效是结果和能力的统一体，即绩效=做了什么（实际收益）+能做什么（预期收益）等。

本教材采用以下概念：绩效是结果与过程的统一体，即**工作绩效**是指员工在一定时间与条件下完成一项任务所表现出的工作行为和所取得的工作结果。"绩"侧重于"量"的规定性，就是业绩，体现企业的利润目标，包括两部分：目标管理和职责要求；而"效"则侧重于"质"的规定性，就是效率、效果、态度、品行、行为、方法、方式等。

从管理学的角度看，绩效是组织期望的结果，是组织为实现其目标而展现在不同层面上的有效输出，包括个人绩效和组织绩效两个方面。组织绩效实现应在个人绩效实现的基础上，但是个人绩效的实现并不一定保证组织是有绩效的。如果组织的绩效按一定的逻辑关系被层层分解到每一个工作岗位以及每一个人的时候，只要每一个人达成了组织的要求，组织的绩效就实现了。

绩效主要包括三方面的特征，即多因性、多维性与动态性。

绩效的多因性是指绩效的优劣受到主、客观多种因素影响。具体而言，主要有员工的技能（S）、激励（M）、环境（E）、机会（O）这四种影响因素，前两者是员工自身的主观性影响因素，后两者则是客观性影响因素。

若用公式形象表达，则可表示为：

$P=F（S、M、E、O）$

其中，P为绩效，即绩效是技能、激励、环境和机会的函数。

（1）技能指员工的工作技巧与能力，它取决于个人智力、经历、天赋、教育与培训等个人特点。其中，教育与培训不仅提高个人技能，还增强个人对实现目标的自信心，从而起到激励作用。

（2）激励（M）是指调动员工工作积极性，激励与员工个人的需要层次、个性和价值观等有关，其中需要层次影响最大。

（3）环境（E）是指企业内部和外部的客观条件。前者如劳动场所的布局与条件、工作性质、组织结构、上下级间的关系、工资福利、规章制度等；后者如社会政治、经济状况和市场竞争强度等宏观条件，但这些因素的影响是间接的。

（4）机会（O）则具偶然性，但个人技能会促进偶然性向必然性的转变。

绩效的多维性是指绩效可以分解为多个维度，在考核员工绩效时要从不同的维度来全面考核绩效。

绩效的动态性是指绩效是不断变化的，绩效好与差会因很多内外因素而发生改变，绩效差的可能改进转好，绩效好的可能逐渐变差。因此，管理者要以发展的眼光来看待员工的绩效。

总之，绩效的多因性要求考评者全面地进行考评，绩效的多维性要求考评者从绩效的多个角度进行考评，而绩效的动态性要求考评者用发展的、权变的眼光进行考评，只有这样才能保证考评结果客观准确、公正、公平。

7.1.2　绩效管理的概念和作用

1）绩效管理的概念

绩效管理是指绩效考核评价、绩效结果应用、绩效目标提升的持续循环过程，绩效管理的目的是持续提升个人、部门和组织的绩效。

为了更好地掌握绩效管理的概念，可以从以下几个方面来理解其含义：

（1）绩效管理是一个完整的系统，包括指标制定系统、指标执行系统、员工培养系统、信息交流系统等多个子系统联合运行的共同体，各个子系统相对独立又相互依存，彼此作用又合而为一，构成全方位的绩效管理系统，体现了绩效管理的系统性。

（2）这个系统中，需要各级管理者和员工全部参与进来，体现了绩效管理的全员性。

（3）各级管理者和员工通过沟通的方式，将企业的战略、经理的职责、管理的方式和手段以及员工的绩效目标等管理的基本内容确定下来，体现了绩效管理的目的性。

（4）在持续不断沟通的前提下，经理帮助员工清除工作过程中的障碍，提供必要的支持、指导和帮助，与员工一起共同完成绩效目标，从而实现组织的远景规划和战略目标，体现了绩效管理的过程性。

2）绩效管理的作用

绩效管理是整合组织绩效和个人绩效的系统管理过程，具有一定的战略地位，其作用具体体现在以下几个方面：

（1）促进组织和个人绩效提升。绩效管理通过设定科学合理的组织目标、部门目标和个人目标，为企业员工指明了努力方向。

管理者通过绩效辅导沟通及时发现下属工作中存在的问题，给下属提供必要的工作指导和资源支持，下属通过工作态度以及工作方法的改进，保证绩效目标的实现。

在绩效考核评价环节，对个人和部门的阶段工作进行客观公正的评价，明确个人和部门对组织的贡献，通过多种方式激励高绩效部门和员工继续努力提升绩效，督促低绩效部门和员工找出差距以改善绩效。

在绩效反馈面谈过程中，通过考核者与被考核者面对面的交流沟通，帮助被考核者分析工作中的长处和不足，鼓励下属扬长避短，促进个人发展；对绩效水平较差的组织和个人，考核者应帮助被考核者制订详细的绩效改善计划和实施举措。

在绩效反馈阶段，考核者应和被考核者就下一阶段工作提出新的绩效目标并达成共识，被考核者承诺完成绩效目标。在企业正常运营情况下，部门或个人新的目标应高于前一阶段目标，激励组织和个人进一步提升绩效，经过这样的绩效管理循环，组织和个人的绩效就会得到全面提升。

　　绩效管理通过对员工进行甄选与区分，保证优秀人才脱颖而出，同时淘汰不适合的人员。通过绩效管理能使内部人才得到成长，同时能吸引外部优秀人才，使人力资源能满足组织发展的需要，促进组织绩效和个人绩效的提升。

　　（2）实现管理流程和业务流程优化。企业管理涉及对人和对事的管理，对人的管理主要是激励约束问题，对事的管理就是流程问题。流程就是一件事情或者一个业务如何运作，涉及因何而做、由谁来做、如何去做、做完了传递给谁等几个方面的问题，上述环节的不同安排都会对产出结果有很大的影响，极大地影响着组织的效率。

　　在绩效管理过程中，各级管理者都应从公司整体利益以及工作效率出发，尽量提高业务处理的效率，应该在上述方面不断进行调整优化，使组织运行效率逐渐提高，逐步优化公司管理流程和业务流程。

　　（3）保证组织战略目标的实现。企业一般有比较清晰的发展思路和战略，有远期发展目标及发展规划，在此基础上根据外部经营环境的预期变化以及企业内部条件制订出年度经营计划及投资计划，并制定企业年度经营目标。企业管理者将公司的年度经营目标向各个部门分解就成为部门的年度业绩目标，各个部门向每个岗位分解核心指标就成为每个岗位的关键业绩指标。

7.1.3　绩效管理的基本流程

　　组织和个人的绩效水平将直接影响组织的整体运作效率和价值创造，因此，衡量和提高组织、部门以及员工个人的绩效水平是企业经营管理者的一项重要的常规工作，而构建和完善绩效管理系统是人力资源管理部门的一项战略性任务。

　　通常，绩效管理的基本流程包括绩效计划、绩效实施、绩效考评、绩效反馈与改进等四个阶段，如图7-1所示。

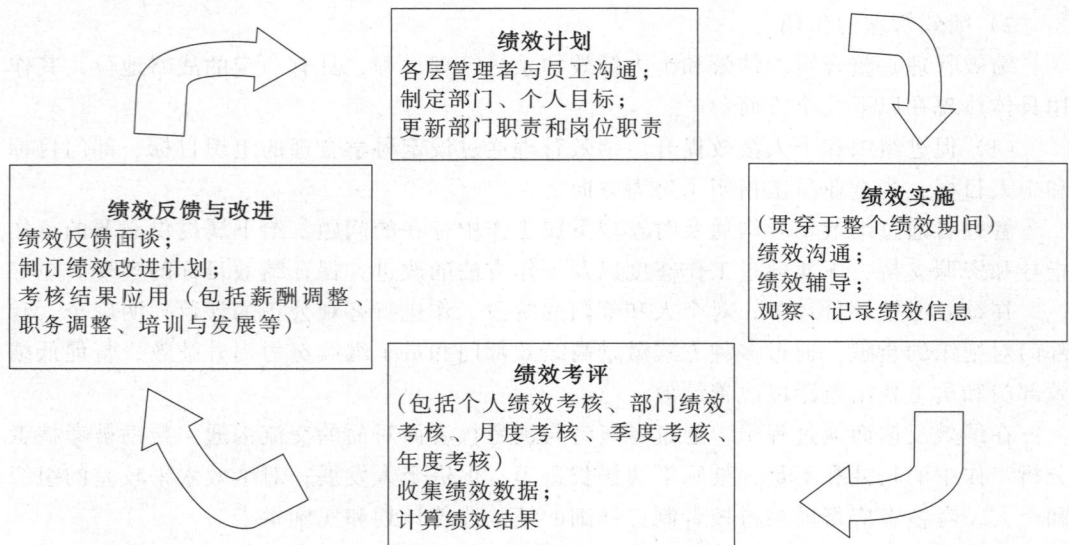

绩效计划
各层管理者与员工沟通；
制定部门、个人目标；
更新部门职责和岗位职责

绩效实施
（贯穿于整个绩效期间）
绩效沟通；
绩效辅导；
观察、记录绩效信息

绩效考评
（包括个人绩效考核、部门绩效考核、月度考核、季度考核、年度考核）
收集绩效数据；
计算绩效结果

绩效反馈与改进
绩效反馈面谈；
制订绩效改进计划；
考核结果应用（包括薪酬调整、职务调整、培训与发展等）

图7-1　绩效管理流程图

　　1）绩效计划

　　绩效计划是根据公司总体目标，按照岗位职责进行分解，明确各岗位的具体考核指标与考核标准，并进行上下级的沟通，以形成共识。

2）绩效实施

绩效实施的过程，实际上就是对绩效计划的执行情况进行监督、检查及指导的过程。一般而言，实施过程中最关键的问题是管理者应该投入一定的时间和精力进行绩效的日常管理，包括观察、记录下属员工日常表现，并实时与下属员工进行沟通，帮助下属员工提高绩效。

3）绩效考评

绩效考评是绩效管理最重要也是最难操作的环节，各种考评指标对员工的行为起到非常重要的引导作用，直接影响员工绩效。对于关键绩效指标，重点考评员工的各种绩效指标数据；对于工作指标，重点考评与岗位相关的工作内容完成情况；对于能力指标，重点考评与岗位相关的关键能力情况。

4）绩效反馈与改进

绩效反馈是绩效管理过程中的一个重要环节。它主要通过考评者与被考评者之间的沟通，就被考评者在考评周期内的绩效情况进行面谈，在肯定成绩的同时，找出工作中的不足并加以改进。绩效反馈的目的是让员工了解自己在本绩效周期内的业绩是否达到所定的目标，行为态度是否合格，让管理者和员工双方达成对评估结果一致的看法；双方共同探讨绩效未合格的原因，并制订绩效改进计划，同时，管理者要向员工传达组织的期望，双方对绩效周期的目标进行探讨，最终形成一个绩效合约。由于绩效反馈在绩效考评结束后实施，而且是考评者和被考评者之间的直接对话，因此，有效的绩效反馈对绩效管理起着至关重要的作用。

彼得·杜拉克说过："组织的目的是通过工人力量的结合取得协同效应，并避开他们的不足。"这也正是有效的绩效管理的目的，也可以说考核目标的实现最终表现为组织整体效益的提高。

7.2　绩效计划的制订与实施

7.2.1　绩效计划的制订

绩效计划是根据公司总体目标，对岗位职责进行分解，明确各岗位的具体考核指标与考核标准，并进行上下级的沟通，以形成共识。绩效计划是绩效管理的第一个关键步骤，也是实施绩效管理的主要平台和关键手段。

在绩效计划的制订阶段，需要各级管理者在与员工充分沟通的基础上制定合理可行的绩效目标。绩效目标由绩效指标与绩效标准组成。

1）确定绩效指标

绩效指标是绩效项目的具体内容，即绩效考核维度，也就是说，需要从哪些方面来考核员工，如工作业绩、工作态度和工作能力等。它可以理解为绩效项目的分解和细化，如工作能力可以分为判断能力、沟通协调能力、组织指挥能力、开拓创新能力、公共关系能力以及决策能力六种具体能力指标。

一般来说，绩效指标分三类：KPI（关键绩效指标、定量指标）、GS（工作目标、定性指标）与能力指标。关键绩效指标是从对象（个人、业务单元、部门或组织）的关键成果领域中提取出来的主要工作目标，一般来说是定量指标，可以从数量、质量、成本、时间四个方面进行考虑，代表了工作的重点和花费时间最多的工作内容，是用来衡量绩效的重要指标，具有数量少、对工作重点有指导作用等特点；工作目标是由主管领导与员工在制订绩效计划时共同商议确定，员工在考核期内应完成的主要工作及其效果，一般用定性指标来表示；能力指标主要指与工作相关的能力，如核心能力、领导能力、技术能力等。

2）确定绩效标准

绩效标准是指与其对应的每项指标应该达到的绩效要求。企业应该根据不同类型的指标设立不同的绩效标准。

对于关键绩效指标，考核标准是各项指标在规定的时间内和条件下应该达到的水平，设定最为困难，需要参考历史数据，再根据企业整体目标与市场行情进行设置。关键绩效指标目标值设定需要遵循一定的原则：

（1）目标值是可以实现的。实际操作中，可以将目标值分成等级，如基本值、目标值和挑战值等，但是无论设置什么目标，目标值都应该是在员工努力的基础上可以实现的。

（2）突出个人表现，要有增长。为了体现员工业绩的不断改进，一般来说，设置的标准应该能体现员工个人的表现，并应略有增长。

（3）目标值设置要有一定的严肃性。目标值一旦设立，必须保持一定的严肃性，不能随意更改，以给员工足够的压力。

对于工作目标，应该根据各部门、各岗位的实际情况，每年由企业提出具体年度目标，并分解到季度，再根据岗位职责，确定各岗位的具体工作任务指标，也需要制定考核标准，但是不必强求量化。

对于能力指标，可以根据企业对员工的具体要求来定，如研发人员可以从创新能力、开拓能力、学习能力、思维能力等几个方面考核，管理人员则需要从沟通能力、组织能力、管理能力、人际关系能力等几个方面考核。

7.2.2 绩效计划的实施

绩效计划实施阶段的记录，一方面有利于考核过程中的客观性，另一方面有利于加强过程控制，有针对性地对员工给予辅导。不同的绩效指标，采取的检查方式不同。不同绩效指标的检查方式见表7-1。

表7-1　　　　　　　　不同绩效指标的检查方式表

指标	检查方式
关键绩效指标	需要由相关部门与岗位制作相关表格，通过数据进行检查、备案
工作指标	需要通过阶段性工作报告形式检查，了解下属员工工作进展情况
能力指标	可通过关键事件法进行记录，通过员工日常工作中的关键表现体现员工能力

微课 7-2

绩效考核体
系设计与绩
效考核方法

7.3　绩效考评

7.3.1　绩效考评的概念、分类和内容

1）绩效考评的概念

绩效考评也称为绩效考核，是指考评主体对照既定的工作目标或绩效标准，采用一定的考评方法，评定员工的工作任务完成情况、工作职责履行程度和发展情况等，并将上述评定结果反馈给员工的过程。

2）绩效考评的分类

绩效考评可以按照不同的依据进行分类。

（1）按考评时间，可分为日常考评与定期考评。

①日常考评，指对被考评者的出勤情况、产量和质量实绩、平时的工作行为所实施的经常性考评。

②定期考评，指按照固定周期所进行的考评，如年度考评、季度考评、月度考评等。

（2）按考评主体，可分为主管考评、自我考评、同事考评、下属考评和顾客考评，即"360 度考评方法"。

①主管考评，指上级主管对下属员工的考评。这种由上而下的考评，由于考评的主体是主管领导，所以能较准确地反映被考评者的实际状况，也能消除被考评者心理上的压力，但有时也会受主管领导的疏忽、偏见、感情等主观因素的影响而产生考评偏差。

②自我考评，指被考评者本人对自己的工作实绩和行为表现所做的评价。这种方式透明度较高，有利于被考评者在平时自觉地按考评标准约束自己，但最大的问题是存在"倾高"现象。

③同事考评，指同事间互相考评。这种方式体现了考评的民主性，但考评结果往往受被考评者人际关系的影响。

④下属考评，指下属员工对他们的直接主管领导的考评，一般选择一些有代表性的员工，用比较直接的方法（如直接打分法等）进行考评，考评结果可以公开或不公开。

⑤顾客考评，许多企业把顾客也纳入员工绩效考评体系中。在一定情况下，顾客常常是唯一能够在工作现场观察员工绩效的人，此时，他们就成了最好的绩效信息来源。

（3）按考评结果的表现形式，可分为定性考评与定量考评。

①定性考评的结果表现为对某人工作评价的文字描述，或对员工之间评价高低的相对次序，以优、良、中、及格、差等形式表示。

②定量考评的结果则以分值或系数等数量形式表示。

3）绩效考评的内容

绩效考评主要包括以下内容：

（1）业绩考核，通过设定关键业绩指标，定期衡量各岗位员工重要工作的完成情况。此类考核主要在管理人员中进行，其中部门经理的季度考核指标和年度考核指标是不同的。经理以下其他管理人员只需在年度进行考核。业绩考核的指标分为硬指标（即定量指标）与软指标（即定性指标）两类。

（2）计划考核，即计划完成情况的考核，在每个月度和季度动态衡量岗位员工的努力程度和工作效果；在部门经理的考核中，季度和年度计划完成情况的考核又称为"部门业绩考核"。

（3）能力态度考核，衡量各岗位员工完成本职工作具备的各项能力，对待工作的态度、思想意识和工作作风，通常每年度进行一次。

（4）部门满意度考核，主要考核公司各部门在日常工作中的配合和协调情况与效果，通常每季度进行一次。

以上四部分内容，在不同的考核周期，针对不同的考核对象，分别进行不同的组合和赋予不同的考核权重。

7.3.2 绩效考评的作用

绩效考评的结果为制定薪酬标准、激励员工、开发员工潜能、促进企业发展等提供了参考依据，其作用主要表现在以下几个方面：

1）绩效考评是决定人员调配的基础

通过绩效考评了解人员使用的状况、人事配合的程度，发现一些员工的素质和能力已超过现职的要求，则可晋升；发现另一些员工的素质和能力达不到现职的要求，则应降职；发现还有一些员工用非所长，或其素质和能力已发生了跨职系的变化，则可进行横向调配。

2）绩效考评是人员任用的前提

绩效考评是"知人"的主要手段，而"知人"是"善任"的前提。经过考评，对人员的政治素质、心理素质、知识素质、业务素质等进行评价，并在此基础上对人员的能力和专长进行推断，进而分析其适合何种职位，才能做到因岗配人、人尽其才。

3）绩效考评是进行员工培训的依据

员工培训应有针对性，针对员工的短处进行补充学习和训练。因此，培训的前提是准确了解各类员工的素质和能力，通过考评确定员工素质优劣及存在的问题，进行培训需求分析。同时，绩效考评也是判断培训效果的主要手段。

4）绩效考评是确定劳动薪酬的依据

企业内部的薪酬管理必须符合劳动付出与薪酬相吻合的原则，而准确地衡量"劳"的数量和质量是实行按劳分配的前提。只有加强工作绩效与组织奖酬之间的关联性，才能使员工感到公平，激励员工努力工作。

5）绩效考评是激励员工的手段

根据绩效考评结果决定奖罚的对象及等级，激励先进、鞭策后进，做到奖惩分明，有利于提高员工的工作积极性，出色地完成组织目标。按绩付酬并将绩效视为调职、晋升、降职或解雇的依据，彻底打破了"大锅饭"，使员工在公平的环境中良性竞争，既与别人在同一客观标准下的收入或晋升做横向比较，又同自己过去的收入或晋升做纵向比较。绩效考评为员工事先设立了考核目标，并辅以具体的考核细则。当目标设置科学合理时，能使员工产生满足感和成就感。绩效考评还有助于在企业内部营造"比、学、赶、帮、超"的气氛，使员工能够提高各自的绩效，从而提高企业的竞争力。

6）绩效考评是促进员工成长的工具

工作绩效考评好比一面客观的镜子、一把公正的尺子，把考评的结果反馈给员工，让员工发现自身的缺陷和不足，可以帮助员工通过自身的努力逐步改进。

◇◇◇◇➡ **互动课堂7-1**

李某是某公司生产部门主管，该部门有20多名员工，其中既有生产人员又有管理人员。该部门采用的考评方法是排序法，每年对员工考评一次。具体做法是：根据员工的实际表现给其打分，每个员工最高分为100分，上级打分占30%，同事打分占70%。在考评时，20多人互相打分，以此确定员工的排序。李某平时很少与员工就工作中的问题进行交流，只是到了年度奖金分配时才对所属员工进行打分排序。

李某的绩效考评有问题吗？

提示：有问题。主管在考评员工时，需要根据不同的岗位分类评价，打分时需要适当提高上级考核的权重系数。另外，主管考核时，需要根据员工的实际工作表现进行比较客观的评价。

7.3.3 绩效考评体系的构建

1）绩效考评体系的概念

绩效考评体系是由一组既独立又相互关联并能较完整地表达评价要求的考评指标组成的评价系统。绩效考评体系的建立，有利于评价员工工作状况，是进行员工考核的基础，也是保证考核结果准确、合理的重要因素。绩效考评体系由考评主体、考评对象、考评要素、考评标准、考评程序组成。

绩效考评把人力资源管理的各项工作联结在一起，在人力资源管理实务中居于核心地位，招聘配置、培训开发、薪酬福利、职业发展以及管理人员选拔等都离不开绩效考评。因此，成功的绩效考评体系是现代人力资源管理不可或缺的组成部分。

一个高效的绩效考评体系应该具有如下特征：

（1）绩效考评体系要有较高的效度；

（2）绩效考评体系要有较高的信度；

（3）绩效考评体系要有一定的区分度；

（4）绩效考评体系要有实用性。

2）构建绩效考评体系

构建绩效考评体系就是要明确由谁负责，对谁、在哪些方面进行考评，多长时间进行一次，绩效考评结果如何应用等方面的制度规定，具体包括以下几个方面：

（1）明确被考评者。绩效被考评者就是绩效考评的对象，明确划分绩效被考评者是建立绩效管理体系的第一步，一般将绩效被考评者分为团队考核和个人考核两大类。团队考核可以是对公司整体、部门团队等的考核；个人考核可以是对公司高层人员、部门中层人员、部门员工的考核。

（2）确定绩效考核指标体系。绩效考核内容是绩效考核体系的核心，也是构建绩效管理体系最重要的环节。任何有效的考核指标体系都是关键业绩、能力素质及满意度等某一方面或某几个方面的综合，如通用电气公司（GE）就采用了二维绩效考核体系，即工作业绩的考核和价值观的考核。

以某公司绩效指标体系为例，该公司绩效考评内容包括业绩考评、能力考评和态度考评三类，具体内容见表7-2。

表7-2　　　　　　　　　　　　　　　　**某公司绩效指标体系**

考核内容	考核指标	指标含义
业绩考评	工作正确性	工作是否仔细认真；所完成的工作内容是否达到预期效果；工作完成后，文件是否妥善保管
	工作效率	在指定的时间内，工作完成的程度与质量如何；工作程序与准备是否到位、是否存在浪费等其他不合理情况；是否因为返工而影响工作进度
	对指标的理解	能否迅速正确地把握指标的重点及问题，在工作中的利用效果如何；对问题能否积极思考并有进一步的理解；对突发事件能否采取措施，处理的内容是否合乎上司的意图；是否因自作主张而引起太多的麻烦；是否忘记指标的内容
能力考评	知识与技能	是否具有所担当职务所需的一般知识及专业知识技能；能否把知识充分地运用到复杂而困难的问题的处理上；对工作是否向往；在回答问题时，是否会有措手不及的现象；对本公司的产品是否具备一般的知识；是否经常会有一些新的构想
	理解与执行	能否正确地了解所担任职务的职责或上司的指示；能否正确地把握所担任职务所起的作用；能否正确地掌握问题所在、事物的相互关联性并加以整理、分析，适时地做出适当的结论或对策；对平时不太熟悉的工作是否也能根据经验或稍加努力即能顺利完成
	判断与监督	能否根据既有的知识、事例、经验，洞察未来或对未知事项做出全盘性的判断；是否做出过草率性的判断；是否把主管的违纪行为向上级反映
态度考评	积极性	对改善现状，是否具有高昂的斗志，是否有良好的工作意愿；是否积极地学习业务工作中所需的知识；是否坚持到底，不畏挫折
	协作性	是否坚持立场，促进团结与合作；是否有阳奉阴违的行为，是否与他人做无谓争执；对后进者是否亲切关照；是否乐于协助他人工作
	责任心	是否能认清自己在组织中的立场与角色，并对此负责到底；自己的工作是否不必再令别人操心；是否不必一一指示监督，也能明确、迅速地工作；对工作中的责任，是否往往逃避或辩解
	纪律性	是否能遵守工作规则、标准，以及公司其他规定；在时间或物质上是否公私分明；是否以不适合的理由请假或迟到；是否有教唆他人破坏公司规定的行为；仪表是否端庄，态度是否有不合规范的现象

通常，确定绩效考评指标体系的基本步骤如下：

①工作分析。根据考评目的，对考评对象岗位的工作内容、性质以及完成这些工作所应具备的条件等进行研究和分析，从而了解被考评者在该岗位工作所应达到的目标及所采取的工作方式等，初步确定绩效考评指标。

②理论验证。依据绩效考评的基本原理与原则，对所设计的绩效考评指标进行论证，使其具有一定的科学依据。

③进行指标调查，确定指标体系。根据工作分析初步确定的指标，运用绩效考评指标体系设计方法进行指标调查，最后确定绩效考评指标体系。在进行指标调查和指标体系的确定时，往往将几种方法结合起来使用，使指标体系更加准确、完善、可靠。

④修改和调整。为了使选择确定后的指标体系更加趋于合理，还应对其进行必要的修改和调整。

（3）确定绩效考核周期。绩效考核周期指的是多长时间进行一次绩效考核。企业绩效考评的频率设计主要有两个控制点：一是发起绩效考评的时间；二是在不同的时间里确定不同的绩效考评内容和技术手段。

考核周期有固定时间间隔和非固定时间间隔。固定时间间隔一般有年度考核、半年度考核、季度考核、月度考核，除年度考核外，其他考核可以称为阶段考核；非固定时间间隔一般是指一个任务或项目完成后进行的考核，可以称为项目考核，如果这个任务或项目时间跨度比较大，可以把这个任务或项目分为几个阶段，每个阶段结束后进行阶段考核。

（4）选择绩效考评主体。绩效考评主体是指由谁负责进行绩效考核。关键业绩考核一般采用自上而下考核法，而满意度测评、能力素质考核一般可以采用360度考核法。

在企业实际运作中，360度考核法和自上而下考核法是经常采用的方法，通常针对考核内容的不同，采取不同的方法或者两种方法结合起来使用。

通常，考评主体有五个：上级、同事、自己、下级、相关客户，各种考评主体各有优缺点。五种考评主体优缺点对比见表7-3。

表7-3　　　　　　　　　　　　　**五种考评主体优缺点对比**

考评主体	优点	缺点
上级	对考评内容比较熟悉；容易获得考评客体的工作业绩资料；利于发现员工的优缺点，使员工培训、能力开发、职业生涯设计等更加切合实际	无法了解自身监控之外的员工表现，易以偏概全；受个人偏好及心理影响，易产生偏松偏紧倾向或定式思维
同事	接触频繁，评价更加客观全面；利于提高工作热情和协作精神；易发现深层次问题，提出改进方向	工作量大，耗时多；易受私心倾向、感情因素、人际关系等的影响
自己	对自身有更清楚的认识，评价更为客观；利于增强参与意识，提高工作热情；利于对问题等达成共识，降低抵触情绪	易高估自己；易夸大成绩，隐瞒失误；善于为自己寻找借口，积极开脱
下级	利于管理的民主化；使员工有认同感，从而调动工作积极性；利于发现上级工作的不足，使其改进工作方式；形成对上级工作的有效监督，使其在行权时有所制衡	受自身素质的限制，易拘泥于细节；只说好话，不讲缺点；担心上级的打击报复或为取悦上级，可能导致上级为取得下级的好评而放松对后者的管理
相关客户	所受干扰少，评价更真实客观；利于强化服务意识，提高服务能力；利于发现自身优劣势及潜在需求	操作难度大；耗时长、成本高；考评资料不易取得

一般来说，在各种考评主体中，上级占的比重最大，一般在60%以上。例如，某公司各岗位考评主体比重，见表7-4。

表7-4　　　　　　　　　　　　　　不同岗位考评主体比重

岗位	不同考评主体所占比重			
	上级	同事	下级	客户
管理人员	60%	—	30%	相关部门10%
财务人员	70%	10%	—	相关部门20%
研发人员	80%	10%	—	相关部门10%
人事人员	70%	10%	—	相关部门20%
生产人员	100%	—	—	—
生产辅助人员	70%	10%	—	相关部门20%
营销人员	70%	—	—	外部客户满意度30%
营销服务人员	60%	10%	—	外部客户满意度30%
行政人员	70%	—	—	相关部门30%

选择考评主体时应该遵循一定的原则即最近相关原则、有机结合原则和经济可行原则。

选择合适的考评主体后，还需安排考评主体开展相关内容的培训，见表7-5。

表7-5　　　　　　　　　　　　　　考评主体培训内容

考评时需开展的工作	培训内容
设定绩效标准	考评主体一定要按照指挥链为他的下属设定合适的考核标准
绩效观察	对员工进行绩效观察
绩效考评	选择适当的考评方法
绩效面谈	面谈的准备工作、确定面谈的时间与地点、写好个人总结和述职报告
反馈与应用	根据绩效面谈的结果，适当调整考核结果，并作为薪酬调整、晋升等的依据

（5）确定绩效考评的程序。绩效考评作为对员工的绩效进行科学测量与评定的程序与方法，需要遵照科学的工作程序，具体如下：

①人力资源部负责编制绩效考评实施方案，选择绩效考评工具，拟订绩效考评计划，对各级考评主体进行培训，并提出处理考评结果的应对措施，供绩效考评委员会审核批准。

②各级主管组织员工撰写述职报告并进行自评；所有员工对本人在考评期间内的工作业绩及行为表现（工作态度、工作能力）进行总结，核心是对照企业对自己的职责和目标要求进行自我评价。

③部门主管根据受评人日常工作目标完成程度、管理日志记录、考勤记录、统计资料、个人述职等，在对受评人各方面表现充分了解的基础上，负责进行客观、公正的考核，并提出对受评人的期望或工作建议，交部门上级主管审核。

如果一个员工有双重直接主管，由其主要业务直接主管负责协调另一业务直接主管对其进行考评。各级主管负责抽查间接下属的考评过程和结果。

④计算绩效考评结果。绩效考评一般采取 100 分制，团队考评中关键业绩和满意度各占一定权重，个人考评中关键业绩和能力素质各占一定权重。

根据绩效考评分数将被考核者划定为若干等级，其主要目的是有效区分，考核优秀者将有更多的工资晋级、职位晋升机会，督促考评待改进者改进业绩，考评不合格者转岗培训；不同的考评等级对应不同的绩效考评系数，考评结果优秀者会受到激励，考评结果较差者绩效工资会受到影响。

人力资源部负责收集、汇总所有考评结果，编制考评结果一览表，报公司考评委员会审核。

⑤绩效考评委员会听取各部门的汇报，对考评结果进行讨论和平衡，纠正考评中的偏差，确定最后的考评结果。

人力资源部负责整理最终考评结果，进行结果兑现，分类建立员工绩效考评档案。

⑥各部门主管就绩效考评的最终结果与下属面谈沟通，对受评人的工作表现达成一致意见，肯定受评人的优点，同时指出有待改进的问题，双方共同制订可行的绩效改进计划和个人发展计划，提高个人及组织绩效。

当直接主管和员工就绩效考核初步结果谈话结束后，员工可以保留自己的意见，但必须在考评表上签字。

员工若对自己的考评结果有疑问，有权向上级主管或绩效考评委员会进行反映或申诉。

⑦人力资源部对本次绩效考评成效进行总结分析，并对以后的绩效考评提出新的改进意见和方案，规划新的人力资源发展计划。

7.3.4 选择合适的绩效考评方法

根据过程和结果，绩效考评方法可以分为行为导向法和结果导向法，而根据考评依据来源，行为导向法又可以分为主观考评法和客观考评法。每种考评方法又包括很多具体的方法，如行为导向型主观考评法包括排列法、选择排列法、成对比较法、强制分布法等；行为导向型客观考评法包括关键事件法、等级量表法、行为锚定等级量表法、行为观察法等；结果导向型法包括目标管理法、绩效标准法、直接指标法、成绩记录法等，具体如下：

1）排列法

排列法也称排序法、简单排列法，是绩效考评中比较简单易行的一种综合比较方法。它通常是由上级主管根据员工工作的整体表现，按照优劣顺序对员工依次进行排列；也可以将工作内容做出适当的分解，分项按照优良的顺序排列，再求总平均的次序数，作为绩效考评的最后结果。其优点及局限性见表7-6。

表7-6 排列法优点及局限性

优点	局限性
（1）简单易行； （2）花费时间少； （3）能使考评者在预定的范围内组织考评并将下属进行排序，从而减少考评结果过宽和趋中的误差； （4）在确定的范围内可以将排列法的考评结果作为薪酬调整或人事变动的依据	（1）考评是在员工间进行主观比较，不是用员工工作的表现和结果与客观标准相比较； （2）不能用于比较不同部门的员工； （3）个人取得的业绩相近时很难进行排列； （4）不能使员工得到关于自己优点或缺点的反馈

2）选择排列法

选择排列法也称交替排列法，是简单排列法的进一步应用。选择排列法利用的是人们容易发现极端、不容易发现中间的心理。

在所有员工中，按照某一特定的绩效维度，或者根据员工的整体绩效状况首先挑出最好的员工，然后挑出最差的员工，将他们作为第一名和最后一名，接着在剩下的员工中再选择出最好的和最差的，分别将其排列在第二名和倒数第二名。以此类推，最后将所有员工按照优劣的先后顺序全部排列完毕。

3）成对比较法

成对比较法亦称配对比较法、两两比较法，将全体被考评员工逐一配对比较，按照两两比较中被评为较优的总次数确定等级名次。

基本程序是：首先，根据某种考评要素，如工作质量，将所有被考评人员两两比较，按照被评为较优的总次数进行排列；然后根据下一个考评要素进行两两比较，得出本要素被考评人员的排列次序；以此类推，经过汇总整理，最后求出被考评者所有考评要素的平均排序数值，得到最终考评的排序结果。

成对比较法是一种系统的比较程序，有一定的合理性。应用此法时，能够发现每个员工在哪些方面比较出色，在哪些方面存在明显的不足和差距。在涉及的人员范围不大、数目不多的情况下宜采用本方法。

4）强制分布法

强制分布法也称强迫分配法、硬性分布法等，这种方法假设员工的工作行为和工作绩效整体呈正态分布，那么按照分布规律，员工的工作行为和工作绩效好、中、差的分布存在一定的比例关系，处于中间状态的员工应该最多，而处于两端的员工相对较少。

强制分布法就是按照一定的百分比，将被考评的员工强制分配到各个类别中。从实务操作来看，类别一般分为五类，从最优到最差的具体百分比可根据需要确定，可以是10%、20%、40%、20%、10%，也可以是5%、20%、50%、20%、5%，等等。

强制分布法较适合在人数较多的情况下评估总体状况，简易方便，可以避免考评者偏宽、偏严或高度趋中等偏差的发生。

此法缺少具体分析，在总体偏优或偏劣的情况下，难以实事求是地做出评价。

◆◆◆◆➡ **案例分析 7-1**

华为的绩效考核

华为对员工的评价，从来都是看最后的结果，而不是看加班加点的"苦劳"。华为曾经被人诟病的一点就是"加班文化"，有人误认为华为是在用加班来考核员工，但实际并不是这样。加班属于"苦劳"，但并不能等同于"功劳"，从古至今都是只有"论功行赏"，没有谁会"论苦行赏"。员工加班，愿意加班只能说明他（她）的工作态度比较好，企业要给予肯定，并在绩效考核中予以体现，但是不能和绩效考核混为一谈，华为从来不会考核加班。

华为的绩效考核将员工分为 A、B、C 三个档次，每个档次的绩效奖金差别是5 000～10 000 元，绩效考核按照固定的比例来进行分配，A 档次的员工占 5%，B 档次的员工占 45%，C 档次的员工也占 45%，剩下的 5% 的员工是最末一档，这一档的员工是将要被淘汰的那部分。而且，连续几个月都被评为 C 档或者末档的员工将会被降级或者淘汰，奖金当然要比别的员工少拿许多。

资料来源　佚名. 华为以结果为导向的绩效考核［EB/OL］.（2018-11-28）［2023-06-18］. https://www.hrsee.com/? id=869.

问题：本案例中华为的员工绩效考评采用了什么样的绩效考评方法？请对华为的绩效考核进行评价。

分析提示：华为绩效考评采用了强制分布法。华为的绩效考核制度会让员工聚焦于自己的工作，聚焦于自己的业绩。企业管理的透明度增加，员工可以通过绩效考核单中的详细指标明确公司的要求以及努力的方向。

5）关键事件法

关键事件法是通过观察，记录下有关工作成败的关键性事实，依此对员工进行考评。关键事件法要求保存最有利和最不利的工作行为的书面记录。当一种行为对部门的效益产生无论是积极还是消极的重大影响的，管理者都应把它记录下来，并把这些资料提供给评价者，以用于对员工绩效进行评价。

关键事件法共有三个基本步骤：

（1）当有关键事件发生时，填在特殊设计的考核表上；

（2）摘要评分；

（3）与员工进行评估面谈。

关键事件法考评的内容是下属特定的行为，而不是他的品质和个性特征。一旦考评的关键事件选定了，其具体方法也就确定了。以某岗位为例，根据该岗位的工作职责设计关键事件，见表 7-7。

6）等级量表法

等级量表法是应用最广泛的员工绩效评估方法。首先要确定绩效评估的标准；然后列出有关评估项目；再对每个评估项目列出若干等级的行为程度，并给出相应的分数，对每一级分数的具体含义做出说明，评估者对评估对象进行记分或评级；最后加总得出总的评估结果。

表7-7 <center>**某岗位关键事件**</center>

工作职责	目标	关键事件
安排生产计划	充分利用工厂中的人员和机器，及时发布各种指令	为工厂建立了新的生产计划系统，上个月提高机器利用率20%
监督原材料采购和库存控制	在保证充足原材料供应的前提下，使原材料的库存成本降到最低	上个月使原材料库存成本上升了15%；A部件和B部件的订购富余了20%，C部件的订购却短缺了30吨
监督机器的维修保养	不出现因机器故障而造成的停产	为工厂建立了一套机器维护和保养系统；由于及时发现机器部件故障而避免了机器的损坏

优点：不管评估对象人数多或少都适用；适应性强；评估内容比较全面；比较容易操作；成本比较低。

缺点：在评估内容的深度方面不如关键事件法。

以某公司采用的等级量表为例，该公司某岗位的评估内容包括基本能力、业务能力和工作态度三项内容，每项评估内容又细化为不同的评估项目，该岗位绩效考评等级量表见表7-8。

表7-8 <center>**某公司某岗位绩效考评等级量表**</center>

评估内容	评估项目	说明	评定标准
基本能力	知识技能	是否具备现任职务所要求的基础理论知识和实际业务知识	A B C D E 10 8 6 4 2
业务能力	理解力	是否能充分理解上级指示，圆满完成本职工作，不需上级反复指示	A B C D E 10 8 6 4 2
	判断力	是否能把握现状，随机应变，恰当处理	A B C D E 10 8 6 4 2
	表达力	是否具备现任职务所要求的口头和文字能力，能否进行一般的联络、说明工作	A B C D E 10 8 6 4 2
	交涉力	在和内外部人员交涉时，是否具备使对方接受、同意或达成协议的能力	A B C D E 10 8 6 4 2
工作态度	纪律性	是否严守工作纪律，按时进行工作报告	A B C D E 10 8 6 4 2
	协作性	在工作中，是否充分考虑别人的处境，是否主动协助上级、同事做好工作	A B C D E 10 8 6 4 2
	积极性责任感	是否对分配的任务不讲条件，积极主动，尽量多做工作，敢于向困难挑战	A B C D E 10 8 6 4 2
评定标准： A～非常优秀，理想状态 B～优秀，满足要求 C～基本满足要求 D～略有不足 E～不满	分数换算： A：64分以上 B：48至63分 C：47分以下	合计分	
		评估人签字	
		评语：	

　　7）行为锚定等级量表法

　　行为锚定等级量表法是一种将同一职位工作可能发生的各种典型行为进行等级度量，建立一个锚定分值表，以此为依据，对员工工作中的实际行为进行评级计分的评估办法。其实质是关键事件法与等级量表法的结合。为每一职位的各评估项目都设计出一个等级分值量表，配之以关键行为描述或其事例（即锚定），供评估者对评估对象的实际绩效进行评估时做参考依据。

　　行为锚定等级量表法将特别优良和特别不良的绩效的叙述加以等级性量化，能提供明确而客观的评价标准，其设计和实施成本比较高，经常需要聘请人力资源管理专家帮助设计，实施前要进行多次测试和修改，因此需要花费较多的时间和费用。由于典型行为的描述文字数量总是有限的，不可能涵盖被考评者实际中的各种各样的行为表现，考评者很有可能对既定的行为锚定等级评价表持有异议，而不严格按照既定的评分标准进行考评，从而影响量表的可信度。例如，某公司在进行行为锚定等级量表设计时，将某岗位工作职责即客户服务的行为表现分为7个等级，并赋予不同的分数，考评时根据被考评者的实际表现进行打分，见表7-9。

表7-9　　　　　　　　　　　　　　**某公司的行为锚定等级量表**

评估项目：客户服务
项目定义：积极拓展客户网络，密切关注客户需求，尽力维护客户关系

评估等级						
最好 （7分）	好 （6分）	较好 （5分）	一般 （4分）	较差 （3分）	差 （2分）	最差 （1分）
把握长远盈利观点，与客户达成伙伴关系	关注客户潜在需求，起到专业参谋作用	为客户而行动，提供超常服务	与客户保持紧密而清晰的沟通	与客户保持一定的沟通	能够跟进回应客户，回答客户的问题	被动地回应客户，拖延和含糊回答客户的问题

　　行为锚定等级量表法实施步骤如下：

　　（1）获取关键事件。

　　（2）建立绩效评估项目。

　　（3）选择关键事件。

　　（4）建立绩效评估体系。把每个评估项目中包含的关键事件从好到坏进行排列，建立行为锚定法评估体系。

　　8）行为观察法

　　行为观察法也称为观察评价法、行为观察量表法、行为观察量表评价法等，确认员工某种行为出现的频率，它要求考评者根据某一工作行为发生频率或次数的多少来对被考评者打分。

　　例如，一名营业员在一个月内与顾客发生0次争执得5分；发生1~2次争执得3分；发生3~4次争执得2分；发生5次争执得1分；发生5次以上争执得0分。

　　考评者既可以对不同工作行为的评定分数相加得到一个总分数，也可以按照对工作

绩效的重要程度赋予工作行为不同的权重，经加权后再相加得到总分。总分可以作为不同员工之间进行比较的依据。

发生频率过高或过低的工作行为不能选为评定项目。

优点：行为观察法克服了关键事件法不能量化、不可比及不能区分工作行为重要性的缺点；直观；可靠；被考评者容易接受反馈、提高自身绩效。

缺点：编制一份行为观察量表较为费时费力；完全从行为发生的频率考评员工，可能使考评者和员工双方忽略行为过程的结果。

9）目标管理法

目标管理法是管理者与每位员工一起确定特定的可检测的目标，并定期检查这些目标完成情况的一种绩效考评方法。

目标管理法的最大特点是其目标是由上下级共同协商确定的，具体完成目标的方法由下级决定并定期提供反馈，上级起指导帮助作用。在期限终了时，上下级一起进行工作评估，总结经验教训并商讨下一期的目标。

基本步骤：战略目标设定；讨论确定部门目标及个人目标；工作绩效考评；提供反馈，实施控制。

10）绩效标准法

绩效标准法采用更直接的工作绩效衡量指标，通常适用于非管理岗位的员工。衡量所采用的指标要具体、合理、明确，要有时间、空间、数量、质量的约束限制，要规定完成目标的先后顺序，保证目标与组织目标的一致性。

11）直接指标法

直接指标法在员工的衡量方式上，采用可监测、可核算的指标构成若干考评要素，作为对下属的工作表现进行评估的主要依据。

直接指标法简单易行，能节省人力、物力和管理成本。

12）成绩记录法

成绩记录法比较适合于对从事科研工作的人员的考评。

基本步骤：先由被考评者把自己与工作职责有关的成绩写在一张成绩记录表上，然后由其上级主管来验证成绩的真实准确性，最后由外部的专家评估这些资料，决定个人绩效的大小。

该方法需要从外部请来专家参与评估，因此，人力、物力耗费很高，时间也很长。

7.4 绩效反馈与评估

如前所述，绩效反馈是绩效管理过程中的一个重要环节。它主要通过考核者与被考核者之间的沟通，就被考核者在考核周期内的绩效情况进行面谈，在肯定成绩的同时，找出工作中的不足并加以改进。绩效反馈的目的是让员工了解自己在本绩效周期内的业绩是否达到所定的目标，行为态度是否合格，让管理者和员工双方达成对评估结果一致的看法，双方共同探讨绩效未合格的原因并制订绩效改进计划。同时，管理者要向员工传达组织的期望，双方对绩效周期的目标进行探讨，最终形成一个绩效合约。

由于绩效反馈在绩效考核结束后实施，而且是考核者和被考核者之间的直接对话，因此，有效的绩效反馈对绩效管理起着至关重要的作用。

7.4.1 绩效面谈的概念和分类

绩效面谈是指管理者要对员工的绩效表现进行交流与评价，确定员工本周期绩效表现，然后，根据结果与员工进行一对一、面对面的绩效沟通，将员工的绩效表现通过正式的渠道反馈给他们，让员工对自己表现好的方面和不好的方面都有一个全面的认识，以便在下一个绩效考核周期做得更好，达到改善绩效的目的。

根据绩效面谈的目的，绩效面谈可以分为绩效计划面谈、绩效指导面谈以及绩效考评总结面谈等。

1）绩效计划面谈

绩效计划面谈是在工作的初期，上级主管与下属就本期内绩效计划的目标和内容，以及实现目标的措施、步骤和方法所进行的面谈。该项工作是整个绩效管理工作的基础，确定了工作的目标及后续绩效考核的节点，能够正确引导员工的行为，发挥员工的潜力，不断提高个人和团队的绩效。该过程中上级主管要向员工提供工作的绩效目标，请员工注意在指标设计中双方达成一致的内容，并请下属做出承诺，包括对结果指标和行为指标的承诺。

2）绩效指导面谈

绩效指导面谈是在绩效管理活动过程中，根据下属不同阶段的实际表现，主管与下属围绕思想认识、工作程序、操作方法、新技术应用、新技能培训等方面的问题所进行的面谈。该过程是绩效面谈中的核心工作，能否有效地把该项工作开展好，是该项工作任务能否较好完成的关键。绩效指导面谈应按工作的节点或工作的进展程度定期进行。在面谈过程中，反馈的信息不应当针对被考评者，而应当针对某一类行为，而且应当是员工通过努力能够改进和克服的行为。

3）绩效考评总结面谈

绩效考评总结面谈是在整项工作完成之后，或一个考核周期结束之后，根据员工绩效计划贯彻执行情况及其工作表现和工作业绩进行全面回顾、总结和评估，并将结果及相关信息反馈给员工。面谈阶段，管理者应准备充足的资料，对员工取得的成绩予以肯定，并指出产生优秀结果的有效行为，从而加强员工的有效行为。及时、客观地评价和认同，有利于员工巩固自己的优势，加以保持和进一步发挥。对于影响员工绩效的行为，应与员工进行讨论，给员工充分发言的机会，在讨论过程中，管理者应给予适当引导，让员工发挥自己的主观能动性，为下一期绩效管理活动打好基础。

一般来说，绩效面谈主要是指绩效考评总结面谈。

7.4.2 绩效面谈的内容

绩效面谈应围绕员工上一个绩效周期的工作开展，一般包括四个方面的内容。

1）谈工作业绩

工作业绩的综合完成情况是主管进行绩效面谈时最为关注的内容，在面谈时应将评估结果及时反馈给下属。如果下属对绩效评估的结果有异议，则需要和下属一起回顾上一绩效周期的绩效计划和绩效标准，并详细地向下属介绍绩效考评的理由。通过对绩效结果的反馈，总结绩效达成的经验，找出绩效未能有效达成的原因，为以后更好地完成工作打下基础。

2）谈行为表现

除了绩效结果以外，主管还应关注下属的行为表现，比如工作态度、工作能力等，对工作态度和工作能力的关注可以帮助下属更好地完善自己，并提高员工的技能，也有助于员工进行职业生涯规划。

3）谈改进措施

绩效管理的最终目的是改善绩效。在面谈过程中，针对下属未能有效完成的绩效计划，主管应该和下属一起分析绩效不佳的原因，并设法帮助下属拿出具体的绩效改进措施。

4）谈新的目标

绩效面谈作为绩效管理流程中的最后环节，主管应在这个环节中结合上一绩效周期的绩效计划完成情况和下属新的工作任务，与下属一起提出下一绩效周期新的工作目标和工作标准，这实际上是帮助下属制订新的绩效计划。

7.4.3　绩效面谈的实施

1）绩效面谈准备工作

（1）面谈者应做的准备。

①确定好面谈时间。尽量选择双方都有空闲的时间，不要安排在刚上班或下班时，确定后要征询一下员工的意见，并要提前3天通知员工。

②选择好面谈场所。尽量选择不受干扰的场所，要远离电话及其他人员，避免面谈中途被打断。面谈一般不宜在开放的办公区进行，最好是小型会议室或接待室。

③准备好面谈材料和信息。准备好员工评价表、员工的日常表现记录、员工的定期工作总结、岗位说明书、薪金变化情况等。整理出员工本阶段的最大优点和急需改进的不足之处，这样面谈时更有针对性。

④拟定好面谈程序，计划好如何开始、如何结束，面谈过程中先谈什么、后谈什么，以及各阶段的时间分配。

（2）员工应该做的准备。

①填写自我评价表。员工要客观地进行自我评价，便于与主管的考核结果达成一致，有利于面谈的顺利进行以及个人发展目标的切实制定。

②准备好个人的发展计划。面谈时提出个人发展计划，有利于主管有针对性地进行下期工作安排，达到双向的统一。

③准备好向主管提出的问题。

④安排好自己的工作，避免因进行面谈而影响正常的工作。

（3）创造良好的面谈氛围。氛围的营造包括环境、声音、物品、道具、座次安排等。主管要服装整洁、态度和蔼，在员工到来时要先握手，再微笑让座，然后递上一杯热茶，接下来关闭自己的手机，同时要补充说明电话太多会影响面谈，这样员工也会主动关闭自己的手机，为面谈做好了免打扰的准备，通过这一互动过程，拉近了主管与员工的距离。在座次上，双方最好成90°直角或并行而坐，距离约50厘米。尽量不要面对面，造成员工的心理压力。面谈开始时先进行简单的铺垫，以赞扬和鼓励的话题打开局面，这样可以提高彼此之间的信任度，营造出一种轻松、热情、愉快而友好的面谈氛围。

2）实施绩效面谈的步骤

（1）说明面谈的目的和作用。首先清楚地向员工说明面谈的目的和作用，消除员工的疑虑。

（2）与员工对绩效考核结果进行沟通，首先向员工明确评价标准，然后逐项说明考核结果及总的绩效等级，沟通过程中要允许员工提出疑问，给员工发表自己看法的时间和机会，要耐心地解释考核结果。

（3）肯定员工的优点。按准备阶段总结的材料首先对员工的优点和成绩进行肯定，使员工感到主管对自己的工作评价得比较全面客观，甚至一些自己尚未发现的优点和成绩主管都能够提到，对主管产生信任、服从的感觉。

（4）指出员工的不足。只提出不足之处及其对绩效发展所带来的影响，不要去评论这些不足是否应该存在以及其他员工对这些不足的看法，避免因此引起员工情绪波动和把较长时间集中在对这些问题的解释说明中，影响面谈的气氛和效果。

（5）制订改进计划。主管帮助员工找出有待改进的地方，制订改进计划及采取的相应措施：在绩效沟通及改进计划的基础上，主管与员工共同确定下一绩效考核周期的绩效目标，使绩效管理形成一个完整的循环过程。

（6）总结面谈要点并结束面谈。主管对绩效面谈过程和考核结果进行简要的总结，与员工一同对考核结果确认签字。各项面谈程序完成时应立即停止面谈，普通员工面谈时间以 30～60 分钟为宜，中层主管以 60～120 分钟为佳。无论面谈结果如何，在面谈结束时主管都要调整好员工的心情，使员工以积极的态度结束面谈，真正感受到主管是在平等真诚地讨论自己的工作，是在帮助自己总结经验、查找不足，明确下一周期的工作方向及达到良好绩效目标的方法。

7.4.4　绩效管理评估与总结

绩效管理评估是对绩效管理中各个环节和工作要素进行全面监测分析的过程。评估的具体内容包括以下五个方面：

1）对管理制度评估

如现行的绩效管理制度在执行的过程中，哪些条款得到了落实，哪些条款遇到了障碍难以贯彻，绩效管理制度哪些地方需要修改调整。

2）对绩效管理体系评估

如绩效管理体系在运行中存在哪些问题，各个子系统之间健全完善的程度如何，子系统相互协调配合的情况如何，目前亟待解决的问题是什么等。

3）对绩效考评指标体系评估

如绩效考评指标体系与考评标准是否全面完整、科学合理、切实可行，有哪些指标和标准需要修改调整等。

4）对考评过程全面评估

如在执行绩效管理的规章制度以及实施考评的各个环节中，有哪些成功的经验可以推广，有哪些问题亟待解决；考评者自身的职业品质、管理素质、专业技能有哪些提高，还存在哪些不足等；在企业绩效管理的各项活动中，员工持有何种态度，通过参与绩效管理活动，员工有何转变，在实际工作中取得何种成果，职业品质和素养有哪些提高等。

5）对绩效管理系统与人力资源管理其他系统的衔接评估

主要观察绩效管理与培训、薪酬管理、年度先进评选、人事变动等工作是否衔接得当。

▰▰▰▰▰➡ 思政园地 ▰▰▰▰

充分发挥绩效考核"指挥棒"作用　助力企业高质量发展

国网吉林信通公司完成绩效管理实施方案修订及印发，为做好全年绩效考核工作奠定坚实基础。

2022年以来，尤其是复工复产以来，国网吉林信通公司以国网吉林电力"1445"工作思路为指引，聚焦全年重点工作落实，以绩效推动优势发挥、以考核带动成效落地，服务公司发展大局，在工作落实上按下"快进键"、跑出"加速度"，有效激发广大干部职工干事创业新动能，助力企业高质量发展。

找准坐标系，突出业绩贡献。以"对业绩考核做出贡献"为考核导向，经过3轮意见建议征求和36轮数据分析测算，修订绩效管理实施方案，优化考核流程3项、细化评价标准26项。创新实施"考核贡献度"考核维度，量化每一项考核指标（内容）对该公司业绩考核的贡献度。结合实际，刚性调整年度考核各部分考核内容权重占比，更加突出上级单位业绩考核指标排名情况考核，形成目标明确、环环相扣的"考核链"。

丈量比例尺，突出短板提升。提高考核指标区分度，针对不同维度考核内容，差异化设置评价标准，分类要求、分类施策、分类考核。针对共性指标、个性指标差异化设置考评标准，既保证同类别单位共性指标考核"一碗水端平"，又避免本单位个性指标考核"一刀切"，增强考核的规范性和科学性。研究制定业绩考核预完成目标，创新形成"三张表"，聚焦问题短板，提出63项提升措施，明确干什么、如何干、怎么干。

寻求同心圆，突出部门协同。树立一盘棋思想，做到目标任务的自上而下、层层分解，工作重点的集中统一、上下一致。完善上下联动机制，清除"信息孤岛"，形成人资部门归口考核沟通协调、各责任部门协作负责的工作格局，整合资源、实时互动、信息共享，形成绩效考核良好内循环、外循环模式。会用考核权、用好考核权，强化激励约束，合理拉开部门内部考核分配差距，营造千斤重担人人挑的绩效管理氛围。

资料来源　刘凌宇，桑昭然.充分发挥绩效考核"指挥棒"作用　助力企业高质量发展［EB/OL］.（2022-07-18）［2023-06-20］. http：//jl.people.com.cn/n2/2022/0718/c349771-40042521.html.

问题：国企绩效考核改革对国家发展和强大的重要意义是什么？

分析提示：国企需要打破原有的绩效考核体系，通过设计科学的绩效考核体系，切实发挥其激励作用，真正助力国企高质量发展，增强国有企业在国民经济中的主体作用，进而提升国力水平。

➤ 知识掌握

一、名词解释

工作绩效　绩效考评　绩效管理　绩效考评体系

二、单项选择题

1.一名工人的绩效，除了产量指标完成情况外，质量、原材料消耗率、能耗、出勤，甚至服从纪律等硬、软方面的表现，都需要综合考虑，逐一评估，这体现了绩效的（　　）。

A.多因性　　　　　　B.多维性　　　　　　C.动态性　　　　　　D.不确定性

2.绩效考核中强制分配法在确定优、中、劣各等级人数比例时遵循的是正态分布规律，即（　　）。

A.按"两头小，中间大"分布　　　　　B.按"两头大，中间小"分布

C.按"从小到大"分布　　　　　　　　D.按"从大到小"分布

3.在360度考评中一般权重最大的是（　　）。

A.自我考评　　　　　B.上级考评　　　　　C.客户考评　　　　　D.同级考评

4.企业绩效考评体系设计考评主体时，通常都会考虑（　　）的权重最大。

A.上级　　　　　　　B.下级　　　　　　　C.同级　　　　　　　D.自己

5.一名秘书在一个月内发生0次工作失误得5分；发生1~2次工作失误得3分；发生3~4次工作失误得2分；发生5次工作失误得1分；发生5次以上工作失误得0分。这是绩效考核法中的（　　）。

A.行为锚定等级量表法　　　　　　　B.行为观察法

C.角色扮演法　　　　　　　　　　　D.行为模仿法

6.绩效考评周期，也可以叫作绩效考评期限，就是指多长时间对员工进行一次绩效考核，不能过长也不能过短。总经理这个职位考核周期建议为（　　）。

A.一个月　　　　　　B.三个月　　　　　　C.六个月　　　　　　D.一年

7.相比较而言，最能体现工资多种功能的是（　　）。

A.绩效工资制　　　　　　　　　　　B.职务等级工资制

C.结构工资制　　　　　　　　　　　D.岗位技能工资制

8.公司中通常规定定额标准来考核员工，这是绩效考核的（　　）。

A.直接指标法　　　　B.绩效标准法　　　　C.目标管理法　　　　D.成绩记录法

9.下列不属于上级考评主体优点的是（　　）。

A.能较准确地反映被考评者的实际状况

B.能消除被考评者心理上不必要的压力

C.利于发现员工的优缺点

D.接触频繁，评价更加客观全面

10.（　　）是从对象（个人、业务单元、部门或组织）的关键成果领域中提取出来的主要目标。

A.关键绩效指标　　　　　　　　　　B.岗位任务目标

C.能力指标   D.以上都不对

三、多项选择题

1.绩效的特征包括（   ）。

A.多因性   B.多维性   C.社会性   D.动态性

2.按考评主体进行分类，绩效考评可以分为（   ）和客户考评。

A.主管考评   B.同事考评   C.自我考评   D.下属考评

3.关键绩效指标目标值设定需要遵循一定的原则，下列说法正确的有（   ）。

A.目标值是可以实现的   B.突出个人表现，要有增长

C.目标值设置要具有严肃性   D.主管可以根据自己的主观感受来决定

4.一个高效的绩效考评体系应该具有的特征有（   ）。

A.绩效考评体系要有较高的效度   B.绩效考评系统要有较高的信度

C.绩效考评系统要有一定的区分度   D.绩效考评系统要有实用性

5.绩效面谈的内容应围绕员工上一个绩效周期的工作开展，一般包括（   ）。

A.谈工作业绩   B.谈行为表现   C.谈改进措施   D.谈新的目标

四、简答题

1.简述绩效管理的基本流程。

2.简述绩效考核的作用。

3.简述构建绩效管理体系的基本步骤。

4.如何运用等级量表法进行绩效考核？

5.如何实施绩效面谈？

五、论述题

阐述绩效管理在企业中的重要意义。

■■■■➡ 综合应用 ■■■■

□案例分析

海尔集团的绩效管理体系

海尔绩效管理体系以个人事业承诺为核心而打造，体现了以下四个特点：战略导向，即以全球化和卓越运营战略为指针，设计和建设支持战略的绩效管理体系；持续改进，即通过计划、反馈辅导、评估、制订改进方案，形成持续改进、不断循环的绩效管理体系；全员参与，即通过绩效指标和工作目标自上而下层层分解，落实到每位员工身上，实现绩效管理的全员参与；均衡发展，即平衡考虑短期业绩和长期发展之间的关系，构建基于能力的绩效管理体系。具体内容如下：

1.员工绩效评价的内容

每个海尔员工都以 PBC（Personal Business Commitment，个人业绩承诺）的形式做出个人对海尔的业绩承诺。在整个海尔范围内，各级员工经理和下属员工通过自上而下层层签订PBC，将海尔的战略目标逐步分解落实到每个员工身上，将组织绩效和个人绩效有机联系在一起，实现集团事业发展和个人发展的一致。

一般员工的 PBC 由业务目标和个人发展目标组成，经理级别的员工除了业务目标

和个人发展目标外还增加了员工管理目标。个人业务目标是每位员工根据其所从事的岗位性质、职责和企业工作计划的要求，在员工经理的指导和帮助下制定的，指标总数不超过10项，5~7项为宜，权重由员工和直线经理协商设定，每部分权重总值为100%。关键任务设定总数不超过5个，关键任务各项权重之和为100%；员工管理目标需要设定2~3个支持组织绩效提高的目标，包括员工管理、下属发展和团队建设等内容，权重由员工和直线经理协商决定，每部分权重总值为100%；个人发展目标（Individual Development Goal）是每位员工在员工经理的指导和帮助下设置的，同时需要设定1~2个支持业务目标，个人发展目标应该支持个人发展计划和其他有关学习培养计划、职业发展计划、岗位升迁等；权重由员工和直线经理协商决定，每部分权重总值为100%。

2.员工绩效评价指标

海尔员工绩效评价指标分成定量指标和定性指标两种类型。定量指标的评价是将绩效结果与事先设定的目标值进行比较，通常是达成结果的比率；定性指标的评价是将绩效结果与事先设定的工作标准（定性描述）进行比较，通常是结果与预期描述标准的比较。

3.员工绩效评价周期

定期回顾辅导分为两种：一种是月度业绩回顾辅导，各级员工经理每月针对本部门月度经营计划完成情况进行回顾总结，并对下属员工工作中存在的问题以非正式的方式进行辅导，制订工作改进计划，提高工作绩效。另一种是年度中期绩效回顾辅导，通常在半年左右，员工经理与下属员工就个人的业务目标和个人发展目标进行综合、全面的正式沟通与辅导，为下属员工提出绩效改进意见和建议，必要时进行目标调整。需要说明的是，不论是哪一种回顾辅导，都不与员工工资的发放进行挂钩。

季度业绩评价是针对所有员工季度业务目标完成情况进行评价。在每季度结束后的第一个月自上而下地逐级进行业绩评价。季度业绩评价结果与员工的季度绩效工资挂钩。

年度绩效考核是对员工经理的业务目标、员工管理目标、个人发展目标进行年度综合绩效考核，对普通员工的业务目标、个人发展目标进行年度综合绩效考核。在每年度结束后的第一个月度内自上而下地逐级进行年度绩效考核。年度绩效考核结果与员工的年度绩效工资挂钩。

4.绩效评价结果

海尔的PBC绩效评价结果分为五个等级，分别是PBC=A，PBC=B+，PBC=B，PBC=C及PBC=D（A：非常出色的年度顶级贡献者；B+：出色的高于平均的贡献者；B：胜任的扎实的贡献者；C：需要改进提高的最低贡献者；D：不能令人满意的员工）。

资料来源　殷凤春．人力资源管理实践案例分析［M］．北京：电子工业出版社，2021.

问题：试评价一下海尔集团的绩效管理体系。

分析提示：海尔集团的绩效管理体系设计科学、合理，包括绩效计划、绩效实施、绩效考核以及绩效评价四个流程。在绩效计划制订过程中，员工与其上级主管进行充分有效的沟通；在绩效实施过程中，上级主管进行有效的监督和指导；定期组织绩效回顾和评价；运用绩效评估结果制订下一轮绩效计划，形成了良性的绩效管理循环，不断地提高公司的绩效。

□实践训练

训练1

5～6个学生组成一个小组，以小组为单位，就近调查一家企业，完成一篇关于该单位绩效管理现状的调研报告。

要求：不少于1 000字，内容翔实、格式规范、层次清晰、语句通顺、排版合理。

训练2

某企业的绩效管理主要采用以下步骤和方法：

第一步，对于部门主管以上领导干部，年终由主管领导召集其下属员工开会，共同听取其述职报告，再由员工及上级领导根据其一年来的表现填写"年度领导干部考核评议表"。该表汇总后将分数按"领导、部门内同事、下属"（2：3：5的权重）加权平均得出总分。

第二步，全体员工共分四组排序，一般员工、主管、部门经理、高层领导。每组按考评结果分A、B、C、D、E五个等级，每一等级所占比例为10%、30%、54%、5%、1%。

第三步，考评结果运用，A等级范围的人有机会获得晋升，而E等级的人将被淘汰或降级。

问题：该企业绩效考评体系有哪些不足之处？如何改进？

分析提示：该企业采用了360度考评法和强制分布法。考评主体还可以增加自我考评及顾客考评，另外考评主体的权重分配需要改进，适当增加上级领导的考核比重；每个级别都用强制分布法值得商榷，另外强制分布法的比例需要适当调整，既要方便计算和统计，又要考虑尽量保证正态分布。

▅▅▅➡ 课外拓展 ▅▅▅

关注新媒体平台，获取人力资源管理领域最新的观点、方法、技巧，了解人力资源管理的前沿资讯。

微信公众号"中国人力资源开发杂志"，认证主体为中国人力资源开发研究会，关注中国人力资源开发杂志，及时获取HR行业内热点问题、杂志活动等，快捷阅读杂志的精选文章。请在微信公众号中搜索"中国人力资源开发杂志"或"HRDC-1984"。

第8章 薪酬管理

■■▶ 学习目标 ■■■

通过本章学习，你应该达到以下目标：

知识目标

掌握薪酬的概念和形式；掌握薪酬的组成；理解薪酬管理的重要意义；掌握薪酬体系设计的基本流程；熟悉薪酬制度的基本类型；掌握以职位为基础的工资结构设计的基本方法；理解工资结构线、工资等级、薪幅、工资重叠度等概念的基本含义；掌握岗位评价的方法；掌握薪酬调查的方法；掌握福利种类以及选择。

能力目标

运用合适的方法进行薪酬调查；运用适当的方法进行岗位评价；设计简单的薪酬方案。

素养目标

充分认识薪酬在整个社会和经济发展中的引导和激励作用，树立崇高的理想和正确的价值观，做好个人职业规划，通过自身的努力，不断提高业务能力，为企业创造更大的价值，提升个人的职场竞争力和薪酬水平，获得幸福的生活。

■■▶ 内容架构 ■■■

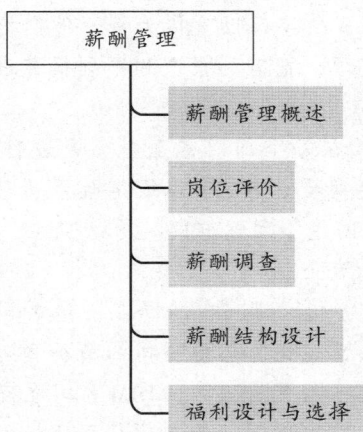

▰▰▰➡ 引例

IBM公司的薪酬管理

IBM公司是美国一个拥有34万名职工、520亿美元资产的大型企业。该公司把员工的薪酬问题作为人力资源管理的根本工作。他们认为：在薪酬上若有不合理的地方，会使员工对公司感到失望，从而影响员工的积极性和主动性。基于此认识，IBM公司力求建立起比较完善的薪酬体系。

（1）薪酬要与职务的重要性、工作的难度相称。

IBM公司根据各个部门的不同情况、工作的难度及重要性将职务价值分为五个系列，在五个系列中分别规定了薪酬最高额和最低额。假设把这五个系列叫作A系列、B系列、C系列、D系列和E系列。A系列是属于最单纯部类的工作，而B、C、D、E系列则是困难和复杂程度依次递增的工作，其职务价值也愈高。A系列的最高额并不是B系列的最低额，A系列的最高额相当于B系列的中间偏上，而又比C系列的最低额稍高。

做简单工作领取A系列薪酬的人，如果只对本职工作感兴趣，那么他可以从A系列最低额慢慢往上升，但只限于到A系列的最高额。领取A系列薪酬的许多员工，当他们的薪酬超过B系列最低额的水准时，就会提出"请让我做再难一点的工作吧！"，向B系列挑战，因为B系列的最高额要比A系列高得多。各部门的管理人员往往一边对照薪酬限度，一边建议员工"以后你搞难度稍大的工作，是否会好一些？"从而引导员工向价值高的工作挑战。

（2）薪酬要充分反映个人的成绩。

员工个人成绩大小是由考核评价来确定的，通常由直属上级负责对员工工作情况进行评定，上一级领导进行总的调整。每个员工都有进行年度总结和与他的上级面对面讨论这个总结的权利。上级在评定时往往与做类似工作或工作内容相同的其他员工相比较，根据其成绩是否突出而定。评价分10~20个项目进行，这些项目客观上都是可以取得一致标准的。例如，"在简单的指示下，理解是否快，处理是否得当。"

对营业部门或技术部门进行评价是比较简单的，但对凭感觉评价的部门如秘书、宣传、人力资源管理及总务等部门该怎么办呢？

IBM公司设法把感觉换算成数字，以宣传为例，他们把考核期内在报刊上刊载的关于IBM公司的报道加以收集整理，把有利报道和不利报道进行比较，以便作为衡量一定时期宣传工作的尺度。

评价工作全部结束后，就在每个部门甚至全公司进行平衡，并分成几个等级。例如，A等级的员工是大幅度定期晋升者，B等级是既无功也无过者，C等级是需要努力的，D等级则是生病或其他原因达不到标准的。

（3）薪酬要等于或高于一流企业。

IBM公司认为，所谓一流公司，就应付给员工一流公司的薪酬。这样他们才会以身为一流公司的员工而自豪，从而转化为热爱公司的精神和对工作的热情。

为确保比其他公司拥有更多的优秀人才，IBM公司在确定薪酬标准时，首先就某些项目对其他企业进行调查，确切掌握同行业其他公司的标准，并注意在同行业中经常保持领先地位。

　　定期调查选择对象时主要考虑以下几点：应当是薪酬标准、福利都优越的一流企业；要与 IBM 公司从事相同工作的人员进行比较，选择具有技术、制造、营业、服务部门的企业；选择有发展前途的企业。

　　为了与各公司交互这些极为秘密的资料，根据协定不公开公司的名字。

　　当然，IBM 公司所认为的"必须高于其他公司的薪酬"，归根结底是要"取得高于其他公司的工作业绩。"在提薪时，根据当年营业额、利润等计算出定期提薪额，由人力资源部门提出"每人的平均值"。因此，要获得提薪，就必须相应地提高业绩水平。

　　资料来源　编者根据相关资料整理。

　　这一引例表明：IBM 公司在制订薪酬方案时充分考虑了工作的重要性、个人业绩以及同行业一流企业的薪酬水平等因素，建立了科学完善的薪酬体系，为吸引优秀人才、确保竞争力提供了充分的保障。

8.1　薪酬管理概述

8.1.1　薪酬的概念、形式、构成及功能

1）薪酬的概念和形式

微课 8-1

薪酬管理
概述

　　薪酬是指员工因向所在的组织提供劳务而获得的各种形式的酬劳。薪酬有广义和狭义之分，广义的薪酬是指员工为某一组织工作而获得的各种自己认为有价值的东西；而狭义的薪酬则是指组织因认可员工的工作而支付给员工的各种形式的经济收入以及有形的服务和福利，是对员工为组织所实现的绩效，付出的努力、时间、学识、技能和经验等所付给的相应的酬劳或回报。它既是员工从事工作的物质利益前提和激励因素，也是影响和决定员工工作态度和工作行为的重要因素之一。

　　薪酬的形式很多，一般有以下三种分类：

　　（1）经济性薪酬和非经济性薪酬。前者指直接支付的货币薪酬，如基本工资、奖金、红利、津贴、股权收益等，或者能够用货币单位衡量的各种福利和服务，如保险、通信交通费、节日费、体检、法律咨询等；后者指难以用货币单位衡量的东西，如参与决策、挑战性的或感兴趣的工作、认可与地位、成长机会、动听的头衔、良好的工作氛围、交友的机会等。

　　（2）内在薪酬和外在薪酬。前者指员工从工作本身所获得的心理收入，即对工作的责任感、成就感、胜任感、富有价值的贡献和影响力，具体包括非经济性薪酬的一部分，如参与决策、挑战性的或感兴趣的工作、认可与地位、成长机会等；后者指员工为组织做出贡献作为交换所获得的各种报酬，包括全部的经济性薪酬和部分非经济性薪酬，如动听的头衔、良好的工作氛围、交友的机会等。

　　（3）直接薪酬和间接薪酬。前者是指直接以货币形式支付的各种经济报酬，如工资、奖金、津贴、股票、红利等；后者是指以其他间接的货币或非货币方式支付给雇员的各种奖励或激励，如福利、保险和休假等。

2）薪酬的构成

下面以直接薪酬和间接薪酬为例，具体介绍薪酬的各构成部分。

（1）直接薪酬。

直接薪酬包括基本工资（不变工资）和可变工资。

基本工资主要是以一定的货币定期支付给员工的劳动报酬，以员工所在的部门、岗位、职务及员工个体之间的劳动差异（包括熟练程度、复杂程度、责任大小及劳动强度）为基准，根据劳动定额完成情况或工作时间而定。

基本工资是员工劳动收入的主体部分，一般占薪酬总量的50%~60%，也是确定其他劳动报酬和福利待遇的基础。通常基本工资由最低工资、年功工资、职位工资、技能工资等几部分组成。

基本工资具有相对稳定性和固定性，不能即时反映劳动者的实际劳动数量及质量的变化。

可变工资是指以员工超额有效劳动、所在组织的劳动条件和劳动强度等为依据计算所得的报酬。

可变工资又具体分为奖金、津贴、股权激励等形式。

①奖金是根据员工超额完成任务或以优异的工作绩效而计付的薪酬，旨在鼓励员工提高劳动生产率，也可称为绩效薪酬。

②津贴是为了补偿和鼓励员工在恶劣的工作环境下劳动而计付的薪酬，有利于吸引劳动者到脏、苦、险、累的岗位上工作。

③股权激励是企业拿出部分股权用来激励企业高级管理人员或优秀员工的一种方法。一般情况下都是附带条件的激励，如员工需在企业干满多少年，或完成特定的目标才予以激励，当被激励的人员满足激励条件时，即可成为公司的股东，从而享有股东权利。

（2）间接薪酬。

间接薪酬包括货币形式的间接薪酬和非货币形式的间接薪酬。

①货币形式的间接薪酬是指组织为了吸引或维持骨干成员而支付的作为基本工资补充的若干项目，是给予员工的各种形式的待遇，如住房、用车、带薪休假、节假日工资、工作午餐、医疗保健等，一般以非现金形式延期支付。货币形式的间接薪酬的费用一般由雇主全部支付，但有时也要求员工承担其中的一部分。

②非货币形式的间接薪酬是指由工作本身、工作环境和组织特征带来的愉悦感和满足感等，主要是一种心理效用。其可分为两种：一种是与职业发展有关的，包括晋升机会、职业保障、自我发展、弹性工时、决策参与、工作挑战性、自我成就感等职业性肯定；另一种是与工作环境有关的，主要指和谐、优越的工作环境和人际环境带来的身心愉悦感，包括组织声誉、领导魅力、友善的同事、优越的办公条件、交友的机会、喜欢的任务等社会性肯定。

3）薪酬的功能

从总体上看，薪酬的功能是使一个组织能够吸引、激励和保留所需的人力资源，从而保证组织正常运行，实现组织的预定目标。具体来说，薪酬的主要功能体现在以下几个方面：

（1）维持劳动力的生产和再生产。组织的生产过程同时也是劳动力的消耗过程，员工作为组织的劳动力资源，在生产过程中会消耗掉一定的体力和脑力，消耗的体力和脑力必须及时得到补充才能使组织的再生产过程顺利进行下去。员工通过劳动取得报酬来满足自身以及家人的衣、食、住、行等基本需要，也可将部分薪酬用于教育子女和自己的学习进修，不断提高自己的技术和文化知识水平。从这种意义上说，薪酬是确保劳动力生产和再生产顺利进行的基本条件。

（2）促进人力资源合理配置和流动。不同的组织以及同一组织不同部门之间的薪酬存在一定的差异，这种差异是促进人力资源流动的重要因素。因此，组织可以利用经济杠杆，通过调整不同部门之间的薪酬来促进人力资源在各部门之间合理流动，从而达到人力资源的最佳配置。此外，组织需要各种专业技术人才和高级管理人才，也可以通过高薪聘请的方法引入企业。这对打破人才的单位所有制、促进人才流动、减少人才浪费以及提高效率等方面都具有积极的意义。

薪酬的这种调节作用不仅表现为劳动力数量上的合理配置，更重要的是对劳动力质量结构的合理调整。

（3）增强员工的组织归属感。薪酬是企业和员工之间的一种心理契约，同时也是企业对员工个人价值和成功的一种识别信号，合理的薪酬制度使员工普遍感到公平，认为自己的价值得到了认可，因而能够减少矛盾和冲突，降低内耗，使员工感到心情舒畅，增强员工对组织的认同感和情感依恋，把自己的发展目标与组织的目标自觉统一起来，为实现组织的目标而努力工作。

另外，完善的薪酬福利，比如带薪休假、社会福利、节假日礼品等也会让员工感受到家一般的温暖，提升对企业的忠诚度。

（4）调动员工的积极性。薪酬发放的本质是对员工努力工作的付出提供等值的报酬。只有在员工的付出能够得到相应的让其满意的报酬时，员工才能更有工作的积极性。但是实践证明，员工积极性的大小与薪酬的多少并不存在简单的线性关系，员工积极性的大小除与薪酬的多少有关外，还与薪酬分配是否公平、合理密切相关，如果薪酬制度不合理，不仅不能起到应有的激励作用，甚至会适得其反。因此，必须制定公平、合理的薪酬制度才能真正调动员工的积极性。

富有竞争性的薪酬激励也会让员工感受到努力的价值。薪酬激励功能的典型表现是奖金的使用，它是对在工作中表现良好的员工的一种奖励，也是对有效的超额劳动的奖励，对员工有很大的激励作用。

另外，劳动者获得薪酬不只是为了基本生活，薪酬同时也可能成为地位、权力、自我实现的象征。薪酬的高低可反映出劳动者的地位、权力，这也是薪资价值决策的重要影响因素之一。

（5）提高经济效益水平。薪酬效益目标制定的本质就在于要用适当的薪酬花费给组织带来最大的收益。

员工不仅创造必要的劳动价值，而且创造剩余的劳动价值。剩余劳动价值的存在是企业生存的基础，是企业利润和效益的前提。因此，从企业的角度来看，支付给员工的薪酬不仅可以补偿员工的劳动消耗，而且是能够为企业和投资者带来预期收益的资本，具有增值的效益功能。

◆◆◆◆➡ 案例分析8-1

微软的人才激励机制

微软真正关注的是如何最大限度地发挥雇员们的聪明才智，使其转化为经济效益。

微软的软件开发人员比非软件开发人员享有更多的特权：一是前者分红更多；二是在办公室极为短缺的情况下，前者的单人办公室"神圣不可侵犯"；三是当员工持续增多致使公司不得不另外择地时，前者可以继续留在环境优美舒适、设施齐备的微软科技园区，而后者却不能。

微软为了掌握未来的发展方向，同时保持目前的产品开发竞争力，将大量的经费投资在研究和开发上，给软件开发人员提供了足够的资金。

微软对员工的业绩考核采取经理和员工双方沟通的形式。在每个财政年度工作伊始，经理会和员工总结上年度的工作得失，指出改进的地方，定出新一年的目标。目标以报表形式列出员工工作职能和工作目的，经双方共同讨论后确定下来，大概过半年时间，经理会将这张表的内容与员工的实际工作进行对照，做一次年中评价。年底时，经理还会和员工共同进行衡量，最后得出这名员工的工作表现等级，依此来决定员工的年度奖金和配股数量。

微软公司给雇员提供了全面而周到的福利。公司每年给予每位雇员的非指令性福利开支达8 000美元。20世纪90年代初，公司每年给予每位雇员715美元的餐饮补助费，任何含有咖啡因的饮料都免费。值得一提的是，微软雇员家属也可享受医疗保健方面的福利，男女雇员均可休四周产假，工资照拿。

微软采用低工资高股份的模式激励员工。微软公司是第一家用股票期权来奖励普通员工的企业。微软公司付给员工的工资不高，但公司有年度奖金和给员工配股。一名员工工作18个月后，可以获得认股权中25%的股票，此后每6个月可以获得其中12.5%的股票，10年内的任何时间都可兑现全部认股权，每两年还配发新的认股权。员工还可以用不超过10%的工资以8.5折的优惠价格购买公司股票。

资料来源 编者根据相关资料整理。

问题：请评价微软的薪酬政策。

分析提示：微软通过赋予员工足够的权力、优越的工作环境以及低工资、高福利、高股份的薪酬政策，产生了很强的激励作用，可以最大限度地激发员工的工作热情，提高员工的满意度，在同行业中保持足够的竞争力。

8.1.2　薪酬管理的概念和内容

1）薪酬管理的概念

作为人力资源管理体系的重要组成部分，薪酬管理是企业高层管理者以及所有员工最为关注的内容，它直接关系到企业人力资源管理的成效，对企业的整体绩效产生影响，灵活有效的薪酬制度对激励员工和保持员工的稳定性具有重要作用。

薪酬管理是在组织发展战略指导下，根据内外部环境的变化，对员工薪酬支付原则、薪酬策略、薪酬水平、薪酬结构、薪酬构成进行确定、分配和调整的动态管理过程。

根据薪酬管理的概念，可以从以下几个方面来理解其含义：

（1）薪酬管理作为人力资源管理中重要的管理职能之一，首先要为实现薪酬管理目标服务，薪酬管理目标是基于人力资源战略设立的，而人力资源战略服从于企业发展战略，所以，薪酬管理一定是在组织发展战略指导下进行的。

（2）薪酬管理是一个动态管理和调整的过程，在制定各种薪酬政策时，不仅要考虑企业未来的战略方向、目前企业的经营状况、员工表现等内部条件的变化，同时也要考虑国家经济环境、政策以及同行业竞争者的情况变化。

（3）薪酬发放的过程是对员工的付出的回报过程，而薪酬决策又是一个非常复杂的过程，所以，在对员工薪酬支付原则、薪酬策略、薪酬水平、薪酬结构、薪酬构成进行决策的过程中，一定要与员工做好充分的沟通，了解员工的需求，以达到薪酬管理的预期目标。

2）薪酬管理的内容

薪酬管理的内容包括工资总额的管理、企业内部各类员工薪酬水平的管理、薪酬管理制度的确定以及日常薪酬管理工作等。

（1）工资总额的管理。工资总额管理不仅包括工资总额的计划与控制，而且包括工资总额调整的计划与控制。

工资总额的组成为：

工资总额=计时工资+计件工资+奖金+津贴和补贴+加班加点工资+特殊情况下支付的工资

工资总额的管理方法：首先确定合理的工资总额需要考虑的因素，如企业支付能力、员工的生活费用、市场薪酬水平以及员工现有薪酬状况等；然后计算合理的工资总额，可以参照销售额推算合理的工资总额，或采用盈亏平衡点方法推算合理的工资总额，还可以采用工资总额占附加值比例的方法推算合理的工资总额。

（2）企业内部各类员工薪酬水平的管理。要明确界定各类员工的薪酬水平，以实现劳动力与企业之间公平的价值交换，这是薪酬管理的重要内容。正确的做法是，哪类员工对企业的贡献大，他们从薪酬中得到的回报就应当多，哪类员工对企业的贡献小，他们从薪酬中得到的回报就应当少，以示公平。

（3）薪酬管理制度的确定。企业薪酬管理制度包括工资结构管理，即确定不同员工的薪酬构成项目以及各薪酬项目所占的比例；还包括薪酬支付形式管理，即确定薪酬计算的基础，是按照劳动时间计算还是按照生产额（量）、销售额（量）计算。

（4）日常薪酬管理工作。日常薪酬管理工作具体包括：开展薪酬调查，统计分析调查结果，制订薪酬计划，适时计算、统计员工的薪酬及薪酬调整。

8.1.3　薪酬管理的基本流程

企业的薪酬管理与许多因素相关，比如，企业的薪酬原则与策略、地区及行业的薪酬水平、企业的竞争力及支付能力等都将对薪酬制度的设计与管理产生重要的影响。因此，企业薪酬管理依据一系列的科学化原则，按照一定的步骤，分成以下六个基本环节完成，这六个环节环环相扣，每个环节都将对企业薪酬管理的结果产生直接的影响。

1）明确企业薪酬政策及目标

对于企业的薪酬管理来说，首先要明确企业薪酬政策及目标，提出企业薪酬策略和薪资制度的基本原则，即应当明确企业是采用高薪资或低薪资政策还是依照市场上人力资源的平均价位将本企业员工的薪资控制在一般水平上。需要注意的是，企业薪酬政策必须与企业的总体人力资源策略相匹配，保持一致性。

2）工作岗位分析与评价

工作岗位分析与评价是制定科学合理的薪酬制度的前提和依据。通过工作岗位分析与评价能够明确岗位的工作性质、所承担责任的大小、劳动强度的轻重、工作环境的优劣以及劳动者所应具备的工作经验、专业技能、学识身体条件等方面的具体要求。同时，根据工作岗位分析所采集的数据和资料，采用系统科学的方法，对企业内各个层次和职别的工作岗位的相对价值做出客观的评价，并依据岗位评价的结果按照各个岗位价值的重要性由高至低进行排列，以此作为确定企业基本薪酬制度的依据。

工作岗位分析与评价的目的在于明确每个岗位的相对价值，根据对岗位系统科学的评价，确定各岗位的薪酬等。

3）不同地区、行业和不同类型企业的薪酬调查

企业的薪酬水平不仅要保证对内有一定的公平性，还要确保企业的薪酬制度对外具有一定的竞争性。通过必要的市场调查，充分了解和掌握企业外部的各种薪酬的影响因素，包括当地的经济发展情况和物价水平、社会保障水平、劳动力市场上人才竞争与供给状况、各行业的薪资水平、相关的劳动法规、其他企业所设立的薪酬福利及保险项目等。这些因素对企业薪酬策略实施效果的影响很大，所以，薪酬调查是非常必要的。

4）企业薪酬制度结构的确定

薪酬结构是指一个企业的组织机构中各个职位的相对价值与其对应的实付薪酬间保持着什么样的关系。

根据工作岗位分析与评价和薪酬调查的结果，以及企业的实际情况可以确定本企业各级员工的薪酬结构以及各个职级的薪酬、起薪点和顶薪点等关键指标。也就是说，根据工作岗位评价得到了各岗位之间的相对价值，将其转换成具体的薪酬数额，以明确各岗位的相对价值与实付薪酬之间的对应的数值关系，通常这种关系用工资（薪酬）结构线（如图8-1所示）来表示。

显然，工资结构线愈陡，各等级之间薪酬差距愈大，这表明企业对于贡献价值不同的岗位，采用的是拉大企业薪酬差距的薪酬策略。

薪酬结构设计的用途是开发企业的工资系统，使每一个职务的工资都对应于它的相对价值，因而具有一定的内在公平性。

5）设定薪酬等级与薪酬标准

将众多类型的岗位工资归并组合成若干等级，形成一个薪酬等级系列，以确定企业内各岗位的具体薪酬范围。各薪酬等级的薪酬范围变化幅度不一定相同，属于不同薪酬等级的岗位的实付薪酬可能相同，属于同薪酬等级的岗位的实付薪酬也可能不同。

6）工资制度的贯彻实施

在企业薪酬制度确定以后，应当完成以下工作，才能保证其得以贯彻实施：

（1）建立工作标准与薪酬的计算方式。依据工作岗位分析和过去的原始记录，制定工作标准，明确具体的工作流程和程序，以及作业的数量与质量要求，而这些标准和要求应当是公平合理的，同时，必须向员工解释说明薪酬的具体计算方法和结算方式。

（2）建立员工绩效管理体系，对全员进行工作业绩的动态考评。员工绩效管理制度是建立激励制度的前提和基础，也是贯彻执行企业薪酬制度的基本保证。

（3）通过有效的激励机制和薪酬福利计划，对表现突出的优秀员工进行必要的表彰和物质鼓励，以鞭策员工对企业做出更多、更大的贡献。员工的福利计划及必要的服务、保障措施是为了最大限度地调动员工的生产积极性和创造性而设立的制度，这些福利性项目是企业薪酬制度的重要补充，有了这些项目，才能使薪酬制度的组合更加完美。

8.1.4　薪酬体系的设计

1）薪酬体系的概念

现代薪酬管理中最重要的一项工作就是薪酬体系设计。一般来说，薪酬体系是指薪酬中相互联系、相互制约、相互补充的各个构成要素形成的有机统一体。

薪酬体系是支付薪酬的基准，即绝对本薪（基本工资）的依据是什么，按其差异可区分薪酬性质和特征。企业可以从职位、技能、绩效三个要素中选择其一作为确定薪酬体系的依据。企业可能只选用一种薪酬体系，也可能同时选用两种或三种薪酬体系，比如对生产人员、职能管理人员、技术研发人员和销售人员采用不同的薪酬体系等。

2）薪酬构成的概念和薪酬模式

薪酬体系中有一个非常重要的概念即薪酬构成，是指薪酬的各组成部分在薪酬总体中的结构与比例。一般而言，员工的薪酬包括以下几大主要部分：基本薪酬（即本薪）、奖金、津贴、福利。

薪酬构成的各个组成部分具有相对独立性，它们各司其职，均有其自身的特点、形式，各个组成部分各有侧重地执行不同的薪酬职能，只有将它们有机地组合，规定恰当的比例关系，才能取得最佳效果。

在薪酬的各个组成部分中，基本薪酬是比较固定的部分，所占比重大，其增长速度也应最快，其次是奖金，最后是津贴和福利。由于基本薪酬反映员工主要的工作职责、基本任务以及从事相关岗位工作所必须具备的能力与劳动贡献，基本薪酬的综合效益以及在提高劳动力素质等方面的作用大于奖金、津贴和福利，因此，基本薪酬所占比重应大于奖金、津贴与补贴之和。

奖金是超额劳动部分的报酬，是薪酬中浮动变化的部分，只要在某一方面成绩突出即可得到。与津贴相比，奖金的多少与劳动成果有直接联系，为了贯彻按劳分配原则和取得较大经济效益，奖金的比重应该大于津贴，反映员工工作业绩的部分称为绩效奖金，反映公司经济效益的部分称为效益奖金。

津贴和福利则与劳动成果无直接联系。津贴是对一些特殊工作岗位的特殊补偿。福利是指除了工资、奖金以外，根据国家、省（自治区、直辖市）、市的有关规定所应享受的待遇以及公司为保障与提高员工生活水平而提供的相关福利措施，是人人都能享受的利益，它能给员工以归属感。

基本薪酬、奖金、津贴、福利各占多少比例，应在基本薪酬占主要比重的前提下，根据各单位的工作性质、劳动特点以及需要等实际情况来确定。

根据薪酬总量中各种成分的比例，薪酬模式有以下三种：

（1）高弹性薪酬模式。高弹性薪酬模式是一种激励性很强的薪酬模型，绩效薪酬是其薪酬结构的主要组成部分，基本薪酬等处于非常次要的地位，所占的比例非常低（甚至为零），即薪酬中固定部分比例比较低，而浮动部分比例比较高。

（2）高稳定薪酬模式。高稳定薪酬模式是一种稳定性很强的薪酬模型，基本薪酬是其薪酬结构的主要组成部分，绩效薪酬等处于次要的地位，所占的比例非常低（甚至为零）。

（3）调和型薪酬模式。调和型薪酬模式是一种既有激励性又有稳定性的薪酬模型，绩效薪酬和基本薪酬各占一定的比例。

◆◆◆◆➡ **案例分析 8-2**

中国平安保险公司的薪酬制度

中国平安保险公司的薪酬管理分为固定部分和变动部分。固定部分包括员工底薪、员工的职务津贴和专业能力津贴。员工底薪根据其所在职位相对应的职级薪级区间执行，在总薪酬中占的比例较小，约为10%，主要薪酬来自公司的奖金和期权。在津贴方面，中国平安保险公司对薪酬的定位体现了公司在激烈市场竞争中的竞争力。津贴主要有两种：一种是根据不同员工的不同职务进行的薪酬分配和职务津贴补助；另一种是体现员工在公司相应专业职位享有的专属津贴，适用于会计、精算、信息技术、投资等职位。

中国平安保险公司的薪酬制度分为三种：（1）无奖金的固定薪制，适用于公司集团总部人员。（2）固定薪加奖金制，适用于各分公司和其他相关经营部门的人员，这种薪酬制度下的固定薪及其调整幅度均略低于无奖金的固定薪及其调整幅度。（3）固定薪加超额奖金制，适用于专业公司经营班子成员，以及产险总部、寿险总部与本部人员。除以上这些人员适用于不同类型的薪酬制度外，中国平安保险公司的业务系列员工按公司规定享受各项福利，如社会保险、交通补助、餐补等，也包括正式员工享受的五险一金。

资料来源　殷凤春. 人力资源管理实践案例分析 [M]. 北京：电子工业出版社，2021.

问题：中国平安保险公司的薪酬制度属于哪种类型的薪酬制度？有什么特点？

分析提示：调和型薪酬模式是一种既有激励性又有稳定性的薪酬模型，绩效薪酬和基本薪酬各占一定的比例，因此，中国平安保险公司薪酬制度属于调和型薪酬模式。中国平安保险公司薪酬制度的特点是根据不同级别、不同类型的员工制定薪酬体系，可以最大限度地发挥员工的潜能和工作积极性。

3）薪酬体系设计的原则

薪酬体系设计应该遵循以下基本原则：

（1）公平原则。这是薪酬设计的基础，只有在员工认为薪酬设计公平的前提下，才可能产生认同感和满意度，才可能发挥薪酬的激励作用。公平原则是制定薪酬体系首要考虑的一个重要原则，因为这是一个心理原则，也是一个感受原则。

（2）竞争原则。在进行薪酬设计时，除了较高的薪酬水平和恰当的薪酬价值观外，企业应针对各类员工的自身特点制定灵活多元化的薪酬结构，以增强对员工的吸引力，尽量保持薪资福利在行业中的竞争性。

（3）激励原则。一个科学合理的薪酬体系对员工的激励是最持久也是最根本的，因为科学合理的薪酬体系解决了人力资源所有问题中最根本的分配问题，即要充分保持和体现责任大小、能力高低和贡献大小的相关性和价值差异性。

（4）经济原则。经济原则提倡较低的薪酬水平，竞争原则和激励原则受到经济原则的制约。这要求管理者在设计薪酬体系时不仅要考虑竞争性和激励性，还需考虑企业承受能力的大小、利润的合理积累等问题。

（5）合法原则。合法原则要求企业必须在合法的基础上设计薪酬体系，即要遵守《劳动法》、《中华人民共和国劳动合同法》（以下简称《劳动合同法》）和地方相关劳动法律法规以及企业相关管理制度的规定。

（6）实用原则。薪酬体系及实施方法要简单、实用，要具有一定的可操作性。

（7）灵活原则。薪酬体系设计要具有调节机制，有一定的灵活性，以适应环境的变化和企业发展的战略调整。

4）影响薪酬体系设计的因素

在设计薪酬体系时，不仅要考虑企业内部因素，也要考虑员工个人的因素，同时还要考虑各种外部因素的影响。

内部因素的影响包括：

（1）企业负担力量。员工的薪酬与企业负担力量的大小存在着特别直接的关系，假如企业的负担力量强，则员工的薪酬水平高且稳定；假如薪酬负担超过了企业的承受范围，则会使企业严重亏损、停产甚至破产。

（2）企业经营状况。企业经营状况直接关系到员工的工资水平。经营得较好的企业，其薪酬水平会较稳定且有较大的增幅。

（3）企业远景。处在生命周期不同阶段的企业的盈利水平和盈利能力及远景是不同的，这些差异会导致薪酬水平的不同。

（4）薪酬政策。薪酬政策是企业分配机制的直接表现，直接影响着企业利润积存和薪酬分配关系。注重高利润积存的企业与注重企业利润和薪酬间平衡的企业在薪酬水平上是不同的。

（5）企业文化。企业文化是企业分配思想、价值观、目标追求、价值取向和制度的土壤，企业文化不同，必定会导致观念和制度的不同，这些不同决定了企业的薪酬模型、分配机制的不同，这些因素间接影响着企业的薪酬水平。

（6）人才价值观。人才价值观的不同会直接导致薪酬水平和结构不同，如对问题"是否只有高薪才能吸引优秀的人才"的答复不同，薪酬水平和结构是完全不一样的。

个人因素的影响包括：

（1）工作表现。员工的薪酬是由个人的工作表现决定的，在同等条件下，高薪来自个人工作的高绩效。

（2）工作技能。现在企业之争是人才之争，掌握关键技能的人才，已成为企业竞争的利器。这类人才成为企业高薪聘请的对象。

（3）岗位及职务。岗位及职务的差异意味着责任与权利的不同，权利大者责任也相对较重，因此其薪酬水平也就较高。

（4）资格与工龄。通常，资格高、工龄长的员工薪酬水平要高。

外部因素的影响包括：

（1）地区与行业的差异。一般来说，经济发达地区的薪酬水平比经济落后地区高，处于成长期和成熟期企业的薪酬水平比处于衰退期时高。

（2）地区生活指数。企业在确定员工的基本薪酬时应参照当地的生活指数，一般生活指数高的地区，其薪酬水平相对也高。

（3）劳动力市场的供求关系。劳动力价格（工资）受供求关系影响，劳动力的供求关系失衡时，劳动力价格也会偏离其本身的价值：供大于求时，劳动力价格会下降，反之亦然。

（4）社会经济环境。社会经济环境直接影响着薪酬水平，在社会经济情况较好时，通常员工的薪酬水平相对也较高。

（5）现行工资率。国家对局部企业尤其是一些国有企业规定了相应的工资率，这些工资率是测算员工薪酬水平的关键因素。

（6）相关的法律法规。与薪酬相关的法律法规包括最低工资制度、个人所得税征收制度、强制性社保及缴费水平等，通常这些制度及因素都直接影响着员工的薪酬水平。

（7）劳动力价格水平。通常劳动力价格水平越高的地区，薪酬水平也越高；劳动力价格水平低的地区，薪酬水平也较低。

5）薪酬体系设计的基本流程

薪酬体系设计是一个系统过程，每个环节都很重要，以企业常用的岗位绩效（能力）工资制为例，其设计流程包括如下步骤：

第一步：岗位分析。

岗位分析是确定薪酬的基础。结合公司经营目标，公司管理层要在业务分析和人员分析的基础上，明确部门职能和职位关系，人力资源部和各部门主管应合作编写工作说明书。工作说明书对有关岗位在组织中的定位、工作使命、工作职责、能力素质要求、关键业绩指标以及相关工作信息进行书面描述。

第二步：岗位评价。

岗位评价是在岗位分析的基础上，按照一定的衡量标准，对岗位的工作任务、繁简难易程度、责任大小、所需资格条件等方面进行系统评比与估计，得出不同岗位在组织中的价值大小顺序。

岗位评价重在解决薪酬的对内公平性问题。

第三步：个人能力评价。

对个人能力进行评价理论上用能力素质模型比较专业，它从胜任岗位工作的角度出发，全面界定完成某一岗位职责所需要的能力素质。但企业要建立自己的能力素质模型有一定的难度，在实际操作上可以简化，采用显性的因素评定法，如学历、专业、工作经验、技能、素质等，企业可以根据实际情况确定相关因素。

个人能力评价重在解决薪酬的个人价值问题。

第四步：薪酬调查。

薪酬调查的对象最好是选择与自己有竞争关系的公司或同行业的类似公司，重点考虑员工的流失去向和招聘来源。

薪酬调查的数据要包含上年度的薪资增长状况、不同薪酬结构对比、不同职位和不同级别的薪酬数据、奖金和福利状况、长期激励措施以及未来薪酬走势分析等。

薪酬调查的结果是根据调查数据绘制的薪酬曲线。在职位等级-工资等级坐标图上，首先标出所有被调查公司的员工所处的点；然后绘制出各公司的工资曲线，从这个图上可以直观地反映出某家公司的薪酬水平在同行业中处于什么位置。

薪酬调查重在解决薪酬的对外竞争力问题。

第五步：薪酬定位。

在薪酬定位方面，企业可以选择领先策略或跟随策略。在薪酬设计中 25P、50P、75P 专用术语，指的是假如有 100 家公司（或职位）参与薪酬调查的话，薪酬水平按照由低到高排名，它们分别代表着第 25 位排名（低位值）、第 50 位排名（中位值）、第 75 位排名（高位值）。一个采用 75P 策略的公司，需要雄厚的财力、完善的管理、过硬的产品相支撑。

第六步：薪酬结构设计。

一般情况下，企业在进行薪酬设计时往往要综合考虑四个方面的因素：一是岗位层级；二是个人的技能和资历；三是个人绩效；四是津贴和福利。相应地，薪酬总额通常会包含岗位工资、技能工资、绩效工资以及津贴和福利等。确定岗位工资，需要对岗位做评估；确定技能工资，需要对人员资历做评估；确定绩效工资，需要对工作表现做评估；确定公司的整体薪酬水平，则需要对公司的盈利能力、支付能力做评估。每一种评估都需要一套程序和办法。

第七步：薪酬体系实施与修正职位评价。

在确定薪酬调整比例时，要对总体薪酬水平做出准确的预算。目前，大多数企业是财务部门在做此测算，最好应同时有人力资源部参与。

8.2　岗位评价

8.2.1　岗位评价的概念

岗位评价是在工作分析的基础上，按照预定的衡量标准，对岗位工作任务的繁简难易程度、责任权限多少、工作强度大小、所需资格条件以及劳动环境等方面进行测量和评价，以确定岗位相对价值的过程。

岗位评价的实质是将岗位价值、岗位承担者的贡献与薪酬有机地结合起来，并以此确定薪酬等级结果，以实现薪酬的内部公平性，因此，岗位评价的结果可以作为薪酬管理的重要依据。

为了充分理解岗位评价，可以从以下三个方面理解它的含义：

（1）工作分析是岗位评价的逻辑基础。通过工作分析可以得到一份非常重要的文件，即工作说明书，包括工作描述和工作规范两个部分，这为岗位评价提供了重要的信息和依据。

（2）岗位评价的对象是岗位而不是岗位的任职者，即对该岗位所承担的工作任务进行客观的测量和评价，但是同时也需要对承担此任务的任职者进行观察和分析。

（3）岗位评价是对各类具体劳动抽象化和定量化的过程，在评价过程中选择什么样的衡量标准尤为重要。所以，需要事先选择能比较全面系统地反映各岗位情况的指标体系，对每个岗位的主要影响因素进行逐一测定，这样才能确保评价结果的公平性。

（4）岗位评价时需要运用多种技术和方法，科学、有效的评价方法才能确保评价结果的科学性和准确性。目前，比较常用的方法有排列法、分类法、评分法和因素比较法等。

8.2.2 岗位评价的方法

岗位评价的方法很多，从1915年起，四种主要的岗位评价体系逐步建立起来，按时间顺序分别为岗位排序法、分类套级法、因素比较法、要素计点法，前两种被认为是非数量的评价体系，后两种被认为是数量的评价体系。在西方发达国家中，最广泛使用的是要素计点法，其次是因素比较法。进入20世纪50年代以后，国外一些大型咨询公司在上述评价方法的基础上又开发了混合型的评价系统，如海氏三要素评估系统和美世国际职位评估系统等，这些系统大多使用了定量分析技术，为确定可与外部劳动力市场相比较的薪酬体系提供了依据，处理数据主要依靠计算机，耗资也通常较多。

本教材重点介绍岗位排序法、分类套级法、因素比较法、要素计点法。

1）岗位排序法

岗位排序法也称岗位序列法，它是一种最简单的岗位评价方法。由岗位评价人员（如岗位评价委员会成员）根据他们的工作经验将各个岗位的相对价值作为一个整体进行总体评价，并将评价结果进行排序。这种评价方法有一定的主观性，为了消除可能由于主观判断产生的误差，可以组织多人、多次评价并取其平均值，见表8-1。

表8-1   岗位排序法示例

岗位编码	01	02	03	04	05
评价人员 A	1	2	3	4	5
评价人员 B	3	2	1	5	4
评价人员 C	2	1	4	3	5
评价人员 D	4	1	2	3	5
评价人员 E	1	3	2	5	4
合计	11	9	12	20	23
平均值	2.2	1.8	2.4	4	4.6
岗位排序	2	1	3	4	5

实际工作中，为了提高岗位排序法的准确性和可靠性，还常常采用多维度评价进行排序，比如岗位责任、知识经验、技能要求、工作强度、工作环境等，见表8-2。

表8-2 多维度评价排序法

评价因素	01	02	03	04	05
岗位责任	1	2	3	4	5
知识经验	3	2	1	5	4
技能要求	2	1	4	3	5
工作强度	4	1	2	3	5
工作环境	1	3	2	5	4
合计	11	9	12	20	23
平均值	2.2	1.8	2.4	4	4.6
岗位排序	2	1	3	4	5

岗位排序法的优点是计算简单、操作容易、省时省力，将岗位作为一个整体进行评价，主要是根据评价人的直觉来判断，所以可以吸引更多人参与；缺点是岗位评价法主要依靠评价人的主观判断，精确性不高，适用范围也有一定的局限性，适用于中小企业。

2）分类套级法

分类套级法是对岗位排序法的改进，能够迅速地对大量岗位进行评价。具体操作方法是：岗位评价者预先制定出一套供参照用的岗位级别标准，然后将待评价的岗位与标准进行比较分析，从而确定该岗位相应的级别。其核心步骤有两个，即岗位分类和岗位分级，相似的岗位划为一类，复杂度相似的岗位划为一级，具体操作如下：

（1）将所有岗位分成若干大类，如管理类、事务类、技术类、生产类、销售类等，每一类确定一个岗位价值的范围。

（2）再将每一类岗位根据工作复杂程度分成若干等级，复杂程度越高，级别越多，并明确各个等级工作的内容、责任和权限以及任职资格条件。

（3）评价不同类别、不同等级岗位之间的相对价值和关系，如技术类的12级相当于生产类的4级等。

（4）将待评价的岗位与岗位等级中的标准进行比对，并根据其结果将待评价岗位划入相对应的等级中。

分类套级法多用于多种岗位的评价，但是仍然存在对不同类别、不同级别的岗位评价的主观性问题，一定程度上影响了其评价的准确性。

3）因素比较法

因素比较法是一种量化的评价技术，实际上是对岗位排序法的一种改进。这种方法首先需要确定关键岗位和付酬因素，如智力、技能、体力、责任及工作条件等，再运用它们制成关键岗位排序表，然后将需要评定的岗位与关键岗位进行比较，最后确定岗位的工资率。具体步骤如下：

（1）确定评价要素。岗位评价选定的要素是与执行岗位工作任务直接相关的重要因素。

（2）选择关键基准岗位。从全部岗位中选择15～20个主要岗位，其所得报酬应具有公平合理性，或被大多人所认可。

（3）根据评价要素对关键基准岗位进行排序，选定岗位共有的薪酬因素作为评价依据，一般包括五项：智力条件，包括记忆力、理解力、判断力、所受的教育水平、专业知识、基础常识等；技能，包括工作技能和岗位所需要的特殊技能；责任，包括对人身安全，对财务、现金、资料、档案、技术情报保管和保守机密的责任，以及对别人的监督或别人对自己的监督等；身体条件，包括体质、体力、运动能力，如持久性、变动性、运动速度等；工作环境，包括工作地的温度、湿度、通风、光线、噪声等。

将每个岗位的每个影响因素分别加以比较，然后按照程度高低进行排序。

（4）建立岗位薪酬与评价要素排序的对应关系，将岗位的薪酬总额按照评价要素进行分解，找出对应的工资份额，见表8-3。

表8-3　　　　　　　　　　　　　　　岗位薪酬与评价要素排序的对应关系

月度岗位工资（元）	智力条件		技能		责任		身体条件		工作环境	
	排序	工资额（元）	排序	工资额（元）	排序	工资额（元）	排序	工资额（元）	排序	工资额（元）
A（1 250）	1	320	1	260	2	360	4	160	4	150
B（1 100）	2	210	4	200	1	400	5	150	5	140
C（980）	3	180	3	200	4	260	3	170	3	170
D（1 050）	4	90	2	230	3	280	2	190	2	260
E（650）	5	50	5	50	5	90	1	200	1	260

（5）以关键岗位为依据，评价其他岗位。将待评岗位的各要素与关键岗位的各要素进行比较，如果岗位的某要素与关键基准岗位的要素相近，就按照相近条件的岗位工资计算次要素工资，各个要素比较后加总即可得出该岗位的工资。F岗位评价结果见表8-4。

表8-4　　　　　　　　　　　　　　　F岗位评价结果

岗位评价要素	与标准对比	岗位评价结果
智力条件	与B相近	210
技能	与D相近	230
责任	与A相近	360
身体条件	与B相近	150
工作环境	与B相近	140

依据评价结果，F岗位最后的工资总额为1 090元（210+230+360+150+140），将其作为相对价值量。同理可以计算其他岗位的相对价值量，并按其相对价值归级列等，编

制出岗位系列等级表。

因素比较法的优点是评价结果较为公正，耗费时间少，同时也减少了工作量，缺点是各影响因素的相对价值在总价值中所占的百分比完全是考评人员的直接判断，这就必然会影响评定的精确度，同时操作起来相对比较复杂，而且很难对员工做出解释，尤其是给因素赋予货币值时很难说明其理由。

4）要素计点法

要素计点法首先要选定岗位的主要影响因素，并赋予每个要素一定的点数，然后按照预先规定的衡量标准，对现有岗位的各个因素逐一评价，求得点数，经过加权求和，最后得到各个岗位的总点数。具体步骤如下：

（1）选择评价要素。岗位评价所选定的要素是与执行岗位工作任务直接相关的重要因素，归纳起来，大致有四个方面：岗位复杂程度，包括执行本岗位工作所需的知识、技能、受教育程度、必要的训练、必要的实际工作经验等；岗位的责任，包括对使用的设备、器具、原材料等的责任，对下属监督的责任，对主管上级应负的责任，对保管的文件资料、档案的责任等；劳动强度与环境条件，包括体力消耗、劳动姿势、环境、温度、湿度、照明、空气污染、噪声等；岗位作业紧张、困难程度，包括操作时精神紧张程度，视觉、听觉等器官集中注意力的程度以及持续时间的长度、工作的单调性等。

（2）根据岗位的性质和特征，确定各类岗位评价的具体项目。例如，生产类岗位评价项目可以选择体力的熟练程度，脑力的熟练程度，体力和脑力劳动的劳动强度，紧张程度，劳动环境，工作危险性，对财、物、人及上级、下级的责任等；管理类岗位评价项目则可以选择受教育程度、工作经验、工作复杂程度、工作责任、组织协调创造能力、工作条件、所受的监督与所给予的监督等。

（3）对评价要素区分出不同级别，并赋予一定的点数，同时还可以根据不同要素的重要程度给每个要素赋予不同的权重系数，并计算出每个岗位的总点数。

（4）根据岗位评价结果确定各岗位的薪酬等级。某公司某岗位要素计点评价结果及对应等级标准见表8-5、表8-6。

表8-5　　　　　　　　　　　　某公司某岗位要素计点评价结果

评价要素	1	2	3	4	5	6	7	8	9	10	合计
评价点数 X_i	10	8	20	10	38	10	14	20	10	10	150
权重系数 F_i	7	7	7	7	7	12	7	12	17	17	100
X_iF_i	70	56	140	70	266	120	98	240	170	170	1 400

表8-6　　　　　　　　　　　　岗位评价结果与薪酬对应等级标准

薪酬等级	岗位点数	薪酬等级	岗位点数	薪酬等级	岗位点数	薪酬等级	岗位点数
A级	800以下	E级	1 101~1 200	I级	1 501~1 600	M级	1 901~2 000
B级	801~900	F级	1 201~1 300	J级	1 601~1 700	N级	2 001~2 100
C级	901~1 000	G级	1 301~1 400	K级	1 701~1 800	O级	2 101~2 200
D级	1 001~1 100	H级	1 401~1 500	L级	1 801~1 900	P级	2 201~2 300

该岗位评价总点数是1 400，其对应薪酬等级应该是G级。

要素计点法的优点是容易理解，由于它是若干评定要素综合平均的结果，有较多的专业人员参与评定，大大提高了评价的准确性。其缺点是工作量大，较为费时费力，在选定评价要素以及赋予点数和权重系数时仍然有一定的主观性。

8.3 薪酬调查

8.3.1 薪酬调查的概念和渠道

薪酬调查是指企业在薪酬设计之前，借助专业的统计调查方法，有针对性地收集、整理并分析相关市场薪酬信息和数据资料，并形成薪酬调查报告的过程。调查内容主要包括同行业竞争对手以及劳动力市场上同类组织或者相似岗位的薪酬水平、薪酬结构现状，以及薪资动态与发展趋势等。

薪酬调查的数据可以通过多种渠道获得，比较常见的渠道包括：

（1）企业合作相互调查获得薪酬信息。薪资政策和薪资数据在很多企业都是商业秘密，同行业企业之间建立合作关系，共享薪酬数据有关资料信息，同时可以共同开展薪酬调查活动，这样可以节约成本，共同受益。

这种调查可以采用正式调查的方式，如座谈会或问卷调查等，也可以采用非正式调查的方式，如电话沟通后私人采访等。但是往往由于双方存在竞争关系或者涉及企业机密，因此，通过这种薪酬调查渠道获取薪酬信息一般来说都很困难，而且可信度需要进行评估。

（2）通过应聘者了解薪酬信息。通过招聘时进行问卷调查及面谈期望薪酬等方式，对外部人力资源市场价格有个大致了解。一般情况下，这种信息的准确度还是比较高的，因为大多数应聘者对行业内该岗位薪酬水平是有了解的，同时也会非常慎重地提出薪酬要求。如果企业经常因为薪酬问题不能招聘到最优秀的员工，那么说明企业提供的薪酬水平的确没有竞争力。

（3）通过公开的信息以及公开发布的文献资料获得薪酬信息。部分企业在发布招聘信息时，会注明薪酬待遇，某些人才交流部门也会发布一些岗位的薪酬参考信息。由于这两种情况下薪酬容易被夸大，所以这些途径得来的薪酬水平可能会偏高。

另外，可以查看政府及有关人力资源机构定期发布的人力资源数据，包括岗位供求信息、岗位薪酬水平、毕业生薪酬、行业薪酬、区域薪酬等数据，也可以查看上市公司高管薪酬数据，这些薪酬数据对公司薪酬政策及薪酬水平的制定有参考意义。一些人力资源管理专业咨询公司的官方网站如水木知行官网会定期发布专业技术和管理岗位竞争性薪酬指数。还可以参考一些公开发布的有关薪酬调查的文献资料，如政府部门或行业薪酬调查报告、专业调查机构薪酬报告、企业薪酬调查报告等。

（4）通过委托专业机构获得薪酬信息。在人力资源领域有一些提供薪酬调查的专业机构，通过这些专业机构进行调查可以大幅减少调查的工作量，但同时需要支付一定的服务费用。这种途径得来的信息一般可信度较高，但一定要注意选择令人信任的专业机构来做调查，以免得到的是过时的数据。

（5）通过外部购买获得薪酬信息，即向专业薪酬服务机构购买有关薪酬数据。很多市场调查公司、咨询公司都有自己的薪酬数据库，薪酬数据库往往按区域、行业、岗位、时间编排，可以查询任意区域、任何行业、任何岗位有关的薪酬数据以及变化趋势数据。

8.3.2 薪酬调查的方法

在开展薪酬调查时，需要根据实际情况选择合适的调查方法，常用的薪酬调查方法有以下几种：

1）问卷调查法

在所有的调查法中，问卷调查法是使用频率最高的一种调查方法。问卷调查法是通过向目标企业或者目标个人发送事先根据企业自身需要而设计的调查问卷，以书面语言与被调查者进行沟通，来获取企业所需信息和资料的方法。

拓展阅读 8-1

薪酬调查问卷范例

2）面谈调查法

面谈调查法是指通过与调查对象面对面谈话来收集资料的方法，是获取信息的主要方法之一，也是常用的薪酬调查方法之一，专业的咨询公司或者市场调研机构通常采用此方法收集信息。

3）文献资料法

文献资料法是指通过查阅、收集、分析和综合有关薪酬调查的文献资料，以获取所需要的信息、知识、数据和资料的研究方法。这是一种比较简单易行的方法。

这些信息主要来源于三大薪酬调查的主体：政府部门进行的薪酬调查通常会定期向社会公布或将行业的薪酬调查集中出版成册；专业调查机构会以收费的形式向社会提供薪酬调查报告；一些企业也会向社会公布自己撰写的薪酬调查报告。企业获取薪酬调查结果的渠道有很多，包括已经出版的图书、调查报告以及调查主体的网站等，可以通过网上收集、购买等方式获得。

文献收集法的优点是节省时间、人力和物力，很多中小企业多采用这种方法来获取所需要的信息；其不足之处在于，已经形成的薪酬数据可能针对性不强、信息过时等，企业在参考时可以适当进行调整。

4）电话调查法

电话调查法是一种高效快速、操作简单的调查方式，通过电话可以与特定区域或全国范围内的相关组织的薪酬管理人员进行快速联系，以获取所需要的数据和信息。电话调查法可用于澄清问题，以及快速获得其他方法遗漏的数据和信息。

8.3.3 薪酬调查的工作流程

薪酬调查工作是一项技术性比较强的工作，需要遵循一定的工作流程，具体包括：

1）确定调查目的

首先应当明确调查的目的要求和调查结果的用途，然后开始组织薪酬调查，调查的结果可以为以下工作提供参考依据：整体薪酬水平、薪酬差距、薪酬晋升政策、具体岗位薪酬水平等。

2）制订调查方案

制订调查方案时需要明确调查对象、调查范围、调查岗位、调查内容和调查时间段、调查方式等几个方面的问题。

（1）明确调查对象和范围。为了保证调查数据的公平性，一般对本地区或者范围更大的区域、同行业或者类似行业、主要竞争对手以及行业标杆企业等薪酬数据进行调查。

（2）明确调查岗位。选择需要调查的典型岗位，典型岗位一般选择同地区或者同行业普遍存在的代表性岗位。

（3）确定调查内容。薪酬调查并不是仅仅调查基本工资，还需调查可变薪酬、福利等内容，同时要考虑调查数据的时效性。

（4）确定调查的时间段。明确收集的薪酬数据的开始和截止时间。

（5）选择调查方式。有着良好的对外关系的企业比较适合选择企业之间相互调查的方式；在难以在企业中找到对等的岗位，或者该行业属于新兴行业时，可以选择委托中介机构进行调查。

3）组织实施调查

在实施薪酬调查时，如采用问卷调查法，则需要事先根据调查目的设计调查问卷，并做好问卷的发放与回收工作；如采用面谈法，则需要事先拟好面谈提纲并做好记录工作；如选择委托专业机构的方式，则需要对专业机构进行评估和筛选等工作。

4）核实、分析数据和资料

通过问卷调查、行业访谈、专业咨询报告或者统计报告等方式收集了大量的数据后，要确保调查数据的有效性，这时需要采用各种方法进行分析处理，并撰写薪酬调查报告，作为薪酬决策的依据。报告应包括调查组织实施情况、薪酬数据、政策、趋势、本组织薪酬状况与市场状况对比等方面的分析以及有关对策建议等内容。

微课 8-2

薪酬结构设计

8.4　薪酬结构设计

根据薪酬调查的结果，进行薪酬结构设计。薪酬结构设计一般包括确定薪酬战略和职位匹配、薪酬水平市场定位、薪酬结构设计与薪酬等级等几个环节。

8.4.1　确定薪酬战略和职位匹配

薪酬战略是企业薪酬系统设计及管理工作的行动指南，也是一种导向或基本原则，是实现企业人力资源发展战略的保证。通过制定和实施适合企业的薪酬战略，企业可以充分利用薪酬这一激励杠杆，向员工传递企业的战略意图，调动员工的积极性。企业的薪酬战略必须有针对性，与企业所处的发展阶段、企业的整体战略、企业的组织结构及企业的文化相匹配，并对其起到支持作用。

薪酬战略是管理者在一定情况下可以选择的全部（薪酬）支付方式，这些支付方式对组织绩效和有效使用人力资源产生很大的影响，具体包括薪酬决定标准、薪酬支付结构、薪酬制度管理等。

在参考市场信息的时候，需要确定基准岗位与企业内部岗位的对应关系。这时需要进行职位匹配的工作。薪酬报告中在提供薪酬信息的同时还提供了职位性质信息。在进行职位匹配时，需要详细阅读有关的职位描述，该信息提供了本职位通常的工作内容和职责；详细审核自己公司的职位内容，最终确定是否与市场标准职位相匹配。一般而言，如果企业内部职位与基准岗位有约70%的内容是相似的，即可以认为达成了较好的匹配。

在确定了薪酬战略和职位匹配之后，可以将公司实际薪酬水平与市场水平进行比较，从而发现与期望达到的市场水平的差距。

8.4.2　薪酬水平市场定位

10%～90%分位分别代表了市场薪酬水平由低到高的排列情况，也代表了企业在选定这些分位点时使自身的薪酬水平在市场上所具有的竞争力由低到高的排列情况。企业需要根据公司人力资源战略确定公司的市场薪酬水平。

薪酬水平策略主要是指制定企业相对于当地市场薪酬行情和竞争对手薪酬水平的企业自身薪酬水平策略。供企业选择的薪酬水平策略主要有薪酬领先型策略、市场追随型薪酬策略、市场滞后型薪酬策略和混合型薪酬策略。

1）薪酬领先型策略

采用这种策略的企业多数具有以下三种特征：

（1）处于垄断地位。处于垄断地位的行业意味着该行业内竞争对手较少，企业不会因为提高产品的价格而导致消费者对产品和服务需求的减少。在这种情况下，实行高薪酬是切实可行的。

（2）投资回报率较高。投资回报率较高的企业之所以能够向员工支付较高的薪酬，主要是因为其能够获得高额利润。

（3）人力成本在企业经营总成本中所占的比例较低。当人力成本在企业经营总成本中所占的比例较低时，薪酬支出在总成本支出中不再处于敏感的地位。

2）市场追随型薪酬策略

市场追随型薪酬策略是指支付与同行业竞争者相同的工资水平。事实上，这也是一种最为常用的薪酬策略，大多数企业都是这种策略的执行者。实施这种薪酬策略的企业往往既希望确保自己的人力成本与竞争对手保持一致，不至于产品在市场上陷于不利地位，同时又希望自己能够有一定吸引和保留员工的能力，不至于在人力资源市场上输给竞争对手。采取这种薪酬策略的企业的风险可能是最小的，但在吸引优秀的求职者方面没有明显优势。

3）市场滞后型薪酬策略

采用市场滞后型薪酬策略的企业往往处于竞争性的行业，边际利润比较低，企业投资回报率较低，企业承担不起高额人力成本的压力。

市场滞后型薪酬策略固然可以因为工资大大低于市场平均水平而在短期内节约成本，但是这种节约会被长期的成本所抵消，因为采用这种薪酬策略的企业可能很难招募到和保留高素质的员工。即使可以，在一定程度上也会给企业造成较高的员工流失率。

但是，如果这种策略是以牺牲当前收益为代价，以提高未来收益为目的的话，则可提高员工对企业的忠诚度，凝聚员工士气，培养团队意识。比如，在高科技行业中，一些企业员工的薪酬低于市场平均水平，但是员工可以以合理的价格购买企业股票或者股票期权，这种将薪酬与未来高收入组合在一起的薪酬策略不仅不会影响企业吸引和保留员工，反而会激励员工更加努力工作。

4）混合型薪酬策略

混合型薪酬策略是指企业在确定薪酬水平时是根据职位的类型或者员工的类型来分别制定不同的薪酬水平策略，而不是对所有的职位和员工均采用相同的薪酬水平定位。比如，有些公司针对核心层采用薪酬领先型策略，针对基层员工实行市场追随型薪酬策略。

混合型薪酬策略的优点在于其灵活性和针对性，对于稀缺的人才及企业希望保留的关键职位的人才采取薪酬领先型策略，而对于人力资源市场中的富足人员及低职级的员工采用追随型甚至滞后型薪酬策略。这不仅有利于控制企业的人力成本，而且有利于企业保持自己在劳动力市场中的竞争力。

薪酬水平并非越高越好，要结合企业的实际状况来制定适合企业自身的薪酬策略。薪酬策略向员工发出企业期望的信息，并对那些与企业期望一致的行为进行奖励，从而支持企业的发展战略。

8.4.3 薪酬结构设计与薪酬等级

与薪酬结构设计和薪酬等级相关的几个定义：

（1）薪酬结构线。将企业内各个职务的相对价值与其对应的实付工资之间的关系用两维的直角坐标系直观地表现出来，就形成了薪酬结构线。薪酬结构线示意图如图8-1所示。

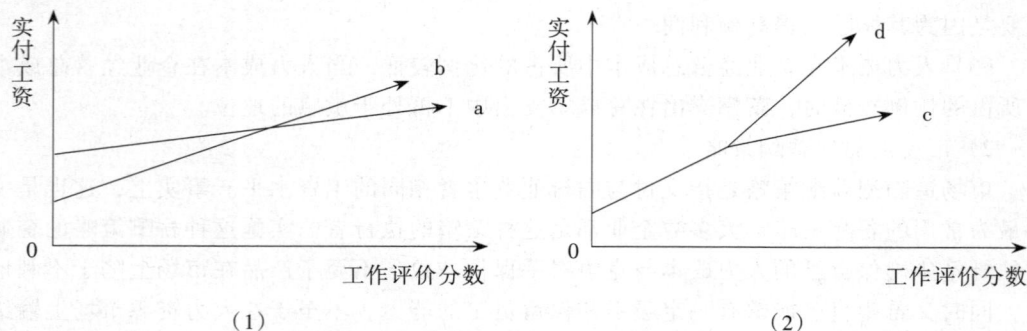

图8-1　薪酬结构线

注：横坐标表示工作评价分数；纵坐标表示实付工资。

在图8-1（1）中，a和b分别代表两家企业的薪酬结构线，b的工资变化率更大些；在图8-1（2）中，c和d分别代表两家企业的薪酬结构线，两家企业在某个岗位以下工资变化率一样，之后，d的工资变化率更大些。

与薪酬结构线图比较相似的是工资散布点图。散布点图法亦称"相关图法"，是用来分析两变量之间统计相关关系的一种方法。工资散布点图用来分析员工实付工资与职务评价分数的相关性，可以用来检验企业内部工资结构是否科学、合理、公平。

（2）薪酬等级和薪酬等级差。为了便于管理，企业通常会将工资分成若干等级，便形成了薪酬等级。

薪酬等级就是在岗位价值评估结果基础上建立起来的，将岗位价值相近的岗位归入同一个管理等级，并采取一致的管理方法处理该等级内的薪酬管理问题。

划分薪酬等级需要考虑的要素包括企业文化、企业所属行业、企业员工人数、企业发展阶段、企业组织架构等。等级越多，薪酬管理制度和规范要求越明确，但越容易导致机械化；等级越少，相应的灵活性也越高，但容易使薪酬管理失去控制。划分薪酬级别也可以参照一些经验，比如跨国公司一般分为 25 级左右，1 000 人左右的生产型企业分为 15~16 级，100 人的组织 9~10 级比较合适。

心理学研究表明：工资增加 8% 左右，员工有感觉；工资增加 15%，员工有明显感觉；工资增加 30%，员工会产生明显的层级感。因此，工资等级递增系数一般在 30% 以上，层级越高，递增系数越大；层级越少，递增系数越大。

薪酬等级差是职等间工资增长幅度，需根据外部竞争性和内部一致性来确定。薪酬等级差有三种方式：等比薪酬等级、等额薪酬等级、系数薪酬等级。

（3）薪幅、幅宽和档差。薪幅也称薪资变动范围或薪资区间，实际上是指在某一薪资等级内允许薪资变动的最大幅度，即在同一薪资等级内最低薪资水平和最高薪资水平之间的绝对差距。其范围大小与工资等级成反比。

薪幅的下限为等级起薪点，上限是顶薪点。

薪幅可不随等级变化而变化，也可随等级变化而变化。幅宽计算公式如下：

$$幅宽=\frac{该等级薪酬最高值 - 该等级薪酬最低值}{该等级最低值}$$

薪酬幅宽代表了在该等级上，员工薪酬变动的范围。

薪酬等级越高，薪酬幅宽越大，因为较高等级的职位晋升难度加大，需要较大的薪酬变动幅度来认可员工的贡献。低等级的薪酬幅宽为 20%~50%，高等级的薪酬幅宽为 50%~100%。

传统等级制薪酬幅宽一般低于 50%，当前宽带薪酬幅宽可以达到 200% 甚至更多。

档差是指每一级工资从最小到最大的等比差距。档差计算公式如下：

$$档差=\frac{等级最大值 - 等级最小值}{档位数 - 1}$$

（4）工资等级重叠度。工资等级重叠度是指相邻两个工资等级的重叠情况，主要是由每一等级基准岗位的市场水平所决定的。计算公式如下：

$$\frac{工资等级}{重叠度}=\frac{A等级的高位工资 - B等级的低位工资}{A等级的高位工资 - A等级的低位工资}×100\%$$

例：设某企业 A 等级的最高工资为 1 100 元，最低工资为 900 元；B 等级的最高工资为 1 250 元，最低工资为 1 050 元。A 等级与 B 等级薪酬之间的重叠度为：

$$\frac{工资等级}{重叠度}=\frac{1\ 100 - 1\ 050}{1\ 100 - 900}×100\%=25\%$$

工资等级重叠度的不同体现出不同的激励程度，通常重叠度越大，激励作用越大。

新的结构设计理念主张在不同层次的工资之间使用不同的重叠度，即低层级工资采用小重叠度，高层级工资采用大重叠度。

一个完整的薪酬结构包括薪酬的等级数量、薪酬等级内部的薪酬变动范围（最高值、中值以及最低值）以及相邻两个薪酬等级之间的交叉与重叠关系。薪酬结构模型如图8-2所示。

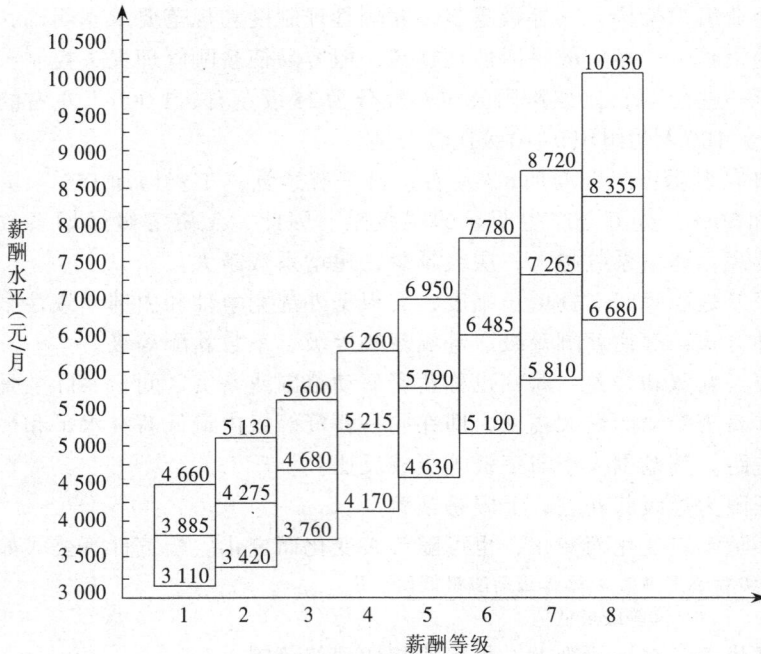

图8-2　薪酬结构模型图

8.4.4　常见的薪酬制度

薪酬制度是企业人力资源管理制度体系中的重要组成部分。科学有效的激励机制能够让员工发挥出最佳的潜能，为企业创造更大的价值。根据薪酬体系设计的基础和依据，目前比较典型的薪酬制度包括岗位薪酬制、技能薪酬制、绩效薪酬制、市场薪酬制和年薪制等几种。

1）岗位薪酬制

岗位薪酬制是指首先对岗位本身的价值做出客观的评价，确定不同岗位对实现企业目标的贡献程度，再根据评价确定担任该职务人员相应薪酬的制度。岗位薪酬制需要假定在某岗位的员工的能力和贡献与该职务相匹配。

岗位薪酬制的优点是：严格的职务分析，比较客观公正；职务工资比重较大，职务津贴高，在整个工资中职务工资一般占60%以上，工资浮动比重小，比较稳定。

岗位薪酬制的缺点是：严格的职等职级对应了严格的工资等级，容易形成管理独木桥，职员晋升的机会比较小，成长的规划比较窄，影响了职员工作的积极性、主动性和创造性。

岗位薪酬制主要分为两类：一是岗位等级薪酬制；二是岗位薪点薪酬制。

（1）岗位等级薪酬制。岗位等级薪酬制是指将岗位按照重要程度进行排序，然后确定薪酬等级的薪酬制度，通常有三种策略，即一岗一薪制、一岗多薪制和宽带薪酬。

①一岗一薪制。一岗一薪制是指组织中每个岗位只对应一个具体的薪酬标准，也就是对应确定的工资等级，同岗完全同酬，同一岗位的任职者不存在薪酬差别。

例：某公司实行一岗一薪制，薪酬标准与职位对应表见表8-7。

表8-7　　　　　　　　　　　　　　某公司薪酬标准与职位对应表

工资级别	工资标准（元）	职能岗位	项目岗位
八	9 830	总经理	
七	7 100	副总经理	
六	5 560	总经理助理	项目经理
五	3 720	部门经理	项目副经理
四	2 800	部门副经理	项目部门经理
三	2 210	业务主管	项目部门经理
二	1 570	业务骨干	项目技术员
一	1 320	业务员	项目操作工

一岗一薪制的优点：简单易行，好操作。

缺点：不能反映员工能力、资历等因素，对于绩效考核优秀者不能及时给予加薪激励，在公平和效率方面都不能很好地达到目标；不能灵活地进行薪资调整，尤其是薪酬的个体调整。

一岗一薪制要求人岗匹配，适用于标准化程度高、技术比较单一、工作产出结果统一、岗位要求比较稳定的项目和企业，比如生产线的工人岗位等。

②一岗多薪制。一岗多薪制将岗位薪酬标准设置一个范围，通常是某一岗位工资分别对应几个等级。

一岗多薪制的优点：同一岗位不同任职者工资不同，根据能力、资历、业绩等进行调整，激励性和公平性都比较强；可以增强员工的忠诚度，有效促进组织目标实现。

缺点：操作比较复杂，对于企业管理者要求更高。

适用条件：适合大多数员工能力素质要求高、工作内容比较丰富的项目和企业。

例：某公司实行一岗多薪制，薪酬标准与职位对应表见表8-8。

③宽带薪酬。传统上那种带有大量等级层次的垂直型薪资等级制度与扁平、灵活、团队导向的文化是不相符的，因此，一些组织开始采取一种被称为"薪资带"（Banding）或"宽带薪酬"（Broadbanding）的新战略，在这种薪资系统中，大量的薪资等级被少数相对范围较宽的宽带薪酬所取代。

宽带薪酬对多个薪酬等级以及薪酬变动范围进行重新组合，从而变成相对较少的职等以及相应较宽的薪酬变动范围。

表8-8　　　　　　　　　　　　　　**某公司薪酬标准与职位对应表**

岗位	岗位职级和职等	工资等级标准（元）		
		1	2	3
总经理	八	9 800	10 300	11 300
副总经理	七	7 100	7 350	7 650
总经理助理	六	5 560	5 840	6 120
部门经理	五	3 720	3 900	4 080
部门副经理	四	2 800	2 940	3 080
业务主管	三	2 210	2 320	2 430
业务骨干	二	1 570	1 650	1 730
业务员	一	1 320	1 370	1 420

宽带薪酬的优点：企业为员工所提供的薪酬变动范围增大，员工通过提升知识、经验、技能和能力，在本职岗位上提高绩效也可获得较高的报酬，避免了只能通过岗位的调整才能调薪的情况。宽带薪酬减少了工作之间的等级差别，有助于企业组织结构向扁平化发展，也会引导员工重视个人技能的增长和能力的提高。

缺点：实行宽带薪酬往往伴随着组织扁平化，职位级别减少，会让员工晋升变得困难，员工很可能始终在一个职级里面移动，只有薪酬的变化而没有职位的晋升，会影响员工的工作积极性。而且相较于传统薪酬模式，宽带薪酬可能会使人工成本大幅度上升，增加企业负担。

当员工的专业技术能力对企业影响很大，不同的员工在同一岗位上对企业的贡献差异非常大时，适宜采用宽带薪酬模式，比如软件、投资、咨询行业，以及房地产行业部分岗位等都适宜采用宽带薪酬。

例：某工程企业岗位分为管理、设计和项目三个序列，每个序列分为四个等级，见表8-9。

（2）岗位薪点薪酬制。岗位薪点薪酬制是在岗位评价的基础上，用点数和点值来确定员工薪酬的薪酬制度。岗位薪点薪酬制的主要特点是薪酬标准不是以金额表示的，而是用薪点表示的，而且点值的大小由企业或部门的经济效益确定。岗位薪点薪酬制的内涵和外延以及基本操作过程与岗位等级薪酬制相似，但是它在实际操作中更为灵活，具体操作步骤如下：

①确定岗位薪点。企业在确定岗位薪点时，通过岗位分析与评价，得出每一岗位的等级与点数。

②确定个人薪点。在确定员工的个人薪点时，一般是将员工分为几类，比如普通员工、主管人员、技术人员等，不同种类的员工有各自的评分标准。当然，还可以考虑员工在考核期内的业绩表现情况，将期末的考核成绩转化为个人薪点的一部分。

③加分薪点数。对于岗位薪点数和个人薪点数无法体现的，而且现阶段又有必须鼓励、强调的合理因素，可以使用加分薪点数来体现，如按照员工在本企业工作年限、学历、职称或做出的突出贡献等情况进行加分。

表8-9   某工程企业宽带薪酬设计

岗位序列和等级		岗位名称	最低（元）	中位（元）	最高（元）	带宽（%）	等级差	重叠度
管理序列	四	总经理	14 400	28 800	43 200	200	1	—
	三	副总经理	7 200	14 400	21 600	200	1	0.5
	二	部门主管	3 600	7 200	10 800	200	1	0.5
	一	部门员工	1 800	3 600	5 400	200	—	0.5
设计序列	四	资深工程师	11 500	22 900	34 400	200	0.6	—
	三	高级设计师	7 200	14 300	21 500	200	0.6	0.7
	二	中级设计师	4 500	9 000	13 400	200	0.6	0.7
	一	初级设计师	2 800	5 600	8 400	200	—	0.7
项目序列	四	项目经理	14 000	28 000	42 000	200	0.4	—
	三	项目部门经理	7 800	15 600	23 300	200	0.4	0.6
	二	项目主管	4 300	8 600	13 000	200	0.4	0.6
	一	项目员工	2 400	4 800	7 200	200	—	0.6

薪点值的高低按照企业效益的好坏进行确定，使薪酬水平与企业的效益相联系，企业在确定薪点值时，可以将薪点值分为基值和浮动值两部分，基值由企业的整体经济效益确定，而浮动值由部门的生产经营状况决定。

2）技能薪酬制

技能薪酬制与传统的岗位薪酬制不同，它强调根据员工的个人能力提供薪酬，而且只有确定员工达到了某种技术能力标准以后，才能对员工提供与这种能力相对应的薪酬。岗位薪酬制则恰恰相反，只要员工在岗位上工作，就获得与本岗位相对应的薪酬，而不管员工是否很好地履行了本岗位所要求的技能。技能薪酬制的种类主要有技术薪酬制、能力薪酬制。

（1）技术薪酬制。技术薪酬制是以劳动者的专业技能水平为基础的薪酬制度，一般应用于技术类员工。它是根据证书或通过培训所证明的员工技能水平支付其相应的薪资，而不管其技能是否在实际工作中被应用。

技术薪酬制一般应用于生产制造性质的企业或部门，另外，许多企业对等级较低的岗位也采用了这种薪酬制度。

（2）能力薪酬制。与技术薪酬制对应的能力薪酬制主要适用于企业的专家人员和管理类员工。这种薪酬给予的标准比较抽象，而且与具体的岗位联系不大，认知能力、个人价值、个人形象、工作动力，甚至员工的人品、个性等都可以成为判断能力高低的标准。

3）绩效薪酬制

绩效薪酬制是一种将薪酬与特定绩效目标相联系的薪资模式，其实质是缩小薪酬结构中的固定成分，加大可变部分的比例。绩效工资占总工资的比例在50%以上，浮动部分比较大。出于不同的需要，绩效薪酬的类别划分不尽统一。例如，按照绩效评估的方法，可以将绩效薪酬分为个人特征薪酬、成就薪酬、激励薪酬和特殊绩效薪酬等。

绩效薪酬制的特点：（1）有利于将雇员工资与可量化的业绩挂钩，用激励机制将企业目标和个人业绩联系起来；（2）有利于工资向业绩优秀者倾斜，提高企业绩效和节省工资成本；（3）有利于突出团队精神和企业形象，增大激励力度和雇员的凝聚力。

4）市场薪酬制

市场薪酬制是指根据市场价格来确定企业的薪酬水平，并根据地区及行业人才市场的薪酬调查结果来确定岗位的具体薪酬水平的一种制度。至于采取高于、等于或是低于市场的薪酬水平，要考虑企业的盈利状况及人力资源策略。市场薪酬制着眼于企业在劳动力市场上的吸引力和竞争力，强调的是按市场上各类人员的价格来确定企业内各职位相对价值的大小。

5）年薪制

年薪制是指以年为计时单位结算和计发报酬的一种工资形式，属计时工资范畴。对于难以在短期（小时、日、周或月）内准确考核其劳动实绩的工作人员，如企业的高级管理人员，可以通过实行年薪制，使工资收入同其劳动贡献紧密联系起来，以激励其工作积极性。年薪制的主要对象是企业的经营管理人员。年薪由基薪和风险收入两部分构成。

年薪制的设计一般有五种模式可以选择：

（1）准公务员型模式：基薪+津贴+养老金计划；

（2）一揽子型模式：单一固定数量年薪；

（3）非持股多元化型模式：基薪+津贴+风险收入（效益收入和奖金）+养老金计划；

（4）持股多元化型模式：基薪+津贴+含股权、股票期权等形式的风险收入+养老金计划；

（5）分配权型模式：基薪+津贴+以"分配权""期权"形式体现的风险收入+养老金计划。

企业应根据实际情况和未来发展战略的要求，对不同类型的人员采取不同的薪酬类别。例如，企业高层管理者可以采用与年度经营业绩相关的年薪制，管理序列人员和技术序列人员可以采用岗位技能工资制，营销序列人员可以采用提成工资制，企业急需的人员可以采用特聘工资制等。

拓展阅读8-2

某公司薪酬
管理制度

世界上不存在绝对公平的薪酬方式，只存在员工是否满足的薪酬制度。人力资源部可以利用薪酬制度问答、员工座谈会、满足率调查、内部刊物等形式，充分介绍公司的薪酬制定依据。另外，为保证薪酬制度的适用性，公司应该对薪酬的定期调整做出规定。

8.5　福利设计与选择

8.5.1　福利和福利管理的概念

福利（Welfare）是员工的间接报酬，一般包括健康保险、带薪假期或退休金等形式。这些奖励作为企业成员福利的一部分，奖励给职工个人或者员工小组。

福利管理（Welfare Management）是指对选择福利项目、确定福利标准、制定各种福利发放明细表等福利方面的管理工作。

8.5.2　福利管理的原则

福利管理的主要原则包括：

1）合理性原则

所有的福利都意味着企业的投入或支出，因此福利设施和服务项目应该在规定范围内，力求以最少的费用达到最好的效果。

2）必要性原则

对于国家以及地方规定的福利政策，企业必须坚决严格执行，企业提供的福利应该最大限度地与员工要求保持一致。

3）计划性原则

福利管理的实施应该建立在福利计划的基础上，福利管理费用总额要符合预算要求，企业向员工提供的所有福利项目均应该包括在预算计划中，如工作餐、保险、通信费、交通费、医疗费、带薪休假、带薪旅游、带薪培训等。

4）协调性原则

企业在推行福利制度时，必须考虑到与社会保险、社会救济、社会优抚的匹配和协调，企业向员工提供的各种福利必须充分考虑企业的支付能力和薪酬政策。

8.5.3　社会保险

1）社会保险的概念和性质

社会保险是社会保障的一部分。社会保障是以国家或政府为主体，依据法律，通过国民收入的再分配，对公民在暂时或永久丧失劳动能力以及由于各种原因而导致生活困难时给予物质帮助，以保障其基本生活的制度，包括社会保险、社会救济、社会福利、优抚安置和社会互助。

社会保障与其他保障制度的对象不同，社会保险是针对劳动者，社会救助针对社会贫困者或者生活在贫困线以下的人，社会福利针对全体居民，优抚安置针对军人及其家属等。

对企业员工来说，社会保险是非常重要的一个福利项目。

社会保险是国家通过立法建立的一种制度，目的是使劳动者因年老、失业、患病、工伤、生育而减少或丧失劳动收入时，能从社会获得经济补偿和物质帮助，保障基本生活。

根据《劳动法》第七十、第七十一、第七十二条的规定，国家发展社会保险事业，建立社会保险制度，设立社会保险基金，使劳动者在年老、患病、工伤、失业、生育等情况下获得帮助和补偿。社会保险水平应当与社会经济发展水平和社会承受能力相适应。社会保险基金按照保险类型确定资金来源，逐步实行社会统筹。用人单位和劳动者必须依法参加社会保险，缴纳社会保险费。

从社会保险项目的内容看，它是以经济保障为前提的。所有国家的社会保险制度，不论其是否完善，都具有强制性、社会性和福利性这三个特点。按照我国《劳动法》的规定，社会保险的保障对象是全体劳动者，资金的主要来源是用人单位和劳动者个人的缴费，政府给予资助。

《劳动法》第七十三条规定劳动者在下列情形下，依法享受社会保险待遇：（1）退休；（2）患病、负伤；（3）因工伤残或者患职业病；（4）失业；（5）生育。劳动者死亡后，其遗属依法享受遗属津贴。劳动者享受社会保险待遇的条件和标准由法律、法规规定。劳动者享受的社会保险金必须按时足额支付。

《劳动法》第七十五、第七十六条等还规定，国家鼓励用人单位根据本单位实际情况为劳动者建立补充保险；国家提倡劳动者个人进行储蓄性保险；国家发展社会福利事业，兴建公共福利设施，为劳动者休息、休养和疗养提供条件；用人单位应当创造条件，改善集体福利，提高劳动者的福利待遇。

2）社会保险的构成

社会保险包括养老保险、失业保险、工伤保险、医疗保险和生育保险，就是通常所说的"五险"。其中，养老保险（或养老保险制度）是国家和社会根据一定的法律和法规，为解决劳动者在达到国家规定的解除劳动义务的劳动年龄界限，或因年老丧失劳动能力退出劳动岗位后的基本生活而建立的一种社会保险制度；失业保险是指国家通过立法强制实行的，由社会集中建立基金，对因失业而暂时中断生活来源的劳动者提供物质帮助的制度；工伤保险是指国家和社会为在生产、工作中遭受事故伤害和患职业性疾病的劳动者及其家属提供医疗救治、生活保障、经济补偿、医疗和职业康复等物质帮助的一种社会保障制度；医疗保险就是当人们生病或受到伤害后，由国家或社会给予的一种物质帮助，即提供医疗服务或经济补偿的一种社会保障制度；生育保险是通过国家立法规定，在劳动者因生育子女而导致劳动力暂时中断时，由国家和社会及时给予物质帮助的一项社会保险制度。

3）社会保险费的征缴

（1）基本养老保险费的征缴比例。企业缴纳基本养老保险费的比例一般不得超过企业工资总额的20%。少数省、自治区、直辖市因离退休人数较多、养老保险负担过重，确需超过企业工资总额20%的，应报人社部、财政部审批。个人缴纳基本养老保险费的比例不低于本人缴费工资的8%。

（2）基本医疗保险费的征缴比例。用人单位缴费率应控制在职工工资总额的6%左右，职工缴费率一般为本人工资收入的2%。

（3）失业保险费的征缴比例。城镇企业事业单位按照本单位工资总额的2%缴纳失业保险费，城镇企业事业单位职工按照本人工资的1%缴纳失业保险费。

（4）工伤保险费的征缴比例。工伤保险费由企业按照职工工资总额的一定比例缴纳，员工个人不缴纳工伤保险费。

（5）生育保险费的征缴比例。缴纳比例由当地人民政府根据计划内生育人数和生育津贴、生育医疗费等项费用确定，最高不超过工资总额的1%，职工个人不缴纳生育保险费。

8.5.4 住房公积金

1）住房公积金的含义和性质

住房公积金是指国家机关、国有企业、城镇集体企业、外商投资企业、城镇私营企业及其他城镇企业、事业单位及其在职职工缴存的长期住房储备金。

住房公积金制度是国家法律规定的重要的住房社会保障制度，具有强制性、互助性、保障性。

2）住房公积金的缴存范围

下列单位及其在职职工（不含在以下单位工作的外籍员工）必须按规定缴存住房公积金。

（1）机关、事业单位。

（2）国有企业、城镇集体企业、外商投资企业、港澳台商投资企业、城镇私营企业及其他城镇企业或经济组织。

（3）民办非企业单位、社会团体。

（4）外国及港澳台商投资企业和其他经济组织常驻代表机构。

城镇个体工商户、自由职业人员可申请缴存住房公积金；均不得低于职工上一年度月平均工资的5%；城镇个体工商户、自由职业人员住房公积金的月缴存基数原则上按照缴存人上一年度月平均纳税收入计算；单位逾期不缴或少缴住房公积金的，由住房公积金管理中心责令限期缴存，逾期仍不缴存的，可以申请人民法院强制执行。

3）住房公积金的有关制度规定

（1）按照中国人民银行的有关规定，应当在指定的银行办理住房公积金贷款、结算等金融业务和住房公积金账户的设立、缴存、归还等手续。

（2）应当与受托银行签订委托合同，在受托银行设立住房公积金专户，单位应当到住房公积金管理中心办理住房公积金缴存登记，经住房公积金管理中心审核后，到受托银行为本单位员工办理住房公积金账户设立手续，每个员工只能有一个住房公积金账户。

（3）住房公积金管理中心应当建立员工住房公积金明细账，记录员工个人住房公积金的缴存、提取等情况。新成立的单位应当自成立之日起30日内到住房公积金管理中心办理住房公积金缴存登记，并自登记之日起20日内持住房公积金管理中心的审核文件，到受委托银行为本单位员工办理住房公积金账户设立手续。

（4）单位合并、分立、撤销、解散或者破产的，应当自发生上述情况之日起30日内由原单位或者清算组织到住房公积金管理中心办理变更登记或者注销登记，并自办妥变更登记或者注销登记之日起20日内持住房公积金管理中心的审核文件，到受委托银行为本单位员工办理住房公积金账户转移或者封存手续。

（5）单位录用员工的，应当自录用之日起30日内到住房公积金管理中心办理缴存登记，并持住房公积金管理中心的审核文件，到受托银行办理员工住房公积金账户的设立或者转移手续。

（6）单位与员工终止劳动关系的，单位应自劳动关系终止之日起30日内到住房公积金管理中心办理登记，并持住房公积金管理中心的审核文件，到受委托银行办理员工住房公积金账户转移或者封存手续。

4）员工住房公积金的缴费

（1）员工住房公积金的月缴存额=员工本人上一年度月平均工资×员工住房公积金缴存比例。

（2）单位为员工缴存的住房公积金的月缴存额=员工本人上一年度月平均工资×单位住房公积金缴存比例。

（3）新参加工作的员工从参加工作的第二个月开始缴存公积金。

月缴存额=员工本人当月工资×员工住房公积金缴存比例

（4）新调入的员工从调入单位发放工资之日起缴存公积金。

月缴存额=员工本人当月工资×员工住房公积金缴存比例

（5）员工和单位住房公积金的缴存比例均不得低于员工上一年度月平均工资的5%。

（6）员工个人缴存的住房公积金，由所在单位每月从其工资中代扣代缴。

（7）单位应当于每月发放员工工资之日起5日内将单位缴存的和为员工代缴的住房公积金汇缴到登记公积金专户内，由受托银行记入员工住房公积金账户。

（8）单位应当按时、足额缴存住房公积金，不得逾期缴存或者少缴。

（9）对缴存住房公积金确有困难的，本单位员工代表大会或工会讨论通过→住房公积金管理中心审核→住房委员会批准→减低缴存比例或缓缴。

（10）住房公积金自存入员工住房公积金账户之日起按照国家规定的利率计息。

（11）住房公积金管理中心应当为缴存住房公积金的员工发放缴存住房公积金的有效凭证。

5）单位为员工缴存住房公积金的账务处理

（1）机关在预算中列支。

（2）事业单位由财政部门核定收支后，在预算或费用中列支。

（3）企业在成本中列支。

员工有下列情形之一，可以提取员工住房公积金账户内的存储余额。

（1）购买、建造、翻建、大修自住房的。

（2）离休、退休的。

（3）完全丧失劳动能力，并与单位终止劳动合同的。

（4）户口迁出所在的市、县或出境定居的。

（5）偿还购房贷款本息的。

（6）房租超出家庭收入的规定比例的。

员工死亡或者被宣告死亡的，员工的继承人、受遗赠人可以提取员工住房公积金账户内的存储余额，无继承人也无遗赠人的，员工住房公积金账户内的存储余额纳入住房公积金的增值收益中。

8.5.5　福利方案设计和实施

1）福利的概念和福利方案设计的原则

福利是与企业员工的个性需求紧密联系的，其设计是否成功很大程度上取决于是否满足员工的真正需求，福利方案设计要遵循以下五大原则：

（1）组织战略导向原则。传统的福利项目往往是普惠的，福利基本属于保健因素，它只可以消除员工的不满，却不能带来更大的激励作用。福利项目的设计和方案的实施范围要与组织的战略发展目标相结合，以保证企业战略发展目标的实现。

（2）系统性设计原则。福利方案设计不仅要考虑不同福利项目的匹配，还要注意福利导向与直接报酬激励的一致性。除了固定的福利，企业在设计弹性福利时要把福利总额和企业整体绩效结合起来，尽可能用最低的成本做到效益最大化。

（3）人力成本投入原则。弹性福利制度对员工有一定的激励作用，但也会给公司带来困扰，因为公司要花很多人工去审核处理员工申请补助的单据，而每年和合作厂商议价也必须花很多的时间成本。因此，企业在导入弹性福利制度前要综合考虑各方面的因素。

（4）成本控制原则。在现代企业中，福利在整个薪酬包中的比例越来越大，因此，企业在满足员工对多元化福利的需求的同时，也要对福利成本进行合理控制。换句话说，企业要有切实可行的成本预算，在可接受的成本支出情况下，尽可能为员工提供高品质的福利项目。

（5）动态调整原则。员工在不同时期的需求往往是有差异的，这就要求企业能根据新的情况做出相应的调整，维持短、中、长期结合的福利体系的平衡。同时，对于企业的弹性福利方面，企业要建立动态纠偏制度，以适应员工的需求。

2）各项福利总额预算计划的编制

福利是公司为满足职工物质文化生活需要，保证职工生活质量而设计的。要根据实际情况来制定适合自身发展的福利制度，因为好的福利制度才能更好地激发员工的工作热情，增强公司的凝聚力。各项福利总额预算计划的制订程序如下：

（1）明确该项福利的性质：设施或服务。

（2）明确该项福利的起始执行日期、上年度的效果以及评价分数。

（3）明确该项福利的受益者、覆盖面、上年度总支出和本年度预算。

（4）明确新增福利的名称、原因、受益者、覆盖面、本年度预算、效果预测、效果评价标准。

（5）根据薪酬总额计划以及工资、奖金等计划，检查该项福利计划的成本是否能控制在薪酬总额计划内。

▰▰▰▰▶ 思政园地 ▰▰▰▰

北京蓝领薪酬施行"新八级"岗位绩效工资
——高技能人才可与企业高层薪酬相当

春节前夕，北京市燃气集团公司高压管网分公司工程一所电焊工张海军有两件事特别开心。

其中一件是得知年终奖的数额，他的年收入堪比所领导。另一件事是近日北京市发布《关于做好技能人才薪酬激励相关工作的意见（试行）》（以下简称《意见》），通过施行"新八级"岗位绩效工资制，支持职业贯通与薪酬待遇同步调整等政策，促进技能人才获得技能与待遇"双提升"。

"技能人才真是赶上了好时候。"张海军感慨道。

"新八级工"大有可为

高级技师、首届"北京大工匠"张海军，凭着手法稳准快、盲焊，尤其是凭一面镜子反手焊接视线死角、误差不超过0.5毫米带气带压焊接的"绝活"，成为北京的"金枪手"。

他所在的公司，是北京第一批技能人才薪酬激励工作的试点单位。公司为了突出对技术人才、技能人才的肯定与尊重，不断创新强化"业绩与能力相结合"的分配模式，构建一线员工纵向分级、横向分档的宽带薪酬体系。

"纵向分为一至八级，横向分为见习级、初、中、高、专家等九个薪档。"北京市燃气集团公司工会主席杜燕凤说，这与《意见》提出的施行"新八级"岗位绩效工资制异曲同工。

《意见》提出，企业可探索建立学徒工、出徒工、初级工、中级工、高级工、技师、高级技师、特级技师等"新八级"岗位绩效工资制，或设计其他体现技能分配"多劳者多得、技高者多得"导向的薪酬激励方式。关键技术岗位、关键工序和紧缺急需的技能人才可实行协议工资、项目工资制、年薪制等分配形式。

杜燕凤介绍，北京市燃气集团公司通过优化收入分配结构，特意设置"技术技能津贴"，设计了技师与中级职称、高级技师与副高级职称相一致的分配标准。

该公司专门制订了《高技能领军人才聘任及激励方案（试行）》，设立高技能领军人才评聘领导小组和高技能领军人才评聘工作组，通过"基层推荐申报+集团评价批准+基层聘任"的评聘程序，进行高技能领军人才的聘任。

"公司通过奖金、提供培训机会、薪酬晋档加分、给予荣誉称号等措施，激励技能人才参加各级各类职业技能竞赛，把职业技能竞赛作为职工技能提升和技能人才培养的优质平台。"杜燕凤说。

高技能人才"行情看涨"

《意见》明确，对为国家和本市经济社会发展做出突出贡献、具有高超技艺技能和一流业绩水平、获得国家规定的相应荣誉奖项并长期坚守在生产服务一线岗位的高技能人才，企业可参照高级管理人员标准，决定高技能人才薪酬标准，探索实行年薪制或协议薪酬制、专项特殊奖励、股权激励、岗位分红、超额利润分享、项目工资制等激励办法。

同时，贯通技能人才与经营管理人才的职业发展通道。技能操作类的技能人才成长通道最高可与部门正职、分厂厂长、分支机构正职等薪酬待遇相当，有突出贡献的高技能人才可与企业高层管理岗薪酬待遇相当。符合选拔聘用条件，经过正常选聘程序，可以转换至经营管理岗位。

中国劳动和社会保障科学研究院研究员王宏认为，《意见》突出了技能人才激励环节，引导技能价值激励导向，充分体现了市场主体在技能人才"培养、评价、使用、激励"等方面的宏观定位。

资料来源　全国总工会. 北京蓝领薪酬施行"新八级"岗位绩效工资——高技能人才可与企业高层薪酬相当 ［EB/OL］. （2022-12-09）［2023-06-20］. http://acftu.people.com.cn/n1/2022/0209/c67502-32348651.html.

问题：职业技能人才激励对国家发展和强大的重要意义是什么？

分析提示：职业技能人才在社会中的作用越来越凸显，只有通过激励才能最大限度地提升技能型人才的整体竞争力，进而提升整体国力水平。

▇▇▇▇➡　知识掌握　▇▇▇▇

一、名词解释

薪酬　薪酬管理　福利　社会保险

二、单项选择题

1. 员工作为企业的人力资源，通过劳动取得薪酬来维持自身的衣食住行等基本需要，保证自身劳动力的生产。同时，员工还要利用部分薪酬来进修学习、养育子女，实现劳动力的增值再生产。这是薪酬体系的（　　　）。

A. 激励功能　　　　　B. 保障功能　　　　　C. 调节功能　　　　　D. 凝聚功能

2. 失业保险所属的员工福利类型是（　　　）。

A. 企业福利　　　　　B. 法定福利　　　　　C. 生活福利　　　　　D. 有偿假期

3. 属于国家立法强制实行的政府行为、全体劳动者必须参加的养老保险类型是（　　　）。

A. 基本养老保险　　　　　　　　　　B. 补充养老保险

C. 个人储蓄性养老保险　　　　　　　D. 商业养老保险

4. 相比较而言，最能体现工资多种功能的是（　　　）。

A. 绩效工资制　　　　　　　　　　　B. 职务等级工资制

C. 结构工资制　　　　　　　　　　　D. 岗位技能工资制

5. （　　　）是员工劳动收入的主体部分，一般占薪酬总量的50%~60%，也是确定其他劳动报酬和福利待遇的基础。

A. 基本工资　　　　　B. 津贴　　　　　C. 福利　　　　　D. 奖金

6. 对于岗位和个人薪酬水平空间，不同的公司有不同的理解。对多个薪酬等级以及薪酬变动范围进行重新组合，从而变成相对较少的职等以及相应较宽的薪酬变动范围。这是薪酬策略中的（　　　）。

A. 一岗一薪制　　　　B. 一岗多薪制　　　　C. 宽带薪酬　　　　D. 以上都不对

7. （　　　）是一种激励性很强的薪酬模型，绩效薪酬是薪酬结构的主要组成部分，基本薪酬等处于非常次要的地位，所占的比例非常低（甚至为零），即薪酬中固定部分比例比较低，而浮动部分比例比较高。

A. 高弹性薪酬模式　　　　　　　　　B. 高稳定薪酬模式

C. 混合型薪酬模式　　　　　　　　　D. 调和型薪酬模式

8.（   ）是一种稳定性很强的薪酬模型，基本薪酬是薪酬结构的主要组成部分，绩效薪酬等处于非常次要的地位，所占的比例非常低（甚至为零）。

A.高弹性薪酬模式   B.高稳定薪酬模式

C.混合型薪酬模式   D.调和型薪酬模式

9.（   ）是指首先对岗位本身的价值做出客观的评价，确定不同岗位对实现企业目标的贡献程度，再根据评价确定担任该职务人员相应薪酬的制度。

A.岗位薪酬制   B.技能薪酬制   C.绩效薪酬制   D.年薪制

三、多项选择题

1.薪酬具有如下功能，即（   ）。

A.补偿功能   B.激励功能   C.调节功能   D.救济功能

2.薪酬通常包括两部分，即（   ）。

A.直接薪酬   B.间接薪酬   C.技能薪酬   D.岗位薪酬

3.一般而言，员工的薪酬包括以下（   ）部分。

A.基本薪酬（即本薪）   B.奖金

C.津贴   D.福利

4.对于岗位和个人薪酬水平空间，不同的公司有不同的理解，通常有三种策略，即（   ）。

A.一岗一薪制   B.一岗多薪制   C.宽带薪酬   D.绩效薪酬

5.社会保险包括养老保险和（   ）。

A.失业保险   B.工伤保险   C.医疗保险   D.生育保险

四、简答题

1.薪酬通常包括哪些部分？

2.简述薪酬体系设计的流程。

3.影响薪酬体系的因素有哪些？

4 简述岗位分析的方法。

5.简述薪酬调查的工作流程。

五、论述题

联系实际阐述企业如何通过科学的薪酬管理获取竞争力。

▰▰▰▶ 综合应用 ▰▰▰

□案例分析

华为的薪酬管理体系

华为员工总薪酬由现金总收入、长期激励、福利补助所构成。现金总收入由固定现金收入、可变薪金构成。固定现金收入由基本工资、现金津贴构成。

华为的薪酬主要分为4部分：工资+奖金+TUP分配+虚拟股分红。总体来讲，可以用16个字来概括华为的薪酬管理：以岗定级、以级定薪、人岗匹配、易岗易薪。

在华为，学历、工龄、社会职称等不作为薪酬的考量因素。华为基于以级定薪的理念进行工资结构的设计。华为的以级定薪实际上是宽带薪酬体系，每级从最低到最高都有长长的宽带，员工做出了优秀业绩，可根据这个宽带进行薪酬的调节。华为通过"分灶吃饭"的薪酬预算机制来控制人员规模、人均效益及加薪空间，加薪是以人员编制和人均效益为基础的。

总加薪包＝预算销售额×基线比例－上一年的薪酬包－新增编制的薪酬包

在人员编制不变的情况下，如果销售额增加，员工就可能加薪。在奖金分配上，向高绩效者倾斜，绩效优秀的员工和一般员工的奖金差距为 4~6 倍。因此，在华为的员工越优秀越值钱，而且远比一般公司挣得多。

华为将报酬分为两大类：外在激励和内在激励。外在激励主要是由基本工资、固定奖金、现金津贴、浮动收入、长期激励和福利待遇共同组成的以金钱形式给予报酬的全面薪酬。内在激励体现为工作内容、文化氛围和工作生活平衡度上的精神方面的感知，具体就是工作内容的挑战、培训发展的机会、文化氛围的和谐、公平透明的机制、同事的互助友爱等一系列非物质方面的因素。通常来说，五种主要的薪酬组成部分（基本工资、固定收入、全面现金收入、全面薪酬、全面激励）对吸引员工加入、员工继续留任和员工激励分别起着程度不同的作用。对员工影响最大的薪酬组成项为长期激励，即股票认购。华为在每个财年开始之际，各个部门的高层管理人员开始确定新的年度符合认购股票资格的员工名单。需要确定标准的维度是员工的入职时间、总工作年限、现岗位工作时间、岗位级别、上年度业绩表现、团队合作度和员工总评价，最终会得出确定符合条件的员工可以购买的股票性质及股权数。新进员工（需要一定的级别），即入职必须满一年的员工可享有华为的内部职工股权，员工可以根据自己的意愿进行购买、套现或者放弃这三种选择。对于工作年限比较久并且业绩比较好的员工，奖金和股票分红收入会比一般员工高。入职 5 年以上且表现优秀的员工，年终奖（一般第二年的年中发）可以达到 10 万元，股票收入也能达到 10 万元，近几年的分红能达到 30% 左右。华为内部股的发放配额并非是固定不变的，通常会实时根据"能力、责任心、付出、工作积极主动性、风险担当"等因素进行定期动态调整。在华为的股本结构中，30% 的优秀员工可享有集体控股，40% 的骨干员工按照一定的比例控股，10%~20% 的低级别员工和新入职员工只能视具体情况适当参股。

在按照不同级别对薪酬定位时，市场上的普遍操作是中级管理层以下（包括中级管理层）的定位在中位值，中级管理层以上（包括中级管理层）的定位在中位值到 75 分位值之间。华为目前是将中级管理层以上（包括中级管理层）的定位在 75 分位值以上，其余级别定位在中位值到 75 分位值之间。华为这种明显高于市场普遍定位的操作，是跟企业的经营战略和价值观相符合的，即对应了华为"高质量、高压力、高效率"的组织文化。华为在薪酬支付方式上将按岗定薪和按人定薪两种方式结合在一起进行管理，对于公司来说，不会起决定性作用的岗位会采用比较简单的按岗定薪，研发岗位和销售岗位会稍微偏向按人定薪。

资料来源　殷凤春. 人力资源管理实践案例分析 [M]. 北京：电子工业出版社，2021.

问题：华为的薪酬管理体系有哪些值得借鉴的地方？

分析提示：华为采用的是薪酬领先战略，企业要通过科学的薪酬管理吸引人才并留住人才，使企业保持足够的竞争力。

□实践训练

训练1

5~6个学生组成一个小组，以小组为单位，就近调查一家企业，了解一下该企业薪酬管理现状，根据所学知识找出该企业在薪酬管理中存在的问题并提出可行的建议，要求每个小组提交一份不少于1 000字的小论文。

要求：内容翔实、格式规范、层次清晰、语句通顺、排版合理。

训练2

某公司薪酬结构表见表8-10，试根据该表中数据画出该公司的薪酬结构图，并说明该公司薪资结构是否合理。

表8-10　　　　　　　　　　　某公司薪酬结构表　　　　　　　　　　单位：千元

薪级/薪等	职务名称	1	2	3	4	5	6
12	总经理	19.0	21.0	23.0	25.0	27.0	29.0
11	副总经理、总工程师	16.4	17.6	18.8	20.0	21.2	22.4
10	协理、特别助理、副总工程师	15.2	16.2	17.2	18.2	19.2	20.2
9	专案经理、机械高级工程师、人事高级管理师	14.0	14.9	15.9	16.8	17.8	18.7
8	专案副理、电机工程师、企划高级专员	12.8	13.6	14.4	15.2	16.0	16.8
7	课长、采购专员、资讯系统管理师	11.6	12.3	13.0	13.7	14.4	15.1
6	人力资源专员、电控副工程师	10.4	11	11.6	12.2	12.8	13.4
5	系统分析师、开发设计助理工程师	9.2	9.8	10.4	11.0	11.6	12.2
4	经办会计、产销助理专员、开发设计工程助理	8.0	8.5	9.0	9.5	10.0	10.5
3	经营企划事务员、出纳、开发技术员	7.0	7.6	8.2	8.8	9.4	9.4
2	品管行政助理、仓储理货员	6.0	6.4	6.8	7.2	7.2	7.2
1	清洁工、保安	5	5.3	5.6	5.6	5.6	5.6

提示：根据工资薪酬结构图即横坐标表示岗位价值，纵坐标表示工资水平，画出不同等级薪酬变化情况。

▀▀▀➤ 课外拓展 ▀▀▀

关注新媒体平台，获取人力资源管理领域最新的观点、方法、技巧，了解人力资源管理的前沿资讯。

微信公众号"江苏人社"，江苏省人力资源和社会保障厅官方公众平台，认证主体是江苏省人力资源和社会保障厅。请在微信公众号中搜索"江苏人社"或"jsrs_wx"。

第9章 劳动关系管理

▶ 学习目标 ◀

通过本章学习，你应该达到以下目标：

知识目标

掌握劳动关系的概念；理解劳动关系的法律特征；掌握劳动关系管理的概念；熟悉劳动关系的内容；掌握劳动合同订立、履行、解除和终止的操作原则和程序；掌握劳动纠纷处理的程序和方法。

能力目标

依据《劳动法》、《劳动合同法》以及其他相关规定中的相关条款解决劳动关系管理中出现的问题。

素养目标

树立法律意识，端正工作态度，并以此指导自己的工作行为和处理各种劳动关系，共同创建和谐的工作氛围，确保各项工作顺利开展。

▶ 内容架构 ◀

```
        ┌─────────────┐
        │  劳动关系管理  │
        └─────────────┘
              │
              ├─ 劳动关系管理概述
              │
              ├─ 劳动合同的签订
              │
              ├─ 劳动合同的履行和变更
              │
              ├─ 劳动合同的解除和终止
              │
              └─ 劳动争议的处理
```

➡ 引例

疫情防控期间隐瞒行程，用人单位解除劳动合同获支持

某通信公司女职工李某在怀孕35周后乘飞机前往境外待产。2019年12月至2020年1月间，李某的母亲至无锡某医院以李某名义挂号并要求医生出具医疗建议书，通过李某同事交给公司并提出病假申请，未告知出境待产。后医院出具证明作废涉案医疗建议书。2020年1月底，因新冠肺炎疫情防控要求，通信公司排查人员流动情况，李某继续隐瞒出境待产情况。

2020年7月，李某休完产假上班，通信公司以李某虚开病假条申请病假、多次填报虚假信息隐瞒出境事实为由解除与李某的劳动合同。李某对仲裁结果不服遂提起诉讼，要求支付违法解除劳动合同的赔偿金。

法院认为，李某应当积极配合国家疫情防控需要向通信公司如实告知行程，该如实告知义务不以对疫情防控产生重大后果为条件。李某在防疫打卡期间多次填报虚假信息并提供虚假病假单，不仅严重违反公司规章制度，而且违反了国家防疫政策要求，对防疫安全造成隐患，通信公司有权据此解除劳动合同，故判决驳回李某的诉讼请求。

资料来源　刘遥. 隐瞒行程去境外，被开除向单位索赔［N］. 现代快报，2022-04-29（A10）.

这一引例表明：企业和员工双方解除劳动合同，需要有一定的法律依据，如出现劳动纠纷，需要按照一定的程序来解决。

微课9-1

9.1　劳动关系管理概述

劳动关系
管理概述

9.1.1　劳动关系和劳动关系管理的概念

劳动关系是指劳动者与用人单位依法签订劳动合同而在劳动者与用人单位之间产生的法律关系。这里的劳动者是指达到法定年龄，具有劳动能力，以从事某种社会劳动获得收入为主要生活来源，依据法律或合同的规定，在用人单位的管理下从事劳动并获取劳动报酬的自然人（包括中外自然人）；用人单位是指中华人民共和国境内的企业、个体经济组织等组织（以下统称用人单位）。

《劳动法》第九十四条规定，用人单位非法招用未满十六周岁的未成年人的，由劳动行政部门责令改正，处以罚款；情节严重的，由市场监督管理部门吊销营业执照。

劳动关系管理是通过规范化、制度化的管理，使劳动关系双方（用人单位和员工）的行为得到规范，权益得到保障，维护稳定和谐的劳动关系，促使企业经营稳定运行。劳动关系管理的对象包括劳动关系的主体、客体、内容以及权利义务，其中主体是指用人单位、劳动者、工会等，客体是指主体的劳动权利和义务共同指向的事物，内容包括劳动关系主体依法享有的权利和承担的义务。

9.1.2　规范劳动关系的法律依据

目前，我国规范劳动关系的法律主要有《劳动法》和《劳动合同法》。

其中，《劳动法》是调整劳动关系以及与劳动关系有密切联系的其他社会关系的法律规范的总称。现行的《劳动法》于1994年7月5日第八届全国人民代表大会常务委员会第八次会议通过，1994年7月5日中华人民共和国主席令第28号公布，自1995年1月1日起施行，2009年8月27日第一次修正，2018年12月29日第二次修正。

《劳动法》的总则中规定：《劳动法》的制定是为了保护劳动者的合法权益，调整劳动关系，建立和维护适应社会主义市场经济的劳动制度，促进经济发展和社会进步。适用于在中华人民共和国境内的企业、个体经济组织和与之形成劳动关系的劳动者。国家机关、事业组织、社会团体和与之建立劳动合同关系的劳动者，依照《劳动法》执行。

《劳动合同法》于2007年6月29日第十届全国人民代表大会常务委员会第二十八次会议通过，自2008年1月1日起实施，根据2012年12月28日第十一届全国人民代表大会常务委员会第三十次会议《关于修改<中华人民共和国劳动合同法>的决定》修正。

《劳动合同法》规定：《劳动合同法》的制定是为了完善劳动合同制度，明确劳动合同双方当事人的权利和义务，保护劳动者的合法权益，构建和发展和谐稳定的劳动关系。适用于中华人民共和国境内的企业、个体经济组织、民办非企业单位等组织与劳动者建立劳动关系，订立、履行、变更、解除或者终止劳动合同。国家机关、事业单位、社会团体和与其建立劳动关系的劳动者，订立、履行、变更、解除或者终止劳动合同，依照《劳动合同法》执行。

《劳动合同法》是《劳动法》的补充和完善。《劳动合同法》更侧重于针对书面劳动合同的一些事宜进行法律上的约束，《劳动法》所针对的范围更加全面一些。一般《劳动合同法》当中没有规定到的，就按照《劳动法》的规定来处理。

9.1.3 劳动关系的法律特征及认定

劳动关系是劳动者与用人单位由于签订劳动合同在生产过程中产生的法律关系，具有如下五个方面的法律特征：

（1）劳动关系在现实劳动过程中形成和实现。劳动者只有与用人单位提供的生产资料相结合在实现劳动过程中才能与用人单位产生劳动关系，没有劳动过程便不可能形成劳动关系。

（2）劳动关系以国家意志为主导，以当事人意志为主体。劳动关系是依据劳动法律规范规定和劳动合同约定形成的，既体现了国家意志，又体现了双方当事人的共同意志。我国《劳动合同法》对用人单位和劳动者的权利、义务做了明确的规定，体现了国家对劳动关系的强制干预性质，同时当事人双方对劳动关系的具体事项可以在平等自愿的基础上自由约定，体现了契约自由的本质属性。

（3）劳动关系主体之间既有法律上的平等性，又具有客观上的隶属性。劳动关系主体双方在法律面前享有平等的权利，劳动者向用人单位提供劳动或服务，用人单位向劳动者支付劳动报酬，双方在平等自愿的基础上建立劳动关系。同时，劳动者作为用人单位的成员，在实现劳动过程中理所当然地应当遵守用人单位的规章制度，服从用人单位的管理，双方形成领导与被领导的隶属关系。

（4）劳动者与用人单位间的劳动关系具有排他性。劳动关系只能产生于劳动者与用人单位之间，劳动者与其他社会主体之间发生的社会关系不能称为劳动关系。同时，在全日制用工情况下，作为自然人的劳动者，在同一时间只能与一个用人单位签订劳动合同、建立劳动关系。

（5）劳动者的劳动成果归属于用人单位。用人单位与劳动者建立劳动关系，是为了实现劳动过程，为社会生产或社会产品提供服务，劳动者的劳动成果归属于用人单位。相应地，用人单位也必须为劳动者实施劳动行为提供有利条件和物质保障，并向劳动者支付合理的报酬。

拓展阅读9-1

如何区分劳动关系和劳务关系

《劳动合同法》第七条规定，用人单位自用工之日起即与劳动者建立劳动关系。用人单位应当建立职工名册备查。《劳动合同法》第十条规定，建立劳动关系，应当订立书面劳动合同。已建立劳动关系，未同时订立书面劳动合同的，应当自用工之日起一个月内订立书面劳动合同。用人单位与劳动者在用工前订立劳动合同的，劳动关系自用工之日起建立。

◆◆◆◆➡ 案例分析9-1

为什么签了劳务协议仍认定为劳动关系？

2020年3月，汪某芳与新疆某机械制造有限公司签订了书面"劳务合同"，期限为6个月，主要从事砂石料生产线器械的制作和安装工作。工作期间，该机械制造有限公司的法定代表人刘某、妻子薄某和其子刘某通过微信转账给汪某芳支付工资。

2020年9月至10月期间，汪某芳前往新疆阿克苏阿依库勒镇某砂石料有限公司工作，在工作中不慎受伤住院。医疗费由新疆某机械制造有限公司支付。

之后，汪某芳向阿克苏地区劳动人事争议仲裁委员会申请仲裁。仲裁裁决确认汪某芳与新疆某机械制造有限公司存在事实劳动关系。该公司不服，诉至法院。

汪某芳认为，自己是劳动者，公司也是合法用工单位，符合法律规定的用工资格，在工作期间自己也接受公司管理。尽管之后合同到期，但自己依旧从事该公司安排的工作，双方之间建立了劳动关系。

新疆某机械制造有限公司认为，一方面，汪某芳工资的结算方式为"计件收费"，其所取得的"报酬"是按照实际完成的工作量计算，不是其付出劳动技能的"报酬"；另一方面，汪某芳的工作时间非定期、无规律，且其没有缴纳各项社保记录，也无"工作证""登记表""报名表"等记录，所签合同也已到期。故而，双方没有劳动关系。

该案经过两审，法院均判定汪某芳和该机械制造有限公司存在劳动关系。法院指出，对事实劳动关系的认定，核心是要把握劳动者与用人单位之间是否存在人格从属性和经济从属性。在本案中，新疆某机械制造有限公司与汪某芳所签订的书面合同，其内容和形式均已实际具备劳动合同的性质。从证人、微信转账记录、考勤表等证据显示，汪某芳受该公司安排，从事该公司业务范围内的工作，并且获得该公司的劳动报酬。汪某芳作为劳动者，与该公司之间存在人格从属性和经济从属性。

资料来源　吴铎思，马安妮. 虽签劳务协议，仍认劳动关系［N］. 工人日报，2022-01-20（06）.

问题：说明如何认定劳动关系。

分析提示：认定是否是劳动关系，核心就是要把握劳动者与用人单位之间是否存在人格从属性和经济从属性。

9.1.4　劳动者和用人的单位权利与义务

1）劳动者的权利与义务

根据《劳动法》第三条、第四条、第七条、第八条、第十二条、第十三条、第十五条，以及《劳动合同法》第三十条、第三十二条等的规定，劳动者的权利包括：

（1）劳动者享有平等就业和选择职业的权利，劳动者就业，不因民族、种族、性别、宗教信仰不同而受歧视；妇女享有与男子平等的就业权利。在录用职工时，除国家规定的不适合妇女的工种或者岗位外，不得以性别为由拒绝录用妇女或者提高对妇女的录用标准。

（2）取得劳动报酬的权利。

（3）享受社会保险和福利的权利。

（4）休息休假的权利。

（5）获得劳动安全卫生保护的权利。

（6）接受职业技能培训的权利。

（7）提请劳动争议处理的权利。

（8）劳动者有权依法参加和组织工会。

（9）劳动者依照法律规定，通过职工大会、职工代表大会或者其他形式，参与民主管理或者就保护劳动者合法权益与用人单位进行平等协商。

（10）法律、法规规定的其他劳动权利。

根据《劳动法》第三条、第四条、第七条、第八条等的规定，劳动者的义务包括：

（1）劳动者应当完成劳动任务。

（2）提高职业技能。

（3）执行劳动安全卫生规程。

（4）遵守劳动纪律和职业道德。

（5）用人单位招用劳动者时，有权了解劳动者与劳动合同直接相关的基本情况，劳动者应当如实说明。

（6）法律、法规规定的其他义务。

2）用人单位的权利和义务

根据《劳动法》第四条、第八条、第十五条，以及《劳动合同法》第九条、第三十条、第三十一条等的规定，用人单位的权利包括：

（1）依法建立和完善规章制度的权利。依法建立和完善规章制度的权利源于用人单位享有的生产指挥权，既然用人单位享有生产指挥权，就有权根据本单位的实际情况，在符合国家法律、法规的前提下制定各项规章制度，要求劳动者遵守。

（2）根据实际情况制定合理劳动定额的权利。用人单位与劳动者签订劳动合同后，就获得了一定范围内劳动者的劳动使用权，并有权根据实际情况给劳动者制定合理的劳动定额。对于用人单位规定的合理的劳动定额，在没有出现特殊情况时，劳动者应当予以完成。

（3）对劳动者进行职业技能考核的权利。用人单位有权对劳动者进行职业技能考核，并根据劳动者劳动技能的考核结果安排其适合的工作岗位和奖金薪酬。

（4）制定劳动安全操作规程的权利。用人单位有权根据《劳动法》中的劳动安全卫生标准，制定本单位的劳动保护制度，要求劳动者在劳动过程中必须严格遵守操作规程。

（5）制定合法作息时间的权利。用人单位享有根据本单位具体情况和对员工工作时间的要求，合法安排劳动者作息时间的权利。

（6）制定劳动纪律和职业道德标准的权利。为了保证劳动得以正常有序进行，用人单位有权制定劳动纪律和职业道德标准。劳动纪律是用人单位制定的劳动者在劳动过程中必须遵守的规章制度，这是组织社会劳动的基础和必要条件。职业道德是劳动者在劳动实践中形成的共同的行为准则，也是劳动者的职业要求。当然，制定劳动纪律和职业道德标准必须符合法律规范。

（7）用人单位招用劳动者时，有权了解劳动者与劳动合同直接相关的基本情况，劳动者应当如实说明。

（8）其他权利，包括提请劳动争议处理的权利、平等签订劳动合同的权利等。

用人单位的义务包括：

（1）用人单位应当依法建立和完善劳动规章制度，保障劳动者享有劳动权利、履行劳动义务。

（2）用人单位应当按照劳动合同约定和国家规定，向劳动者及时足额支付劳动报酬。

（3）用人单位在制定、修改或者决定有关劳动报酬、工作时间、休息休假、劳动安全卫生、保险福利、职工培训、劳动纪律以及劳动定额管理等直接涉及劳动者切身利益的规章制度或者重大事项时，应当经职工代表大会或者全体职工讨论，提出方案和意见，与工会或者职工代表平等协商确定。

（4）在规章制度和重大事项决定实施过程中，工会或者职工认为不适当的，有权向用人单位提出，通过协商予以修改完善。

（5）用人单位应当将直接涉及劳动者切身利益的规章制度和重大事项决定公示，或者告知劳动者。

（6）用人单位招用劳动者时，应当如实告知劳动者工作内容、工作条件、工作地点、职业危害、安全生产状况、劳动报酬，以及劳动者要求了解的其他情况。

（7）用人单位招用劳动者，不得扣押劳动者的居民身份证和其他证件，不得要求劳动者提供担保或者以其他名义向劳动者收取财物。

（8）禁止用人单位招用未满十六周岁的未成年人。

文艺、体育和特种工艺单位招用未满十六周岁的未成年人，必须遵守国家有关规定，并保障其接受义务教育的权利。

（9）用人单位应当严格执行劳动定额标准，不得强迫或者变相强迫劳动者加班。用人单位安排加班的，应当按照国家有关规定向劳动者支付加班费。

◆◆◆◆━━▶ **案例分析9-2**

未及时签订劳动合同是否可以要求赔偿？

2020年8月1日，李女士入职一家新单位，因当时人事经理在外地出差，导致未及时与李女士签订劳动合同。人事部门于11月10日提出与她补签合同，因双方对合同条款未能协商一致，李女士决定拒签，同时要求单位对之前几个月没签订合同进行赔偿。人事经理表示若不签就要终止用工，而且不做出任何赔偿。单位是否应该支付赔偿？如果自己不愿签，单位可以终止劳动关系吗？

资料来源　编者根据相关资料整理。

问题：此案例有哪些借鉴意义？

分析提示：用人单位在用工时要及时依法签订劳动合同。依据《劳动合同法》第八十二条和《中华人民共和国劳动合同法实施条例》第六条的规定，单位应再支付1倍的工资给李女士作为赔偿，起算时间为2020年9月1日至11月9日。若单位诚心要与李女士补签合同且条款是相对公平合理的，李女士不愿意签订，单位可以书面通知终止劳动关系，另须支付半个月工资作为经济补偿。

9.1.5　工会和职工代表大会在协调劳动关系中的地位与作用

职工代表大会是企业实行民主管理的基本形式，是职工行使民主管理权利的机构。职工代表大会的工作机构是企业的工会。企业工会负责职工代表大会的日常工作。

职工代表大会的主体是全体职工，职工代表由全体职工选举产生，表达全体职工的意志，体现多数职工的利益，职工代表大会对企业的重大决策具有审议的权利，也有对领导工作监督的权利，职工代表大会须时刻维护职工的合法权益。但是职工代表大会没有直接执行决策的权利，职工代表大会通过的决议须经企业行政部门组织实施，职工代表大会只有监督和检查的权利。

工会在企业中的作用不仅仅是维护工会会员的利益，对企业发展也有着举足轻重的作用，它是用人单位和劳动者之间的桥梁和纽带，对构建和谐的劳动关系起着重要的作用。

根据《劳动法》第七条、第八条及《劳动合同法》第五条、第六条等的规定，工会和职工代表大会在构建和谐的劳动关系方面的作用主要包括：

（1）工会代表和维护劳动者的合法权益，依法独立自主地开展活动。

（2）劳动者依照法律规定，通过职工大会、职工代表大会或者其他形式，参与民主管理或者就保护劳动者合法权益与用人单位进行平等协商。

（3）县级以上人民政府劳动行政部门会同工会和企业方面的代表，建立健全协调劳动关系三方机制，共同研究解决有关劳动关系的重大问题。

（4）工会应当帮助、指导劳动者与用人单位依法订立和履行劳动合同，并与用人单位建立集体协商机制，维护劳动者的合法权益。

9.1.6　劳动关系调整方式

依据调节手段的不同，劳动关系的调整方式主要分为七种，即劳动法律和法规的调整、劳动合同规范的调整、集体合同规范的调整、民主管理（职工代表大会、职工大会）制度的调整、企业内部劳动规则（规章制度）的调整、劳动争议处理制度的调整、国家劳动监督检查制度的调整等。

1）劳动法律法规

劳动法律法规由国家制定，体现国家意志，覆盖所有劳动关系，通常为调整劳动关系应当遵循的原则性规范和最低标准。其基本特点是体现国家意志。

2）劳动合同规范

劳动合同是劳动者与用人单位确立劳动关系、明确双方权利和义务的协议。订立劳动合同的目的是在劳动者和用人单位之间建立劳动法律关系，规定劳动合同双方当事人的权利和义务。劳动者和用人单位签订劳动合同的法律地位平等，但在劳动合同履行过程中，劳动者必须参加到用人单位的劳动组织中，担任一定职务或承担某一岗位的工作，服从用人单位的领导和指挥，遵守用人单位的劳动纪律、内部劳动规则和各项规章制度，同时享有用人单位的工资、劳动保险和福利待遇。劳动合同是劳动关系当事人依据国家法律规定，经平等自愿、协商一致缔结的，体现当事人双方的意志，是劳动关系当事人双方合意的结果。其基本特点是体现劳动关系当事人双方的意志。

3）集体合同规范

在现代市场经济条件下，企业或行业劳动条件并不是由单方面决定的，既不是由雇主（用人单位）也不是由雇员或雇员的组织单方面决定，而是在国家法律、法规规定的最低标准基础之上，由劳动关系双方经平等协商确定。

集体合同是集体协商双方代表根据劳动法律、法规的规定，就劳动报酬、工作时间、休息休假、劳动安全卫生、保险福利等事项，在平等协商一致的基础上签订的书面协议。根据《劳动法》的规定，集体合同由工会代表职工与企业签订，没有成立工会组织的，由职工代表与企业签订。

在劳动力市场中，劳动者个人一般不具备同雇主进行平等协商的实力。这一事实决定了雇员有组织起来以增强协商影响力的必要。集体协商、订立集体合同作为劳动关系调整的核心内容，确定工资和其他劳动条件的机制，以及调整劳动关系的手段，之所以能够吸引众多的雇员，主要的原因就在于，通过集体协商，雇员可以向雇主施加集体影响，使雇主接受他们提出的有关工作条件的要求。

4）民主管理（职工代表大会、职工大会）制度

在现代社会，工会和雇员已普遍获得了参与企业管理的权利。国家通过立法，保障工会和雇员对管理的参与权。工会和雇员代表参与企业管理，主要是对企业经营活动提供咨询，或与雇主一起对企业的某些问题进行决策，以便双方相互理解和配合。《劳动法》第八条规定："劳动者依照法律规定，通过职工大会、职工代表大会或者其他形式，参与民主管理或者就保护劳动者合法权益与用人单位进行平等协商。"根据《劳动法》的有关规定，可以知道：

（1）雇员参与是雇员以与雇主相对的一方当事人的身份，即以被管理者的身份对企业管理的参与，而不是作为企业管理人员执行管理职务。通过参与实现职工意志对企业意志的影响和制约、企业意志对职工意志的吸收和体现。

（2）参与的对象是企业内部管理事务，而不是其他社会事务。

（3）参与形式多种多样，在劳动关系存续期间，雇员可以多种形式参与企业管理，如有组织地参与（职工大会）、代表参与（经合法程序产生职工代表参与）、个人参与（合理化建议）等。目前，我国职工参与企业管理的形式主要是职工代表大会制度和平等协商制度。

5）企业内部劳动规则

企业内部劳动规则是企业规章制度的组成部分。企业内部劳动规则的制定和实施是企业以规范化、制度化的方法协调劳动关系，对劳动过程进行组织和管理的行为，是企业以经营权为基础行使用工权的形式和手段。《劳动法》第四条规定："用人单位应当依法建立和完善规章制度，保障劳动者享有劳动权利和履行劳动义务。"企业内部劳动规则以企业为制定的主体，以企业公开、正式的行政文件为表现形式，只在本企业范围内适用。制定内部劳动规则是用人单位的单方法律行为，制定程序虽然应当保证劳动者的参与，但是最终由单位行政决定和公布。企业内部劳动规则的基本特点是企业或者雇主意志的体现。

6）劳动争议处理制度

劳动争议处理制度是一种劳动关系处于非正常状态，经劳动关系当事人的请求，由依法建立的处理机构、调解机构、仲裁机构对劳动争议的事实和当事人的责任依法进行调查、协调和处理的程序性规范，是为保证劳动实体法的实现而制定的有关处理劳动争议的调解程序、仲裁程序和诉讼程序的规范。劳动争议处理制度中的调解是劳动关系当事人的一种自我管理形式，其基本特点是：

（1）群众性。企业劳动争议调解委员会由职工代表、用人单位代表、工会代表三方组成。调解委员会既不是司法机构，也不是行政机构，而是群众组织。它依靠组织内成员的直接参与化解矛盾，其组成决定了它的群众性。

（2）自治性。它是用人单位组织内的成员对本单位内的劳动争议实行自我管理、自我调解和自我化解矛盾的一种途径。

（3）非强制性。调解委员会调解劳动争议贯彻自愿原则，即申请调解自愿、调解过程自愿、达成协议自愿以及履行协议自愿。劳动争议仲裁是劳动争议仲裁机构根据劳动争议当事人一方或双方的申请，依法就劳动争议的事实和当事人应承担的责任做出判断和裁决的活动。劳动争议仲裁的组织机构是劳动争议仲裁委员会，是依法独立处理劳动争议案件的专门机构。劳动争议仲裁是兼有司法性特征的劳动行政执法行为。综合而言，劳动争议处理制度的基本特点是对劳动关系的社会性调整。

7）国家劳动监督检查制度

《劳动法》第八十五条规定："县级以上各级人民政府劳动行政部门依法对用人单位遵守劳动法律、法规的情况进行监督检查，对违反劳动法律、法规的行为有权制止，并责令改正。"第八十七条规定："县级以上各级人民政府有关部门在各自职责范围内，对用人单位遵守劳动法律、法规的情况进行监督。"从上述有关规定可以看出，劳动监督检查制度是为了保证《劳动法》的贯彻执行，关于法定监督检查主体的职权、监督检查的范围、监督检查的程序，以及纠偏和处罚的行为规范。劳动监督检查制度具有保证劳动法律体系全面实施的功能。

9.2　劳动合同的签订

9.2.1　劳动合同的概念和特点

劳动合同是劳动者与用人单位确立劳动关系、明确双方权利和义务的协议。与其他合同相比，劳动合同有其独特性，具体表现在：

1）劳动合同的主体具有特定性

劳动合同一方是自然人，即劳动者；另一方是法人或非法人经济组织，即用人单位。

作为劳动合同主体的劳动者必须是年满16周岁以上，有就业要求，具有劳动行为能力的人。

用人单位包括企业、个体经济组织以及和劳动者建立劳动合同关系的国家机关、事业组织、社会团体等录用职工的单位。用人单位必须依法成立，为劳动者提供符合国家规定的劳动或工作条件、支付劳动报酬、缴纳社会保险费，并能够以自己的名义承担相应的民事责任。

2）劳动合同属于双方合同

劳动合同主体既是权利主体，又是义务主体，任何一方在自己未履行义务的条件下，无权要求对方履行义务。

3）劳动合同属于法定要式合同

要式合同是指必须具备特定的形式或履行一定手续方能具有法律效力的合同，要式合同由法律直接规定的则是法定要式合同。根据《劳动法》的规定，劳动合同应当以书面形式订立、劳动合同必须具备法定条款等。上述法律规定使劳动合同成为法定要式合同。

9.2.2　劳动合同的订立

订立劳动合同，应当遵循合法、公平、平等自愿、协商一致、诚实信用的原则。

依法订立的劳动合同具有约束力，用人单位与劳动者应当履行劳动合同约定的义务。

1）劳动合同订立的时间

根据《劳动合同法》第十条的规定，建立劳动关系，应当订立书面劳动合同；已建立劳动关系，未同时订立书面劳动合同的，应当自用工之日起一个月内订立书面劳动合同。

《劳动合同法》第八十二条规定，用人单位自用工之日起超过一个月不满一年未与劳动者订立书面劳动合同的，应当向劳动者每月支付二倍的工资。

用人单位违反本法规定不与劳动者订立无固定期限劳动合同的，自应当订立无固定期限劳动合同之日起向劳动者每月支付二倍的工资。

2）劳动合同的内容

劳动合同的内容是当事人双方经过平等协商所确定的关于权利和义务的条款，包括法定条款和约定条款。

　　根据《劳动合同法》第十七条的规定，劳动合同应当具备以下条款：

　　（1）用人单位的名称、住所和法定代表人或者主要负责人；

　　（2）劳动者的姓名、住址和居民身份证或者其他有效身份证件号码；

　　（3）劳动合同期限；

　　（4）工作内容和工作地点；

　　（5）工作时间和休息休假；

　　（6）劳动报酬；

　　（7）社会保险；

　　（8）劳动保护、劳动条件和职业危害防护；

　　（9）法律、法规规定应当纳入劳动合同的其他事项。

　　劳动合同除前款规定的必备条款外，用人单位与劳动者可以约定试用期、培训、保守秘密、补充保险和福利待遇等其他事项。

　　《劳动合同法》第八十一条规定，用人单位提供的劳动合同文本未载明本法规定的劳动合同必备条款或者用人单位未将劳动合同文本交付劳动者的，由劳动行政部门责令改正；给劳动者造成损害的，应当承担赔偿责任。

　　用人单位与劳动者签订各项合同条款时，必须符合法律的规定。

　　3）劳动合同期限条款

　　关于劳动合同期限条款，《劳动合同法》第十二条、第十三条、第十四条、第十五条等规定，劳动合同分为固定期限劳动合同、无固定期限劳动合同和以完成一定工作任务为期限的劳动合同。

　　固定期限劳动合同，是指用人单位与劳动者约定合同终止时间的劳动合同。

　　无固定期限劳动合同，是指用人单位与劳动者约定无确定终止时间的劳动合同。

　　以完成一定工作任务为期限的劳动合同，是指用人单位与劳动者约定以某项工作的完成为合同期限的劳动合同。

　　用人单位与劳动者协商一致，可以订立以上合同。

　　有下列情形之一，劳动者提出或者同意续订、订立劳动合同的，除劳动者提出订立固定期限劳动合同外，应当订立无固定期限劳动合同：

　　（1）劳动者在该用人单位连续工作满十年的；

　　（2）用人单位初次实行劳动合同制度或者国有企业改制重新订立劳动合同时，劳动者在该用人单位连续工作满十年且距法定退休年龄不足十年的；

　　（3）连续订立两次固定期限劳动合同，且劳动者没有《劳动合同法》第三十九条和第四十条第一项、第二项规定的情形，续订劳动合同的。

　　用人单位自用工之日起满一年不与劳动者订立书面劳动合同的，视为用人单位与劳动者已订立无固定期限劳动合同。

　　《劳动合同法》第八十二条规定，用人单位违反本法规定不与劳动者订立无固定期限劳动合同的，自应当订立无固定期限劳动合同之日起向劳动者每月支付二倍的工资。

　　4）工作时间条款

　　工作时间，又称法定工作时间，是指劳动者为履行工作义务，在法定限度内，在用人单位从事工作或者生产的时间。劳动者工作时间包括准备结束时间、作业时间、劳动者自然需要的中断时间和工艺中断时间。

工作时间的长度由法律直接规定，或由集体合同或劳动合同直接规定。工作时间分为标准工作时间、计件工作时间和其他工作时间。标准工作时间，是指国家法律规定的，在正常情况下，一般职工从事工作或者劳动的时间。延长工作时间是指超过标准工作时间长度的工作时间。劳动者在法定节假日、公休日工作的为加班，日标准工作时间以外延长工作时间的为加点。

（1）制度工作时间的计算：

年工作日=365天−104天（休息日）−11天（法定节假日）=250天

季工作日=250天÷4季=62.5天/季

月工作日=250天÷12月=20.83天/月

（2）工作小时数的计算：

以月、季、年的工作日乘以每日的8小时。

（3）日工资、小时工资的折算：

按照《劳动法》第五十一条的规定，法定节假日用人单位应当依法支付工资，即折算日工资、小时工资时不剔除国家规定的11天法定节假日。据此，日工资、小时工资的折算为：

日工资=月工资收入÷月计薪天数

小时工资=月工资收入÷（月计薪天数×8小时）

月计薪天数=（365天−104天）÷12=21.75天

关于工作时间条款，根据《劳动法》第三十六条至第四十五条等规定如下：

（1）国家实行劳动者每日工作时间不超过八小时、平均每周工作时间不超过四十四小时的工时制度。

（2）对实行计件工作的劳动者，用人单位应当根据《劳动法》第三十六条规定的工时制度合理确定其劳动定额和计件报酬标准。

（3）用人单位由于生产经营需要，经与工会和劳动者协商后可以延长工作时间，一般每日不得超过一小时；因特殊原因需要延长工作时间的，在保障劳动者身体健康的条件下延长工作时间每日不得超过三小时，但是每月不得超过三十六小时。

（4）有下列情形之一的，延长工作时间不受《劳动法》第四十一条规定的限制：

① 发生自然灾害、事故或者因其他原因，威胁劳动者生命健康和财产安全，需要紧急处理的；

② 生产设备、交通运输线路、公共设施发生故障，影响生产和公众利益，必须及时抢修的；

③ 法律、行政法规规定的其他情形。

（5）用人单位不得违反《劳动法》规定延长劳动者的工作时间。

劳动者或用人单位不遵守工作时间的规定或约定，要承担相应的法律责任。

5）休息时间条款

为了保证劳动者的休息权、促进就业和劳动者的全面发展，国家对延长工作时间是严格限制的。关于休息时间条款，《劳动法》做了如下规定：

（1）用人单位应当保证劳动者每周至少休息一日。

（2）企业因生产特点不能实行《劳动法》第三十六条、第三十八条规定的，经劳动行政部门批准，可以实行其他工作和休息办法。

（3）用人单位在下列节日期间应当依法安排劳动者休假：①元旦；②春节；③国际劳动节；④国庆节；⑤法律、法规规定的其他休假节日。

6）劳动报酬条款

劳动报酬是劳动者付出体力或脑力劳动所得的对价，体现的是劳动者创造的社会价值。《劳动法》中的工资是指用人单位依据国家有关规定或劳动合同的约定，以货币形式直接支付给本单位劳动者的劳动报酬，一般包括计时工资、计件工资、奖金、津贴和补贴、延长工作时间的工资报酬以及特殊情况下支付的工资等。

关于劳动报酬条款，《劳动法》第四十四条、第四十五条、第四十六条、第四十七条、第五十条和第五十一条等规定：

（1）工资分配应当遵循按劳分配原则，实行同工同酬。

（2）工资水平在经济发展的基础上逐步提高。国家对工资总量实行宏观调控。

（3）用人单位根据本单位的生产经营特点和经济效益，依法自主确定本单位的工资分配方式和工资水平。

（4）工资应当以货币形式按月支付给劳动者本人，不得克扣或者无故拖欠劳动者的工资。

（5）劳动者在法定休假日和婚丧假期间以及依法参加社会活动期间，用人单位应当依法支付工资。

（6）有下列情形之一的，用人单位应当按照下列标准支付高于劳动者正常工作时间工资的工资报酬：

①安排劳动者延长工作时间的，支付不低于工资的百分之一百五十的工资报酬。

②休息日安排劳动者工作又不能安排补休的，支付不低于工资的百分之二百的工资报酬。

③法定休假日安排劳动者工作的，支付不低于工资的百分之三百的工资报酬。

（7）国家实行带薪年休假制度。劳动者连续工作一年以上的，享受带薪年休假。

在约定工资条款时，要遵守最低工资保障制度，《劳动法》第四十八条、第四十九条等的相关规定如下：

（1）国家实行最低工资保障制度。

（2）最低工资的具体标准由省、自治区、直辖市人民政府规定，报国务院备案。

（3）用人单位支付劳动者的工资不得低于当地最低工资标准。

（4）确定和调整最低工资标准应当综合参考下列因素：

①劳动者本人及平均赡养人口的最低生活费用；

②社会平均工资水平；

③劳动生产率；

④就业状况；

⑤地区之间经济发展水平的差异。

根据《劳动合同法》第三十八条、第四十七条的规定，如果用人单位未及时足额支付劳动报酬的，劳动者可以解除劳动合同，用人单位需要向劳动者支付经济补偿金。经济补偿按劳动者在本单位工作的年限，每满一年支付一个月工资的标准向劳动者支付。六个月以上不满一年的，按一年计算；不满六个月的，向劳动者支付半个月工资的经济补偿。

◆◆◆◆➡ 案例分析9-3

用人单位司应支付李某多少费用？

李某大学毕业后到甲广告公司工作，签订了三年的劳动合同，约定李某的工资为每月3 000元。公司在第一年每月按时发放工资，到了第二年，公司三个月没有发放工资，公司的理由是资金周转困难。李某与公司协商，因为自己要支付租房子等生活费用，希望公司能将所欠工资发给自己，公司表示最近确实很困难，只能等几个月，李某无奈提起劳动仲裁，请求公司发放拖欠的工资9 000元、经济补偿金6 750元，并解除与公司的劳动合同。

问题：该广告公司应支付李某多少费用？

分析提示：根据法律规定，该广告公司应支付拖欠李某的工资9 000元，以及拖欠工资的经济补偿金2 250元，解除劳动合同的经济补偿金4 500元。

7）劳动保护、劳动条件和职业危害防护条款

劳动保护就是为了保障劳动者在生产劳动过程中的安全与健康，在法律上、制度上、管理上、技术上和组织上所采取的一系列综合措施。它所要解决的问题是针对生产经营活动环境中一切对劳动者有害的因素以及这些危害因素的性质、特点，采取有效措施加以消除或控制，创造合乎生产要求的劳动条件，防止伤亡事故、职业中毒和职业病的发生，其目的是保障劳动者在生产劳动中的生命安全和身体健康，使劳动者得以保持持久的劳动能力，从而保证经济建设的顺利进行。关于劳动保护、劳动条件和职业危害防护条款，《劳动法》第五十二条至第五十六条规定：

（1）用人单位必须建立、健全劳动安全卫生制度，严格执行国家劳动安全卫生规程和标准，对劳动者进行劳动安全卫生教育，防止劳动过程中的事故，减少职业危害。

（2）劳动安全卫生设施必须符合国家规定的标准。

（3）新建、改建、扩建工程的劳动安全卫生设施必须与主体工程同时设计、同时施工、同时投入生产和使用。

（4）用人单位必须为劳动者提供符合国家规定的劳动安全卫生条件和必要的劳动防护用品，对从事有职业危害作业的劳动者应当定期进行健康检查。

（5）从事特种作业的劳动者必须经过专门培训并取得特种作业资格。

（6）劳动者在劳动过程中必须严格遵守安全操作规程。

（7）劳动者对用人单位管理人员违章指挥、强令冒险作业，有权拒绝执行；对危害生命安全和身体健康的行为，有权提出批评、检举和控告。

8）职业培训和培训协议

关于职业培训和培训费用协议，《劳动法》第六十八条和《劳动合同法》第二十二条等规定如下：

（1）用人单位应当建立职业培训制度，按照国家规定提取和使用职业培训经费，根据本单位实际，有计划地对劳动者进行职业培训。

（2）从事技术工种的劳动者，上岗前必须经过培训。

（3）用人单位为劳动者提供专项培训费用，对其进行专业技术培训的，可以与该劳动者订立协议，约定服务期。

（4）劳动者违反服务期约定的，应当按照约定向用人单位支付违约金。违约金的数额不得超过用人单位提供的培训费用。

（5）用人单位要求劳动者支付的违约金不得超过服务期尚未履行部分所应分摊的培训费用。

（6）用人单位与劳动者约定服务期的，不影响按照正常的工资调整机制提高劳动者在服务期期间的劳动报酬。

9）关于商业秘密合同和竞业限制的规定

在劳动关系存续期间，劳动者负有保守用人单位商业秘密和专有技术秘密的义务，同时也要遵守竞业限制的法律规定。竞业限制是指用人单位和知悉本单位商业秘密或者其他对本单位经营有重大影响的劳动者在终止或解除劳动合同后的，一定期限内不得在生产同类产品、经营同类业务或有其他竞争关系的用人单位任职，也不得自己生产与原单位有竞争关系的同类产品或经营同类业务。

关于商业秘密合同和竞业限制，《劳动合同法》第二十三条、第二十四条、第二十五条等规定如下：

（1）用人单位与劳动者可以在劳动合同中约定保守用人单位的商业秘密和与知识产权相关的保密事项。

（2）对负有保密义务的劳动者，用人单位可以在劳动合同或者保密协议中与劳动者约定竞业限制条款，并约定在解除或者终止劳动合同后，在竞业限制期限内按月给予劳动者经济补偿。

（3）劳动者违反竞业限制约定的，应当按照约定向用人单位支付违约金。

（4）竞业限制的人员限于用人单位的高级管理人员、高级技术人员和其他负有保密义务的人员。竞业限制的范围、地域、期限由用人单位与劳动者约定，竞业限制的约定不得违反法律、法规的规定。

（5）在解除或者终止劳动合同后，前款规定的人员到与本单位生产或者经营同类产品、从事同类业务的有竞争关系的其他用人单位，或者自己开业生产或者经营同类产品、从事同类业务的竞业限制期限，不得超过二年。

（6）除《劳动合同法》第二十二条和第二十三条规定的情形外，用人单位不得与劳动者约定由劳动者承担违约金。

10）关于试用期的规定

试用期是指用人单位和劳动者在订立劳动合同时，双方协商一致约定的考查期。劳动合同可以约定试用期。关于试用期，《劳动合同法》第十九条、第二十条、第二十一条等规定如下：

（1）劳动合同期限三个月以上不满一年的，试用期不得超过一个月；劳动合同期限一年以上不满三年的，试用期不得超过二个月；三年以上固定期限和无固定期限的劳动合同，试用期不得超过六个月。

（2）同一用人单位与同一劳动者只能约定一次试用期。

（3）以完成一定工作任务为期限的劳动合同或者劳动合同期限不满三个月的，不得约定试用期。

（4）试用期包含在劳动合同期限内。劳动合同仅约定试用期的，试用期不成立，该期限为劳动合同期限。

（5）劳动者在试用期的工资不得低于本单位相同岗位最低档工资或者劳动合同约定工资的百分之八十，并不得低于用人单位所在地的最低工资标准。

（6）在试用期内，除劳动者有《劳动合同法》第三十九条和第四十条第一项、第二项规定的情形外，用人单位不得解除劳动合同。用人单位在试用期解除劳动合同的，应当向劳动者说明理由。

《劳动合同法》第八十三条规定，用人单位违反本法规定与劳动者约定试用期的，由劳动行政部门责令改正；违法约定的试用期已经履行的，由用人单位以劳动者试用期满月工资为标准，按已经履行的超过法定试用期的期间向劳动者支付赔偿金。

11）劳动合同签订的规定

确定了劳动合同的内容后，劳动关系专员开始草拟劳动合同，需要注意的是，劳动合同的法定条款不可或缺，为避免合同内容过于冗长，可以通过附件的形式使劳动合同内容具体化。劳动合同内容各项条款必须保持一致性，不能出现条款间相互矛盾的现象，除了劳动合同以外，还可以与劳动者签订专项协议，如培训协议、服务期限协议、保守企业商业机密协议、竞业限制协议、补充保险协议、聘任协议等。

经过招聘与选拔后，合格者被录用并办理入职手续。在法律规定的时间期限内，与新录用员工签订劳动合同。在签订劳动合同前，用人单位需向新员工详细、如实说明拟订立的合同条款的内容以及相关情况，并说明签订合同的要求，耐心聆听和解答新员工提出的问题、意见和要求。

《劳动合同法》第十六条规定，劳动合同由用人单位与劳动者协商一致，并经用人单位与劳动者在劳动合同文本上签字或者盖章生效。劳动合同文本由用人单位和劳动者各执一份。

《劳动合同法》第二十六条规定，下列劳动合同无效或者部分无效：

（1）以欺诈、胁迫的手段或者乘人之危，使对方在违背真实意思的情况下订立或者变更劳动合同的；

（2）用人单位免除自己的法定责任、排除劳动者权利的；

（3）违反法律、行政法规强制性规定的。

对劳动合同的无效或者部分无效有争议的，由劳动争议仲裁机构或者人民法院确认。

　　《劳动合同法》第二十七条、第二十八条规定，劳动合同部分无效，不影响其他部分效力的，其他部分仍然有效。劳动合同被确认无效，劳动者已付出劳动的，用人单位应当向劳动者支付劳动报酬。劳动报酬的数额，参照本单位相同或者相近岗位劳动者的劳动报酬确定。

　　《劳动法》第九十七条规定，由于用人单位的原因订立的无效合同，对劳动者造成损害的，应当承担赔偿责任。

9.3　劳动合同的履行和变更

9.3.1　劳动合同的履行

　　劳动合同的履行是指劳动合同的双方当事人按照合同规定，履行各自应承担义务的行为。劳动合同依法订立即具有法律约束力，当事人必须履行合同规定的义务。任何第三方不得非法干预劳动合同的履行。

　　1）劳动合同履行原则

　　履行劳动合同应遵循如下原则：

　　（1）亲自履行原则，即由于劳动合同是具有人身属性的合同，因此没有对方当事人的同意，不能由第三人替代履行。

　　（2）全面履行原则，即劳动合同双方当事人必须履行劳动合同所规定的各自应当履行的全部义务，且必须按照劳动合同约定的时间和方式履行合同义务。

　　（3）协作履行原则，即基于诚实信用原则，劳动合同的双方当事人在一方履行劳动合同时，应该给予对方必要的协助，以使劳动合同约定的目的得以实现。

　　2）劳动合同履行

　　关于劳动合同履行，《劳动合同法》第二十九条、第三十条、第三十一条、第三十二条等规定如下：

　　（1）用人单位与劳动者应当按照劳动合同的约定，全面履行各自的义务。

　　（2）用人单位应当按照劳动合同约定和国家规定，向劳动者及时足额支付劳动报酬。

　　（3）用人单位拖欠或者未足额支付劳动报酬的，劳动者可以依法向当地人民法院申请支付令，人民法院应当依法发出支付令。

　　（4）用人单位应当严格执行劳动定额标准，不得强迫或者变相强迫劳动者加班。用人单位安排加班的，应当按照国家有关规定向劳动者支付加班费。

　　（5）劳动者拒绝用人单位管理人员违章指挥、强令冒险作业的，不视为违反劳动合同。

　　（6）劳动者对危害生命安全和身体健康的劳动条件，有权对用人单位提出批评、检举和控告。

9.3.2　劳动合同的变更

　　劳动合同的变更是指劳动合同依法订立生效以后，合同尚未履行或者尚未履行完毕之前，用人单位与劳动者就劳动合同内容做部分修改、补充或者删减的行为。

微课 9-2

劳动合同的
签订和履行

劳动合同的变更应当遵守协商一致的原则。劳动合同的内容是用人单位和劳动者的合意，一经订立便受到法律的保护。劳动合同是劳动法律的延伸，具有法律上的约束力，任何一方不得随意变更。现实生活是复杂的，人们无法准确预测将来发生的情况，所以，为适应变化无常的客观情况，法律规定劳动合同可以有条件地变更，即必须经当事人协商一致。同时，法律又不是僵化的，为加强用人单位对劳动过程的组织管理自主权，法律规定在特定情况下，用人单位单方可以变更劳动合同，这些情况通常包括：

第一，劳动者患病或者非因工负伤，在规定的医疗期满后不能从事原工作，也不能从事用人单位另行安排的工作的。

第二，劳动者不能胜任工作，经过培训或调整工作岗位，仍然不能胜任工作的。

第三，劳动合同订立时所依据的客观情况发生重大变化，致使劳动合同无法履行，经用人单位与劳动者协商，未能就变更劳动合同内容达成协议的。

综合上述内容，履行合同是劳动者和用人单位需要履行的责任，而对于变更劳动合同，需要用人单位或者劳动者提出，双方协商一致后才能保障自己的权益，如果私自进行变更，那就违反了《劳动合同法》。

关于劳动合同的变更，《劳动合同法》第三十三条、第三十四条、第三十五条的规定如下：

（1）用人单位与劳动者协商一致，可以变更劳动合同约定的内容。

（2）变更劳动合同，应当采用书面形式。

（3）用人单位变更名称、法定代表人、主要负责人或者投资人等事项，不影响劳动合同的履行。

（4）用人单位发生合并或者分立等情况，原劳动合同继续有效，劳动合同由承继其权利和义务的用人单位继续履行。

（5）变更后的劳动合同文本由用人单位和劳动者各执一份。

9.4　劳动合同的解除和终止

9.4.1　劳动合同的解除

劳动合同解除，是指在劳动合同有效成立以后，当解除的条件具备时，因当事人一方或双方的意思表示，提前消灭劳动关系的行为。劳动合同的解除方式可分为协议解除和单方解除。协议解除，即劳动合同经当事人双方协商一致而解除。单方解除即享有单方解除权的当事人以单方意思表示解除劳动合同。

解除劳动合同是劳动合同从订立到履行过程中可以预见的中间环节，依法解除劳动合同是维护劳动合同双方当事人正当权益的重要保证。

关于劳动合同的解除，《劳动合同法》第三十六条、第三十七条、第三十八条、第三十九条、第四十条、第四十一条、第四十二条等做了相关规定。

1）用人单位和劳动者协商解除劳动合同的条件

（1）用人单位与劳动者协商一致，可以解除劳动合同。

（2）劳动者提前三十日以书面形式通知用人单位，可以解除劳动合同。

（3）劳动者在试用期内提前三日通知用人单位，可以解除劳动合同。

2）劳动者可以单方面解除劳动合同的情形

（1）用人单位未按照劳动合同约定提供劳动保护或者劳动条件的；

（2）用人单位未及时足额支付劳动报酬的；

（3）用人单位未依法为劳动者缴纳社会保险费的；

（4）用人单位的规章制度违反法律、法规的规定，损害劳动者权益的；

（5）因《劳动合同法》第二十六条第一款规定的情形致使劳动合同无效的；

（6）法律、行政法规规定劳动者可以解除劳动合同的其他情形。

用人单位以暴力、威胁或者非法限制人身自由的手段强迫劳动者劳动的，或者用人单位违章指挥、强令冒险作业危及劳动者人身安全的，劳动者可以立即解除劳动合同，不需事先告知用人单位。

3）因劳动者过失，用人单位单方面解除劳动合同的情形

（1）劳动者在试用期间被证明不符合录用条件的；

（2）劳动者严重违反用人单位的规章制度的；

（3）劳动者严重失职，营私舞弊，给用人单位造成重大损害的；

（4）劳动者同时与其他用人单位建立劳动关系，对完成本单位的工作任务造成严重影响，或者经用人单位提出，拒不改正的；

（5）因《劳动合同法》第二十六条第一款第一项规定的情形致使劳动合同无效的；

（6）劳动者被依法追究刑事责任的。

4）劳动者无过失，用人单位单方面解除劳动合同的情形

用人单位提前三十日以书面形式通知劳动者本人或者额外支付劳动者一个月工资后，可以解除劳动合同的情形如下：

（1）劳动者患病或者非因工负伤，在规定的医疗期满后不能从事原工作，也不能从事由用人单位另行安排的工作的；

（2）劳动者不能胜任工作，经过培训或者调整工作岗位，仍不能胜任工作的；

（3）劳动合同订立时所依据的客观情况发生重大变化，致使劳动合同无法履行，经用人单位与劳动者协商，未能就变更劳动合同内容达成协议的。

◆◆◆◆➡ 案例分析9-4

能否以试用期不符合条件为由解除合同

钟某于2020年4月1日入职广东某科技公司，双方签订了一年期限的劳动合同，并约定，试用期为2个月，从2020年4月1日起至2020年5月31日止。2020年5月29日，公司通知钟某，因试用期间的表现不符合公司的录用条件，公司决定与其解除劳动合同。钟某遂申请劳动仲裁，要求公司支付违法解除劳动合同的赔偿金。

问题：钟某提出的要求合理吗？为什么？

分析提示：根据《劳动合同法》第二十一条的规定，在试用期中，除劳动者有本法第三十九条和第四十条第一项、第二项规定的情形外，用人单位不得解除劳动合同。用人单位在试用期解除劳动合同的，应当向劳动者说明理由。

如果公司不能提供证据证明曾经在招录钟某时与其明示过具体的录用条件，公司有关钟某不符合录用条件的主张缺乏事实依据，劳动争议仲裁委员会不予采信。综上，认定公司属于违法解除劳动合同，应支付违法解除劳动合同的赔偿金。

5）用人单位裁员的情形

有下列情形之一，需要裁减人员二十人以上或者裁减不足二十人但占企业职工总数百分之十以上的，用人单位提前三十日向工会或者全体职工说明情况，听取工会或者职工的意见后，裁减人员方案经向劳动行政部门报告，可以裁减人员：

（1）依照企业破产法规定进行重整的；

（2）生产经营发生严重困难的；

（3）企业转产、重大技术革新或者经营方式调整，经变更劳动合同后，仍需裁减人员的；

（4）其他因劳动合同订立时所依据的客观经济情况发生重大变化，致使劳动合同无法履行的。

裁减人员时，应当优先留用下列人员：

（1）与本单位订立较长期限的固定期限劳动合同的；

（2）与本单位订立无固定期限劳动合同的；

（3）家庭无其他就业人员，有需要扶养的老人或者未成年人的。

用人单位依照上述规定裁减人员，在六个月内重新招用人员的，应当通知被裁减的人员，并在同等条件下优先招用被裁减的人员。

6）用人单位不得解除劳动合同的情形

劳动者有下列情形之一的，用人单位不得依照《劳动法》第四十条、第四十一条的规定解除劳动合同：

（1）从事接触职业病危害作业的劳动者未进行离岗前职业健康检查，或者疑似职业病病人在诊断或者医学观察期间的；

（2）在本单位患职业病或者因工负伤并被确认丧失或者部分丧失劳动能力的；

（3）患病或者非因工负伤，在规定的医疗期内的；

（4）女职工在孕期、产期、哺乳期的；

（5）在本单位连续工作满十五年，且距法定退休年龄不足五年的；

（6）法律、行政法规规定的其他情形。

用人单位劳动关系专员应随时关注员工劳动合同履行的情况，并积极依据《劳动法》、企业规章制度，收集需解除劳动合同的信息，逐级汇报，协商决定是否解除劳动合同。

用人单位人力资源部与员工所在部门协商后，报企业相关领导层并做出解除劳动合同决定，劳动关系专员应根据相关规定及时通知将被解除合同的员工，并依据相关规定，计算、给付劳动者相应的经济补偿，出具解除劳动合同书、解除合同证明，向员工户口所在地社会保险经办机构转移员工档案并备案。

9.4.2　劳动合同的终止

劳动合同的终止是指劳动合同的法律效力依法被消灭，即劳动合同所确立的劳动关系由于一定法律事实的出现而终结，劳动者与用人单位之间原有的权利和义务不复存在。劳动合同的终止分为约定终止和法定终止。

根据《劳动合同法》第四十四条的规定，有下列情形之一的，劳动合同终止：

（1）劳动合同期满的；

（2）劳动者开始依法享受基本养老保险待遇的；

（3）劳动者死亡，或者被人民法院宣告死亡或者宣告失踪的；

（4）用人单位被依法宣告破产的；

（5）用人单位被吊销营业执照、责令关闭、撤销或者用人单位决定提前解散的；

（6）法律、行政法规规定的其他情形。

用人单位劳动关系专员应随时关注员工劳动合同履行的情况，并积极依据《劳动法》、企业规章制度，收集需终止劳动合同的信息，逐级汇报，协商决定是否终止劳动合同。

用人单位人力资源部与员工所在部门协商后，报企业相关领导层并做出终止劳动合同的决定，劳动关系专员应根据相关规定及时通知将被终止合同的员工，并依据相关规定，计算、给付劳动者相应的经济补偿，出具终止劳动合同的证明，向员工户口所在地社会保险经办机构转移员工档案并备案。

9.4.3　经济补偿

经济补偿是用人单位在解除或者终止与劳动者的劳动关系时，支付给劳动者的一次性补助。

根据《劳动合同法》第四十六条的规定，有下列情形之一的，用人单位应当向劳动者支付经济补偿：

（1）用人单位依照《劳动合同法》第三十六条规定向劳动者提出解除劳动合同并与劳动者协商一致解除劳动合同的；

（2）劳动者依照《劳动合同法》第三十八条规定解除劳动合同的；

（3）用人单位依照《劳动合同法》第四十条规定解除劳动合同的；

（4）用人单位依照《劳动合同法》第四十一条第一款规定解除劳动合同的；

（5）除用人单位维持或者提高劳动合同约定条件续订劳动合同，劳动者不同意续订的情形外，依照《劳动合同法》第四十四条第一项规定终止固定期限劳动合同的；

（6）依照《劳动合同法》第四十四条第四项、第五项规定终止劳动合同的；

（7）法律、行政法规规定的其他情形。

关于经济补偿的计算，《劳动合同法》第四十七条规定，经济补偿按劳动者在本单位工作的年限，每满一年支付一个月工资的标准向劳动者支付。具体如下：

（1）六个月以上不满一年的，按一年计算。

（2）不满六个月的，向劳动者支付半个月工资的经济补偿。

（3）劳动者月工资高于用人单位所在直辖市、设区的市级人民政府公布的本地区上年度职工月平均工资三倍的，向其支付经济补偿的标准按职工月平均工资三倍的数额支付，向其支付经济补偿的年限最高不超过十二年。

（4）月工资是指劳动者在劳动合同解除或者终止前十二个月的平均工资。

《劳动合同法》第四十八条规定，用人单位违反本法规定解除或者终止劳动合同，劳动者要求继续履行劳动合同的，用人单位应当继续履行；劳动者不要求继续履行劳动合同或者劳动合同已经不能继续履行的，用人单位应当依照本法第八十七条规定支付赔偿金。

《劳动合同法》第八十七条规定，用人单位违反本法规定解除或者终止劳动合同的，应当依照本法第四十七条规定的经济补偿标准的二倍向劳动者支付赔偿金。

◆◆◆◆➡ **案例分析9-5**

孙名可以得到几个月的补偿金？

到20××年5月15日，孙名在慧达公司工作就有3年6个月了，其工作岗位是包装工。该年3月1日慧达公司引进了包装流水线设备，孙名不能胜任岗位工作，经过10天培训，孙名仍不能胜任该工作。4月15日，慧达公司人力资源部人员与其谈话，告知他的工作岗位变更为车间清洁员，被孙名拒绝后，慧达公司将解除劳动合同通知书交给他，并说：如果接受企业变更工作岗位的建议，企业将维持劳动关系到劳动合同期限届满。1个月后，孙名仍不接受慧达公司的建议，慧达公司遂于20××年5月15日在支付孙名3个月的工资作为经济补偿金后解除了与其订立的劳动合同。孙名不接受企业解除劳动合同的规定，申诉到当地劳动争议仲裁委员会，请求维持原劳动关系。

资料来源　佚名.劳动合同案例［EB/OL］.（2019-09-19）［2023-06-18］.https：//ishare.iask.sina.com.cn/f/iEfH7GaRvk.html.

问题：请根据所学知识分析劳动争议仲裁委员会应该如何裁决。

分析提示：企业解除劳动合同的程序合法，但支付的补偿金不符合法律规定，应支付孙名4个月工资的补偿金，孙名的申诉请求不会得到仲裁机关的支持，但可以得到4个月工资的补偿金。

9.5　劳动争议的处理

9.5.1　劳动争议概述

1）劳动争议的概念

劳动争议是劳动关系当事人之间因劳动的权利与义务发生分歧而引起的争议，又称劳动纠纷。

在劳动关系发展的过程中，劳动关系各方面出现矛盾是不可避免的，正确处理劳动争议，是维护和谐的劳动关系、发挥人力资源潜能的重要保障。

2）劳动争议产生的范围

根据《劳动法》第七十八条的规定，解决劳动争议，应当根据合法、公正、及时处理的原则，依法维护劳动争议当事人的合法权益。

中华人民共和国境内的用人单位与劳动者发生的下列劳动争议，适用《中华人民共和国劳动争议调解仲裁法》（以下简称《劳动争议调解仲裁法》）：

（1）因确认劳动关系发生的争议；

（2）因订立、履行、变更、解除和终止劳动合同发生的争议；

（3）因除名、辞退和辞职、离职发生的争议；

（4）因工作时间、休息休假、社会保险、福利、培训以及劳动保护发生的争议；

（5）因劳动报酬、工伤医疗费、经济补偿或者赔偿金等发生的争议；

（6）法律、法规规定的其他劳动争议。

9.5.2　劳动争议的处理机构和处理程序

1）劳动争议处理机构

目前处理劳动争议的机构有劳动争议调解委员会、地方劳动争议仲裁委员会和地方人民法院。

2）劳动争议的处理程序

根据《劳动法》第七十七条的规定，用人单位与劳动者发生劳动争议，当事人可以依法申请调解、仲裁、提起诉讼，也可以协商解决。调解原则适用于仲裁和诉讼程序。

根据《劳动法》第七十九条的规定，劳动争议发生后，当事人可以向本单位劳动争议调解委员会申请调解，调解不成，当事人一方要求仲裁的，可以向劳动争议仲裁委员会申请仲裁。当事人一方也可以直接向劳动争议仲裁委员会申请仲裁。对仲裁裁决不服的，可以向人民法院提起诉讼。

劳动争议的处理方式和程序如下：

（1）劳动争议协商。由于劳动争议的当事人一方为用人单位，一方为该单位的员工，因此，处理劳动争议应该首先经过充分的协商，以利于自愿达成协议，解决争议，消除双方隔阂，加强团结，共同生产。如果双方协商达成一致，应该将成立的协议报请当地劳动行政部门审查备案，劳动行政部门在审查过程中对于不合法的协议要令其修改或者确认其无效。

当事人双方自行协商不是处理劳动争议的必经程序。双方当事人可以自愿进行协商，并提倡协商解决争议，但任何一方或他人都不能强迫进行协商。因此，不愿协商或者协商不成的，可以向本单位劳动争议调解委员会申请调解。

（2）劳动争议调解。《劳动法》第八十条规定，在用人单位内，可以设立劳动争议调解委员会。劳动争议调解委员会由职工代表、用人单位代表和工会代表组成。劳动争议调解委员会主任由工会代表担任。劳动争议经调解达成协议的，当事人应当履行。

劳动争议调解委员会调解劳动争议的步骤如下：申请—受理—调查—调解—制作调解协议书。

劳动争议的调解过程必须严格按照法定的程序进行：

①事前双方协商。当事人在知道或应当知道其权利被侵害之日起三十日内，以书面形式向调委会提出申请。调委会办事机构接到当事人的申请后，在申请被受理前，及时了解情况，组织双方协商解决，避免矛盾升级。如对方当事人不愿调解，在三日内以书面形式通知申请人。调委会应在四日内做出受理或不受理申请的决定，对不受理的，应向申请人说明理由。

②调解步骤：

A.对争议事项展开细致调查，了解事实真相。

B. 调委会主任召集双方，主持调解会议，简易争议可由一至二名调解员进行调解。

C. 应听取双方对争议事实和理由的陈述，在查明事实的基础上，依据有关法律、政策，提出调解意见，促使双方自愿达成协议。

D. 经调解达成协议，制作调解协议书，双方自觉履行；达不成协议，在调解意见书上说明情况；调解过程应制作笔录。

自劳动争议调解组织收到调解申请之日起十五日内未达成调解协议的，当事人可以依法申请仲裁。

（3）劳动争议仲裁。劳动争议仲裁是指劳动争议仲裁委员会根据当事人的申请，依法对劳动争议在事实上做出判断、在权利义务上做出裁决的一种法律制度。

根据《劳动争议调解仲裁法》第一条与第三条的规定，劳动争议仲裁应当根据事实，合法、公正、及时、着重调解，保护当事人合法权益，促进劳动关系和谐稳定。

根据《劳动法》第八十一条的规定，劳动争议仲裁委员会由劳动行政部门代表、同级工会代表、用人单位方面的代表组成。劳动争议仲裁委员会主任由劳动行政部门代表担任。

根据《劳动法》第八十二条的规定，提出仲裁要求的一方应当自劳动争议发生之日起六十日内向劳动争议仲裁委员会提出书面申请。仲裁裁决一般应在收到仲裁申请的六十日内做出。对仲裁裁决无异议的，当事人必须履行。

仲裁程序如下：

①案件受理。这一阶段包括两项工作：一是当事人在规定的时效内向劳动争议仲裁委员会提交请求仲裁的书面申请；二是仲裁委员会在收到仲裁申请后一段时间内要做出受理或不受理的决定。

②调查取证。调查取证的目的是收集有关证据和材料，查明争议实质，为下一步的调解或裁决做好准备工作。调查取证工作包括撰写调查提纲，根据调查提纲进行有针对性的调查取证，核实调查结果和有关证据等。

③调解。仲裁庭在查明事实的基础上，首先要做调解工作，努力促使双方当事人自愿达成协议。对达成协议的仲裁庭还需制作仲裁调解书。

④裁决。经仲裁庭调解无效或仲裁调解书送达前当事人反悔，调解失败的，劳动争议的处理便进入裁决阶段。仲裁庭的裁决要通过召开仲裁会议的形式做出，一般要经过庭审调查、双方辩论和陈述等过程，最后由仲裁员对争议事实进行充分协商，按照少数服从多数的原则做出裁决。仲裁庭做出裁决后应制作裁决书。当事人对裁决不服的，可在规定时间内向法院起诉。

⑤裁决执行。仲裁调解书自送达当事人之日起生效；仲裁裁决书在法定起诉期满后生效。生效后的调解或裁决，当事双方都应该自觉执行。

◆◆◆◆➡ 案例分析9-6

甲公司的做法合法吗？

李某20××年被甲公司雇用，并与公司签订了劳动合同，其工作岗位在产生大量粉尘的生产车间。李某上班后，要求发放劳动保护用品，被公司以资金短缺为由拒绝。

李某次年年初生病住院，经承担职业病鉴定的医疗卫生机构诊断，李某被诊断为尘肺病。出院时，职业病鉴定机构提出李某不应再从事原岗位工作。李某返回公司后，要求调到无粉尘环境的岗位工作，并对其尘肺病进行治疗。但公司3个月后仍没有为其更换岗位，也未对其病进行治疗。当李某再次催促公司领导为其调换工作岗位时，公司以各岗位满员，不好安排别的工作为由，让其继续从事原工作。李某无奈，向当地劳动争议仲裁委员会提出申诉，要求用人单位为其更换工作岗位，对其尘肺病进行治疗，并承担治疗费用。

资料来源　佚名.劳动关系案例分析汇总［EB/OL］.（2018-08-24）［2023-06-20］.https://www.doc88.com/p-7049188971226.html.

问题：甲公司的做法是否合法？

分析提示：甲公司的做法不合法。按照《劳动法》有关规定，劳动者有获得劳动安全保护的权利。公司没有为李某提供必要的劳动保护用品，违反了劳动安全卫生法规，公司必须发给李某劳动保护用品。

（4）劳动争议诉讼。劳动争议诉讼，是指劳动争议当事人不服劳动争议仲裁委员会的裁决，在规定的期限内向人民法院起诉，人民法院受理后，依法对劳动争议案件进行审理的活动。此外，劳动争议诉讼还包括当事人一方不履行仲裁委员会已发生法律效力的裁决书或调解书，另一方当事人申请人民法院强制执行的活动。

实行劳动争议诉讼制度，从根本上将劳动争议处理工作纳入了法治轨道，以法的强制性保证了劳动争议的彻底解决。同时，这一制度也初步形成了对劳动争议仲裁委员会的司法监督机制，对提高仲裁质量十分有利。此外，还较好地保护了当事人的诉讼权，给予不服仲裁裁决的当事人以求助于司法的权利。

劳动争议诉讼，是解决劳动争议的最终程序。人民法院审理劳动争议案件适用《中华人民共和国民事诉讼法》（以下简称《民事诉讼法》）所规定的诉讼程序。

《劳动法》第八十三条规定，劳动争议当事人对仲裁裁决不服的，可以自收到仲裁裁决书之日起十五日内向人民法院提起诉讼。一方当事人在法定期限内不起诉又不履行仲裁裁决的，另一方当事人可以申请人民法院强制执行。

劳动争议诉讼程序如下：

①起诉和受理，即当事人向法院提出起诉和人民法院受理起诉。这一阶段的中心任务是审查起诉是否符合条件和能否立案审理。如果决定受理，诉讼便由此开始。

②案件审理前的准备，这一环节主要是人民法院为案件的正式审理做好各方面的准备工作，包括调查收集证据、准备有关材料等。这一环节是案件正式审理的基础。

③开庭审理，即审判组织召集诉讼参加人和其他诉讼参与人正式开庭审理案件。这是全部诉讼的核心环节，是诉讼活动的集中体现和典型形态。

④裁判，即对案件的事实做出认定，并依据所选择适用的法律，对案件的争议做出实体判决和程序上的裁定。

⑤上诉，是指当事人一方或双方不服一审法院的裁判而向上级人民法院上诉，上级人民法院由此对该案进行审查的过程。上诉环节的任务在于通过对案件，尤其是对一审法院的裁判进行审查，保证案件最终处理的正确性。

⑥强制执行，这一环节的主要任务是对当事人不履行法院判决或其生效法律文书所确定的义务，通过法定手段和形式强制义务人履行。

《最高人民法院关于审理劳动争议案件适用法律若干问题的解释（一）》第二十三条规定，中级人民法院审理用人单位申请撤销终局裁决的案件，应当组成合议庭开庭审理。经过阅卷、调查和询问当事人，对没有新的事实、证据或者理由，合议庭认为不需要开庭审理的，可以不开庭审理。中级人民法院可以组织双方当事人调解。达成调解协议的，可以制作调解书。一方当事人逾期不履行调解协议的，另一方可以申请人民法院强制执行。

3）劳动争议处理中应注意的问题

劳动争议处理的基本程序：先协商，协商不成申请调解，调解不成申请仲裁，对仲裁结果不服，提起诉讼。协商、调解都不是必经程序，但仲裁是诉讼前的必经程序。调解是指双方或多方当事人就争议的实体权利、义务，在人民法院、人民调解委员会及有关组织主持下，自愿进行协商，通过教育疏导，促成各方达成协议、解决纠纷的办法。

在调解程序中，应强化当事人对诉讼的支配权，弱化职权主义色彩。尊重当事人是选择法院调解还是直接进入诉讼程序的权利，进而把整个诉讼过程分为审前程序和审判程序两个相对独立又相互联系的阶段，把法官分为负责诉前调解的法官与负责庭审裁判的法官。

在调解的主体上，应当由立案庭主持调解。为保障诉前调解的顺利进行及保障调审对接，有必要对现行的立案庭的职责进行调整，即将立案庭的审判人员分为立案审查组（负责立案审查）、庭前准备组（负责庭前准备）和转办登记人员。在诉前调解时，除了由立案庭负责庭前准备的人员参加外，还可根据《民事诉讼法》"人民法院进行调解，可以邀请有关单位和个人协助"的规定，邀请法院之外的第三人参与调解，该第三人可以是律师或由法院认可的人民陪审员等其他公民，备成名册置于法院，向社会公开。

另外，《劳动法》第八十四条规定，因签订集体合同发生争议，当事人协商解决不成的，当地人民政府劳动行政部门可以组织有关各方协调处理。

因履行集体合同发生争议，当事人协商解决不成的，可以向劳动争议仲裁委员会申请仲裁；对仲裁裁决不服的，可以自收到仲裁裁决书之日起十五日内向人民法院提起诉讼。

▶ 思政园地

苏州工会深入推进和谐劳动关系创建

苏州市各级党委、政府把构建和谐劳动关系作为创新社会治理、构建和谐社会的重要举措，纳入本地区经济社会发展整体布局。2020年，市委、市政府出台《关于建设劳动者就业创业首选城市的工作意见》，明确提出打造劳动关系模范城市目标，要求各级和谐劳动关系企业要保持全国领先水平。目前，苏州已形成"党政主导、三方推动、企业响应、职工参与"和谐劳动关系创建格局，苏州工业园区被确定为"深化构建和谐劳动关系综合配套改革试点"，全市培育了4个国家级、7个省级、23个市级模范劳动关系和谐工业园区，带动3万多家企业加入和谐创建活动行列。

　　坚持正向激励，推动和谐劳动关系创建活动标准化。2015年，苏州市率先制定劳动关系和谐企业（园区）评估标准，督促基层健全机制、规范运作，联合苏州大学对劳动关系和谐企业（园区）每年开展一次评估改进活动，不断优化运行机制。苏州工业园区与中国人民大学合作，建立劳动关系和谐指数评估体系，向企业精准推送有针对性的改善建议。市协调劳动关系三方联合市信用办共同制定《关于对劳动关系和谐企业给予正向激励的意见》，将和谐企业列入"信用苏州"的"红名单"，给予企业荣誉评定、劳动保障、社会保险等方面优惠政策，激发了企业参与创建的积极性，实现从"要我创建"到"我要创建"的转变，大幅提升创建活动的吸引力和影响力。

　　坚持全过程构建，协调好劳动关系各个环节，注重依法构建。依托苏州市总工会微信公众号，推出"学法小课堂"，定期推送劳动法律知识和案例；充分发挥职工律师团作用，开展"送法进企业"活动，做好普法宣传，提高职工依法维权、企业依法用工意识。开通"苏工惠"App法律咨询，依托全市150个法律援助站为职工提供法律援助，依托22 854个工会劳动法律监督委员会开展劳动法律监督，形成覆盖广泛、纵向到底的工会劳动法律监督体系。注重协商共建，以非公企业为重点开展集体协商，坚持每年春季开展工资集体协商"集中要约行动"，围绕疫情影响，率先出台指导意见，指导基层工会配合政府围绕援企稳岗举措落实与企业方开展集体协商，真正实现企业和职工同舟共济、共渡难关，用协商实效验证协商民主的真正价值，发挥和谐劳动关系对社会稳定健康发展的重要作用。

　　资料来源　钱茹冰. 苏州工会深入推进和谐劳动关系创建 [N]. 江苏工人报，2021-12-09（1）.

　　问题：构建和谐的劳动关系的重要意义是什么？

　　分析提示：构建和谐的劳动关系对整个社会稳定和国家经济发展有着非常重要的作用。

▶ 知识掌握

一、名词解释

劳动关系　劳动关系管理　劳动合同　劳动争议

二、单项选择题

1.订立劳动合同时，（　　）不直接涉及劳动者切身利益。

A.远景规划　　　　B.劳动报酬　　　　C.劳动安全卫生　　　D.保险福利

2.在辞退解雇方面，我国《劳动法》规定："劳动者有下列情形之一的，用人单位可以解除劳动合同。"其中不包括（　　）。

A.在试用期间被证明不符合录用条件

B.女职工在孕期、产期、哺乳期内

C.被依法追究刑事责任

D.严重失职，营私舞弊，对用人单位利益构成重大损害

3.三年以上固定期限和无固定期限的劳动合同，试用期不得超过（　　）。

A.一个月　　　　　B.二个月　　　　　C.六个月　　　　　　D.一年

4.劳动合同期限三个月以上不满一年的，试用期不得超过（　　）。

A.一个月　　　　　　B.二个月　　　　　　C.六个月　　　　　　D.一年

5.劳动合同期限一年以上不满三年的，试用期不得超过（　　）。

A.一个月　　　　　　B.二个月　　　　　　C.六个月　　　　　　D.一年

6.已建立劳动关系，未同时订立书面劳动合同的，应当自用工之日起（　　）内订立书面劳动合同。

A.一个月　　　　　　B.三个月　　　　　　C.六个月　　　　　　D.一年

7.用人单位与劳动者在用工前订立劳动合同的，劳动关系自（　　）之日起建立。

A.订立合同　　　　　B.用工　　　　　　　C.口头约定　　　　　D.试用期结束

8.同一用人单位与同一劳动者可以约定（　　）试用期。

A.一次　　　　　　　B.两次　　　　　　　C.三次　　　　　　　D.无限次

9.劳动者提前（　　）日以书面形式通知用人单位，可以解除劳动合同。劳动者在试用期内提前三日通知用人单位，可以解除劳动合同。

A.十　　　　　　　　B.三十　　　　　　　C.六十　　　　　　　D.一百二十

10.经济补偿按劳动者在本单位工作的年限，每满（　　）支付一个月工资的标准向劳动者支付。

A.半年　　　　　　　B.一年　　　　　　　C.十年　　　　　　　D.二十年

三、多项选择题

1.劳动合同的主体具有特定性，包括（　　）。

A.自然人　　　　　　B.用人单位　　　　　C.中介机构　　　　　D.政府主管部门

2.根据《劳动合同法》的规定，订立劳动合同，应当遵循（　　）原则。

A.合法公平　　　　　B.平等自愿　　　　　C.协商一致　　　　　D.诚实信用

3.有下列（　　）情形之一，劳动者提出或者同意续订、订立劳动合同的，除劳动者提出订立固定期限劳动合同外，应当订立无固定期限劳动合同。

A.劳动者在该用人单位连续工作满十年

B.用人单位初次实行劳动合同制度，劳动者在该用人单位连续工作满十年且距法定退休年龄不足十年的

C.用人单位自用工之日起满一年不与劳动者订立书面劳动合同的

D.连续订立两次固定期限劳动合同的

4.根据《劳动合同法》第四十四条的规定，有下列（　　）情形之一的，劳动合同终止。

A.劳动合同期满的

B.劳动者开始依法享受基本养老保险待遇的

C.劳动者死亡，或者被人民法院宣告死亡或者宣告失踪的

D.用人单位被依法宣告破产的

5.下面关于劳动合同订立的时间的说法中正确的有（　　）。

A.建立劳动关系，应当订立书面劳动合同

B.已建立劳动关系，未同时订立书面劳动合同的，应当自用工之日起一个月内订立书面劳动合同

C.用人单位自用工之日起超过一个月不满一年未与劳动者订立书面劳动合同的，应当向劳动者每月支付二倍的工资

D.以上都对

四、简答题

1.简述用人单位和劳动者的权利与义务。

2.劳动合同包括哪些内容？

3.无效劳动合同的情形有哪些？

4.劳动者可以单方面解除劳动合同的情形有哪些？

5.简述劳动争议的处理程序。

五、论述题

试述如何构建和谐的劳动关系。

▶ 综合应用

□案例分析

联想（北京）有限公司创建和谐的劳动关系

1.建立健全的规章制度

《劳动法》和《劳动合同法》要求企业建立和完善规章制度，一方面保障劳动者的权利，另一方面督促劳动者履行义务。联想集团通过建立符合法律要求的、完善的规章制度，为建立和谐的劳动关系奠定了基础。

2.强化企业民主管理

《宪法》《劳动法》《劳动合同法》《全民所有制工业企业职工代表大会条例》《企业民主管理规定》等法律法规对企业如何进行民主管理提出了具体的要求。联想（北京）有限公司在企业内部设立"HR热线"及员工论坛，保证所有职工都可以及时提出意见和建议，通过多种方式实现员工与公司管理层的零距离沟通和交流。

3.合理的薪酬体系

在联想（北京）有限公司工作90天以上的正式员工均有权利选择加入企业年金计划，即在为每名员工缴纳社会保险的基础上，还为员工购买补充商业医疗、人身意外保险等，并为员工子女购买补充商业医疗保险。联想还通过设置总裁特别奖、部门特别奖、专利奖、知识分享奖、竞赛奖等多样的奖金模式，全方位奖励对企业有贡献的职工。公司的股权激励这些比较新的薪酬发放模式，既可以吸引外来人才，又可以留住本企业的优秀人才。

4.注重职工未来发展

联想（北京）有限公司为员工搭建了内部培训网站及微信小程序"联想乐成长"，定期安排培训、召开系列座谈会，并设立了专门的员工职业健康与安全部门，针对不同职位员工的工作特点、环境、条件制定出相关标准。

5.联想对员工的人性化管理

小强创新是联想集团内部的孵化器，2015年8月由联想研究院和联想人力资源共同发起。它的初衷是希望通过市场化的规范鼓舞员工创新，既可以成立新公司独立运营，

也可以依托公司现有资源和业务体系内部运作。联想提供了很多这样的平台让他们去做，除了小强创新公司，还有每个季度的头脑风暴论坛，大家把自己的看家本领拿出来在所有同事面前展现；还有每年的联想创新科技大会，是科技产品和科技人才的嘉年华；还有黑客马拉松和公司内部组织的思维辩论大赛。

资料来源　石飞月．联想上榜《福布斯》全球最受信赖公司［N/OL］．北京商报，（2020-01-18）［2023-06-18］．https：//finance.ifeng.com/c/7tKk1IBq0oi.

问题：试评价联想（北京）有限公司的劳动关系管理。

分析提示：企业和员工的权益都受法律保护，任何一家公司在处理劳动关系时都应该以法律为依据，同时采取多种做法努力构建和谐的劳动关系，在提高员工满意度的同时，不断地增强企业竞争力，提高企业的经济效益水平，联想（北京）有限公司和谐的劳动关系是公司稳定发展的重要保障

□实践训练

训练1

5～6个学生组成一个小组，以小组为单位，就近调查一家企业，了解一下该企业员工劳动关系管理现状、存在的问题以及解决问题的方法。

要求：每个小组提交一份不少于1 000字的调查报告，要求：内容翔实、格式规范、层次清晰、语句通顺、排版合理。

训练2

李哲与A化工公司经平等自愿、协商一致的原则，于20××年1月10日签订了三年期劳动合同，工作岗位为第一车间的操作工，双方在劳动合同中未约定试用期。3月10日，李哲自感身体不适，到企业医院就诊，医院诊断为过敏，休息4天后痊愈上班。一个星期后，同样症状再次发生。经企业指定医院确诊是对生产中常用的一种原料过敏，如果不脱离过敏源，该症状还会反复发生，影响患者的健康，医院同时建议休息7天。公司了解了上述情况后，与李哲协商变动其工作岗位，调他到第三车间工作，这样可以脱离过敏源。李哲表示不愿去车间工作，因为其持有秘书职业资格证书，能从事办公室文员工作，他要求到公司的职能科室工作。公司则以科室编制已满、无法安排为由，拒绝了李哲的要求。双方协商未果，4月1日，李哲休假后重新上班，但他没有去第一车间工作，而是来到企业劳资科，再次要求去科室工作，被拒绝。即日李哲收到公司解除劳动合同通知书，上面写明：试用期内，经考查不符合录用条件，解除劳动合同。对此，李哲不服，并到当地劳动争议仲裁委员会申请仲裁，经调解达成协议，解除了双方的劳动合同。

资料来源　佚名．劳动合同案例［EB/OL］．［2023-06-20］．https：//ishare.iask.sina.com.cn/f/iEfH7GaRvk.html.

问题：公司和李哲的做法对吗？

提示：公司方面：（1）A化工公司解除合同的理由不正确；（2）A化工公司解除合同应提前一个月通知，并给予李哲经济补偿；（3）A化工公司有权拒绝李哲调整工作岗位的要求。

李哲方面：（1）李哲有权要求调整工作岗位；（2）李哲有权申诉并维护自己的权

益，即获得一个月的经济补偿金。

▶ 课外拓展

关注新媒体平台，获取人力资源管理领域最新的观点、方法、技巧，了解人力资源管理的前沿资讯。

微信公众号"人力资源和社会保障部"，由人力资源和社会保障部认证开办，致力于发布信息、解读政策、服务民生。请在微信公众号中搜索"人力资源和社会保障部"或"rsbzwwx"。

主要参考资料

[1] 德斯勒. 人力资源管理 [M]. 14版. 刘昕，译. 北京：中国人民大学出版社，2017.

[2] 鄢雪芳. 大数据在企业人力资源管理中的应用——以腾讯为例 [J]. 企业改革与管理，2019（17）.

[3] 彭剑锋. 中国企业人力资源管理十大案例 [J]. 销售与管理，2019（16）.

[4] 中国就业培训技术指导中心. 企业人力资源管理师（三级）[M]. 4版. 北京：中国劳动社会保障出版社，2020.

[5] 江政，任强. 培训经理进阶指南 [M]. 北京：电子工业出版社，2020.

[6] 肖红梅. 薪酬管理实务 [M]. 北京：中国劳动社会保障出版社，2021.

[7] 瞿超凡. 国企人力资源"十四五"规划的整体逻辑与六大趋势 [EB/OL].[2020-04-30]. http：//www.china-cer.com.cn/shisiwuguihua/202004304645_3.html.

[8] 国务院. 国务院关于印发"十四五"就业促进规划的通知（国发〔2021〕14号）[EB/OL]. （2021-08-27）.http：//www.gov.cn/zhengce/content/2021-08/27/content_5633714.htm.

[9] 李世讴，高怡楠. 新职业的三大时代特征 [N]. 文摘报，2021-05-13（7）.

[10] 吕延德，李晴. 浅析华为员工的职业生涯规划与管理 [J]. 企业科技与发展，2021（6）.

[11] 殷凤春. 人力资源管理实践案例分析 [M]. 北京：电子工业出版社，2021.

[12] 彭剑锋. "十四五"中国人力资源管理十大观察 [J]. 石油组织人事，2021（4）.

[13] 王学勇，韩俊杰，杨宇鹏. 从人力资源产业到人力资本产业：概念与范畴的界定和提升 [J]. 财富生活，2020（2）.

[14] 尚立云. 中国人力资源管理的多元化发展 [J]. 贵阳学院学报（社会科学版），2019（2）.

[15] 薛飞，王子行. 互联网背景下海尔集团人力资源管理的创新 [J]. 中国市场，2021（1）.

[16] 周正勇. 员工培训管理实操从新手到高手 [M]. 北京：中国铁道出版社，2020.

[17] 罗芳. 企业招聘精细化管理实操一本通 [M]. 北京：中国铁道出版社，2021.

[18] 赵宜萱，瞿皎皎. 员工职业生涯管理 [M]. 南京：南京大学出版社，2021.

[19] 余兴安，李志更. 中国人力资源发展报告（2022）[M]. 北京：社会科学文献出版社，2022.

[20] 郄亚坤，吴晓姝，蒋建华. 员工培训与开发 [M]. 5版. 大连：东北财经大学出版社，2022.

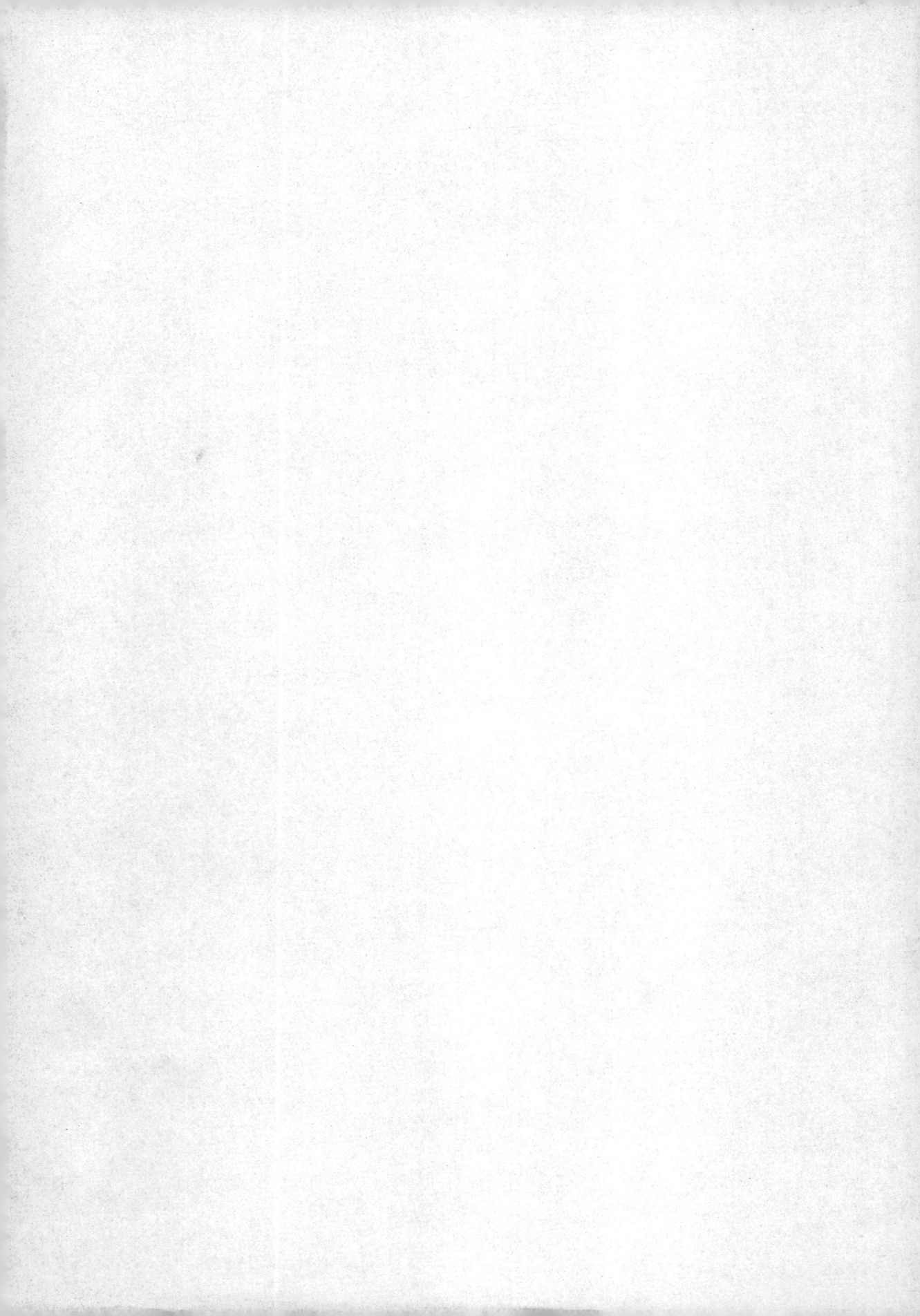